思想觀念的帶動者
文化現象的觀察者
本土經驗的整理者
生命故事的關懷者

啟程，踏上屬於自己的英雄之旅
外在風景的迷離，內在視野的印記
回眸之間，哲學與心理學迎面碰撞
一次自我與心靈的深層交鋒

An Archetypal Approach to Death Dreams and Ghosts

幽靈‧死亡‧夢境
榮格取向的鬼文本分析

安妮拉‧亞菲 Aniela Jaffé —— 著

王一梁、李　毓、王浩威 —— 譯
王浩威 —— 校閱

│導讀一│ **榮格與神祕主義：是科學典範的邊緣還是潛流？**／王浩威 ────────────── 7

│導讀二│ **一個道教學者的讀法**／李豐楙 ─────── 41

│序　文│ **C.G. 榮格** ──────────────── 53

│前言小記│ ─────────────────── 59

│第 一 章│ **來信** ───────────────── 61

　　　信件作為科學素材的價值 / 63

　　　經驗的原型特徵 / 69

│第 二 章│ **人與經驗** ───────────────── 73

　　　經驗「靈異」的能力 / 74

　　　有意義的經驗 / 83

　　　在預感與預言夢中的命運因素 / 89

　　　來自無意識的指令：死亡夢 / 111

| 第三章 | **鬼** ⋯⋯⋯⋯⋯⋯⋯⋯⋯⋯⋯⋯⋯⋯⋯⋯⋯⋯⋯ 125

發光的鬼 / 127

白鬼 / 159

「白色女人」的幽靈 / 168

死者和矮精靈的引領 / 191

無意識中時間與空間的相對性 / 207

未獲得救贖的鬼 / 222

無頭鬼和沒臉鬼 / 229

未履行的承諾或失信 / 235

複製現象 / 243

無法與活人區分的鬼 / 261

離世靈體的「接近」/ 267

虛構的故事 / 277

| 第四章 | **共時性現象** ⋯⋯⋯⋯⋯⋯⋯⋯⋯⋯⋯⋯⋯⋯⋯ 281

| 作者介紹 | **安妮拉・亞菲／王浩威** ⋯⋯⋯⋯⋯⋯⋯⋯ 305

| 譯者後記 | **翻譯情未了／李毓** ⋯⋯⋯⋯⋯⋯⋯⋯⋯⋯ 315

| 附錄一 | **延伸閱讀** ⋯⋯⋯⋯⋯⋯⋯⋯⋯⋯⋯⋯⋯⋯⋯ 323

| 附錄二 | **中英譯詞對照** ⋯⋯⋯⋯⋯⋯⋯⋯⋯⋯⋯⋯⋯ 326

榮格與神祕主義：是科學典範的邊緣還是潛流？

王浩威（本書校閱者）

一、相遇

參與這本書的翻譯，純屬偶然。或者說，一開始以為純屬偶然。

2017 年，離開中國已經 13 年的王一梁，與李毓（白夜）定居泰國清邁。當年 11 月左右，遇見了到清邁參加短期工作坊的一位心靈工坊夥伴 H。當時他們倆已經迷上榮格的書寫，閱讀之餘也翻譯了不少。

因為同樣的理念，經由 H，我們接上線以後，開始透過網路通訊頻繁的接觸。在討論以後，在許多譯稿中，先將完成度較高的《遇見榮格：1946-1961 談話記錄》（愛德華・貝納特著）和《榮格的最後歲月：心靈煉金之旅》（安妮拉・亞菲著）分別在 2019、2020 年出版。

這段時間我們一直都是遠距離的聯繫。他們來不了台灣；而我的時間一直被工作占據著。這期間我曾一度有短暫假期，可以考慮去泰北一趟，聯絡以後才知道他們因為簽證問題，轉

居尼泊爾了（2018 年 9 月起九個月）。而 2020 年初，新冠瘟疫開始蔓延開來，旅行變得困難，見面更不可能了。就這樣，與他們兩人一直如參商。

2020 年 6 月，李毓告知，王一梁在清邁家中突感食難下嚥。我因醫學背景，自然有一定的擔心，而這果然由清邁大學醫院診斷證實是食道癌晚期了。他們兩人在病情的折磨下，繼續翻譯生病以前已經進行幾個月的《幽靈‧死亡‧夢境：榮格取向的鬼文本分析》，同樣是安妮拉‧亞菲的作品。

食道癌是一個相當惡性的腫瘤，何況是晚期了。2021 年 1 月 3 日，王一梁因癌引發的放射性肺炎而緊急送入美賽醫院，次日凌晨就瀟灑離開世間了。又過了一個多月，2 月 10 日，收到李毓的郵件，表示：「今天終於完成了《通向死亡夢與鬼的原型方式》，……個人認為，這本書的趣味性要超過前兩本，既有很多真實的鬼故事，也有對生命、死亡和幽靈現象的深度分析。一梁生前我們一起翻譯了 80%（包括中間跳過的部分），後來身體惡化，認為與死亡話題有關就擱下了。因此也可以說，這本書真的是一梁用生命換來的，……」

我負責先看一下譯稿，發現比起前面兩本，這一本已經開始涉及許多理論討論了。而且，因為是旅程的顛沛流離和醫療期間的生死關頭，只能算是翻譯的初稿。因為如此，也就開始加入，成為第三位譯者了。

這一本書確實如李毓所說的，趣味性十足。然而，真的要

翻譯嗎？同樣是學習榮格的朋友 S，就好心警告說，還是要考慮一下，有關鬼魂主題的書，如果涉入得深，恐怕是太傷了。他說起蘇黎世的一個都市傳說，當年瑪麗 - 路薏絲‧馮‧法蘭茲（Marie-Louise von Franz）就是寫了一本有關死亡夢的書，（不知道是不是指《論夢和死亡：榮格取向的解釋》〔*On Dreams & Death: A Jungian Interpretation*〕這一本書？）病情才開始惡化的。而正如李毓所說的：「後來身體惡化，認為與死亡話題有關就擱下了……這本書真的是一梁用生命換來的」，要翻譯嗎？

這樣的鬼神說法，我並非是不相信。我自己腦海也閃過一絲的不安，不過很快就被這本書有趣的討論吸引了。在不安的同時，我告訴自己說：「沒關係的，向來朋友都說我陽氣很盛。」有時到某些地方旅遊，同行朋友都有一種莫名的感覺，獨我沒有；甚至有一回自助旅行，同行的其他三人都生病了，就只有我還是到處活蹦亂跳。

其實，再怎麼科學的訓練，這些念頭都還是會在腦海裡隱隱約約地出現，只是程度不同而已。

二、鬼魂

然而，要怎麼去看待科學的領域所不承認的鬼魂呢？這個問題，對我來說反而更是挑戰。

和這個問題相同的，是我如何開始閱讀榮格，或者說踩進入榮格思想的世界一樣。對於我這樣一個科學訓練背景的人，而且從小就十分理性地面對生命的人來說，確實是相當困難的。

　　我自己是在台灣受到現代的醫學教育。在我們的四周，不論是上一代或下一代，大部分都是像我這樣的人：從小到大，所謂的知識，是在以學校為主的教育體系中持續地訓練出來的。

　　二次大戰以後的現代教育，無論在地球的哪一個角落，都已經是以實證科學為基礎所發展出來的了。我們只相信自己（其實這個「自己」，更多是教科書或教育體系所同意的書籍）透過觀察或感覺經驗，所認識到的個人身處的客觀環境和外在事物。每個人接受的教育雖然不同，但用來驗證感覺經驗的原則，並無太大差異，因為如此，從小的教育就告訴著我們知識的客觀性。

　　甚至，實證還是不夠的。這種觀察－歸納的方法，在解決問題的過程，還是不免會滲進個人的想像力和創造性。卡爾‧波普爾（Karl Raimund Popper, 1902-1994）提出，任何公認的真理，只要從實驗中，哪怕是萬分之一，只要能證明可能是偽的，就不是科學。所謂的證偽原則，才是區別「科學的」與「非科學的」。於是，在這些年來，醫學界更強調所謂的循證科學（evidence-based medicine）。雖然所有醫學都從科學角度

出發，並具備一定程度的經驗支持，但循證醫學更進一步，將證據依知識論上的強度分類，並要求只有強度最高的證據才能歸納為有力的建議證據。

在醫院裡工作時，或是意識到自己在執行的是所謂的醫療工作時，身為醫學專業人員的我是有著上述的這樣一個「科學」的頭腦。然而，離開醫院以後，回到世俗世界的日常生活裡，我是不是還是這樣呢？

要接手繼續完成這本書的翻譯，就像前面說的，鬼魂或死亡這主題畢竟還是讓人感到恐懼的。而我們生活裡面，不也充滿這樣的經驗嗎？譬如說，走過萬華的龍山寺，或者是任何街弄旁的任何一個大大小小的寺廟，忽然想到自己好久沒來了，順便就繞進去吧。走進廟裡頭，看到大大小小各種不同的神明，心裡猶豫一下：到底要不要拜一拜呢？我雖然不是長輩那一代有著十足的傳統信仰，但總是「寧可信其有，不可信其無」，腦海閃過「至少可以保平安」的念頭，最後還是一尊一尊地慢慢拜過去，而且是依照諸神地位的高低，這樣傳統規矩的順序。

這樣的我，精神是多麼的分裂呀。我以為我是科學的，但是我的生活其實是根深柢固地相信一些科學所否認的東西。

同樣的恐懼，也出現在榮格的閱讀裡。榮格的知識帶來了類似的恐懼，因為我被迫要承認自己過去可以假裝看不到的分裂狀態，就是理智上十分科學而生活上卻是另外一套的這種分

裂狀態。然而在榮格的思想世界裡，這一切卻是如此毫無困難地結合在一起。他的理論為我生活的世界帶來了動搖，而任何人自己生活世界的動搖其實都是恐懼十足的經驗。幾十年來我們腦海所相信的，原本就是跟真實的世界有距離的。但過去我一直可以相信這矛盾是不存在的，現在卻是逼得我不得不承認了。

在佛洛伊德的知識世界裡，這一切就安全多了。我所努力的，是如何從客觀的世界，進入到主觀的內心世界，接受這一切的存有就是另外一種現實，也就是心靈內在的現實就好了。雖然，對剛剛起步的人，這點也是不容易的。只是一旦突破了，這將是一種「啊哈！」的頓悟經驗，是喜悅的，而不是不安的。也難怪，學習佛洛伊德，對於從小在科學教育中長大的人來說，比起學習榮格，要來得容易許多了。

榮格所帶來的恐懼，其實還有更多的面向。

我們的科學教育，教導我們在從事科學工作時，對一件事情的思考要盡量地細膩，同時也要盡量地深入，藉此將這一件事情的內在邏輯以更有因果性的語言來好好理解。而在科學的領域裡，所謂的專家，越厲害的往往也就越專精，也就是越能夠聚焦在一個細小的主題上。佛洛伊德學派的學習，雖然不至於讓思想的空間越來越細小，但思想的結構確實是越來越具有邏輯性。即便是比昂或拉岡，有些時候可能讓人們要暫時放棄原來的邏輯才能夠理解，但到了最後還是能夠建立起一個可認

知的結構。

　　然而榮格卻是不同的。他不斷地擴展自己理論的領域，研究的對象從佛洛伊德一樣的精神官能症症狀，一直到精神病的瘋狂世界，甚至是更廣義的心靈，最後連中世紀的煉金術、世俗生活的鬼魂經驗，一直到現代人的幽靈傳說，全都成為了他興趣的對象。

　　現在的科學，所講究的是越來越細膩，邏輯結構也越來越縝密。而榮格卻是反其道而行。他感興趣的世界越來越大，整個思考也超越了邏輯向來所講究的因果關係。雖然這一切仿若是越來越失控，最後還是回來了，很漂亮地，在他無垠無涯的思想世界裡，最後又出現了內在相關的一致性，讓人終於鬆了一口氣。然而這樣的知識旅程，在過程中完全看不到盡頭，事先更無法想像可能的航道，這讓原先隨著閱讀而追隨他的人，不免覺得自己是忽然有一天才發現自己涉入太多，但已經來不及了，於是在不得不的情況下，自己被自己拋進了完全不可知的浩瀚蒼穹。

　　現代的科學講究有限的範圍，還有紮實的推理，這一切其實是讓人充滿了安全感的，彷彿兩隻腳穩穩站在地球表面上。至少，在佛洛伊德的傳統裡，是這樣的感覺的。然而榮格卻帶著你離開地面，離開了地心引力，漂浮在你永遠不知道盡頭在哪裡的過程之中。

　　從這些經驗的分享出發，如果我們開始閱讀《幽靈・死

亡‧夢境：榮格取向的鬼文本分析》，也許就會體驗到，為什麼在這樣的過程裡，我們一方面感覺到十分古老（從小在還沒有任何教育以前就根深柢固了）的熟悉感，一方面卻又充滿了失去方向的不安，到最後才似乎又明白了一些榮格想要告訴我們的東西。

這本書雖出自亞菲之手，非榮格自己完成，但之所以由亞菲執筆，是因為榮格分身乏術，遂指定由亞菲執筆，並親自指導她而寫出來的。身為榮格分析師，同時也是榮格秘書的亞菲，跟他幾乎是每天都長時間地互動。這樣的一本作品，不妨也可以視為榮格的作品——就像榮格的《記憶、夢和反思》這本著名的自傳，其實大部分都是亞菲執筆的。

我們一旦開始閱讀這本書，《幽靈‧死亡‧夢境》，立刻出現了一個問題：身為科學家的榮格，和對這些神秘事物充滿興趣的榮格，這兩個榮格究竟是怎麼樣的關係呢？是自許為科學家的榮格，其實真正的面目是個神秘主義者？還是科學家的榮格，也是一位神秘主義者？或者說（這一點是我比較傾向的），所謂的神秘主義，也是榮格自許為科學家的範疇？

這樣的問題，我們從這個問句開始：榮格是神秘主義者嗎？

三、榮格是神祕主義者嗎？

亞菲在世的最後一篇文章，就是談〈榮格是個神祕主義者嗎？〉

文章的開始，亞菲這樣寫著：

榮格從來都不喜歡被看作神祕主義者：他寧可視自己為經驗主義者，這也就是對事實小心翼翼地觀察，以之為基礎而進行研究的科學家。在這樣的定義之下，他認為自己是自然科學家。如此一來我們就可以了解，榮格為什麼不喜歡被列入神祕主義者的行列，在他那時代，當然直到今天也是如此，科學作者會被視為神祕主義者，共同的特色是：他們的想法以及作品往往在可信度和有效性上被投以相當的懷疑。神祕的描述不應該包含在自然科學裡。然而，神祕主義和榮格心理學之間存在著清楚的對比，這一點是不容忽視的，這個事實並沒辦法否認榮格心理學家的科學基礎。

存在於神祕主義和榮格心理學之間的「清楚的對比」，究竟是什麼呢？這一點我們要離開榮格，回到西方世界的歷史現場來重新思考。

如果我們回溯心理學的歷史，必然可以看到 19 世紀初期心理學誕生時所呈現的多彩面貌。當時的心理學，逐漸被逐出

了醫學領域。醫學在 18 世紀的啟蒙時代慢慢萌芽，擺脫了古希臘蓋倫式的醫學，到了 19 世紀隨著各種器官結構與功能的研究、造成感染的細菌之發現，令醫學走向理性主義的極端，甚至是嚮往徹底的機械論的。相對來說，這時候的心理學還一腳跨在哲學的領域裡，還沒完全踩進科學的陣容。也因為如此，心理學逐漸被逐出了醫學的範疇。

1913 年佛洛伊德和榮格的分手，恰恰界定了這個分水嶺。

19 世紀後期，西方心理學開始從哲學中獨立出來。一般認為是威廉‧馮特（Wilhelm Maximilian Wundt, 1832-1920，德國著名心理學家、生理學家兼哲學家，心理學發展史上普遍公認為是實驗心理學和認知心理學的創建人）在萊比錫所建立的第一個心理學實驗室（1879 年），標誌著科學心理學的正式獨立。

原本在這樣的氛圍下，佛洛伊德追隨當時奧地利著名的維也納大學生理學家恩斯特‧馮‧布魯克（Ernst Wilhelm Ritter von Brücke, 1819-1892）專攻神經心理學，後來因為經濟上不可能支持這一條路，在 1886 年離開了維也納大學。當不得不走向面對大眾的診所時，眾所皆知，他一直渴望自己所發明的精神分析，能被當時的醫學界所接受。這個他所渴望被接納的醫學界，這時已經走向狹義的實證論或科學主義了。佛洛伊德的努力，確實讓當時的（精神）醫學界改變態度，接受了原本

幽靈‧死亡‧夢境：榮格取向的鬼文本分析

因為是非理性領域而排斥的無意識，甚至在他去世後，在二次大戰之後精神分析一度成為精神醫學界的主流典範。

而離開了佛洛伊德的榮格，卻依然堅持著年輕時就有跡可循的經驗主義立場，認為人所經驗的一切都有其一定的意義。這一點，也是讓他被認為是諾斯替主義（Gnosticism）的原因。從哲學的觀點，經驗主義（empiricism）認為知識只能或應是基本源自感官經驗的理論。經驗主義、理性主義、或是懷疑主義（philosophical skepticism），都是知識論的一種觀點。經驗主義強調在思想理論中，經驗的證據比傳統或先天觀念（innate idea）還重要；而所謂的傳統，事實上也源自於之前的經驗。

佛洛伊德所採取的立場卻是實證主義的。實證主義（positivism）從經驗主義演化出來，強調以實際的驗證為中心。任何種類的思想體系，只要求知於、也只能求知於經驗材料的思辨，都為實證主義。法國哲學家奧古斯特·孔德（1798-1857）首先用實證一詞來傳達事物的六項性質：真實的、有用的、確定的、正確的、有機的和相對的。在孔德的影響下，實證主義認為對現實之認識只有靠特定科學及對尋常事物的觀察才能獲得。孔德生長的時代，正是人類將思想（哲學）的領域逐漸分成自然科學和人文科學的時代。傳統的人文遭到了揚棄，自然科學是唯一的科學，人們對形上學產生懷疑，逐漸以注重經驗的科學方法觀察、研究事物，探求事實的

本源和變化的現象。於是，凡是能夠證實的，才屬於科學的範圍。在這個點上，沒辦法證實卻可以體驗的一切，也就逐漸被視為不存在的事物；對這一切無法實證的研究，自然就被貶抑為神祕主義。

於是，進入 20 世紀以後，當佛洛伊德成為主流，而且是醫學科學的主流（雖然這個科學典範到了六○年代又有了革命性的翻轉，精神分析的精神醫學又被生物精神醫學取代了）；榮格卻被視為神祕主義而被眾人拋棄了。

同樣被拋棄的心理學家不只是榮格，還有很多，包括威廉·詹姆斯（William James, 1842-1910）和皮耶·惹內（Pierre Janet, 1859-1947）。惹內嚴格說起來也是十分實證主義的，但為何被佛洛伊德完全取代，這是一個有趣的科學史問題，涉及到科學社群的經營，可能在這裡沒辦法有太多的討論。然而威廉·詹姆斯的情形，則是和榮格完全類似。威廉·詹姆斯在心理學領域的地位，向來被尊為美國心理學之父，也是現在心理學奠基者之一。然而，他的相關理論，在美國絕大部分的心理學教科書已經都不再提及，這樣的變化真的是滄海桑田。

威廉·詹姆斯以激進的／徹底的經驗主義者（radical empiricism）自居，和榮格一樣，繼續堅持著那些可以體驗卻沒辦法實證的一切。直到今天，幾乎所有心理學界都忘了他的重要性，忘了他是佛洛伊德剛剛出道時，極少數敢站出來積極支持的權威心理學家。他的理論不再出現於心理學界，更不用

說精神醫學界，反而是宗教學的領域，視他為宗教體驗之研究的奠基者。

　　榮格是不是一個神祕主義者？這問題本身並不只是在於榮格的定位，而是在於心理學如何定位自己的研究領域。甚至，我們應該進一步反問：什麼是科學呢？

四、心理學在中國的發展

　　當心理學傳播到了中國，這樣的科學氛圍，又因為清末民初上下一致期待「船堅炮利」的氛圍，而更加激化了。

　　西方心理學開始傳入中國時，最初不過是西方哲學的一個分支，或稱哲學的心理學。在清朝末年，隨著維新思想必然的發展，在龔自珍、魏源、譚嗣同、梁啟超、孫中山等人的思想裡，都可以看到西方心理學的影響。而這些影響，包括中國第一個留美畢業的學者容閎於 1847 年在美國學習的心理學科目，以及中國於 1889 年由顏永京譯出 J. 海文的《心靈學》（*Mental Philosophy*, 1857, Joseph Haven[1816-1874]），都還屬於哲學範疇的心理學。

　　在當時的日本，則有留學荷蘭的學者西周（1829-1897）於 1875 年翻譯同一本書，名之為《奚般氏心理學》，不過兩個譯本完全獨立。一般後來的學者認為，西周是借用中國宋儒的「性理」概念，原本提出「性理學」一詞，到了翻譯這本書

時才改稱之為「心理學」。根據日本的考據，這是心理學一辭的來源，同時也廣泛傳播到中國。而日本西周的譯本後來也再次譯成中文，也是康有為 1896 年在《日本書目志》中所列出的心理學書 25 種之一。

現代心理學進入到中國，包括從清朝到日本殖民的台灣，是清朝末期的事。這樣的傳播和引進，可以分三個面向。

第一個面向是催眠術的進入。佛洛伊德 1889 年到法國知名的催眠中心南錫學校（Nancy School），追隨希波呂特・伯恩海姆（Hippolyte Bernheim, 1840-1919）學習催眠。幾乎也是在同時，催眠術經由留日學人，從日本帶回中國。

在日本，從明治到大正時代（大約 1870 年代開始，到 1925 還是很興盛），催眠成為一種流行趨勢，許多人提倡將催眠應用到心理治療和體能訓練，從一般的醫事人員到精神科醫生都推崇這個方法，代表性的人物包括福井智吉（1869-1952，心理學家、超心理學家，東京帝國大學副教授、高野山大學教授）和田中守平（1884-1929，太靈道的創始人）。相關的書籍如雨後春筍般出現，至少四百多本，許多紛爭也因此產生。日本政府擔心此風俗擾民，在 1908 年頒布的警察刑罰令（1948 年廢止）中，載有「不必要催眠之人」。但還是有許多尋求專業催眠訓練的人遠赴歐美，他們把名稱改為「命理」或「心理治療」來迴避當局的懷疑。結合了催眠術、超心理學和傳統宗教發展出來的通靈術，在昭和時代達到了頂峰，

幽靈・死亡・夢境：榮格取向的鬼文本分析

1930 年懂通靈術的藝術家達到了 30,000 人。

在這樣的情況下，催眠術開始從日本流行到亞洲其他地方，包括中國、朝鮮、和日本殖民下的台灣。在中國，由於邊界的開放性與流動性，以及中央政府有限的治理能力，催眠術的發展可說是繁花齊放。從清末到民國二〇年代，日本一直是中國引進心理學知識的主要窗口。這些西方的心理知識透過了留日學生再次轉譯，大量傳入中國，而催眠術便是其中一條重要支系。根據何姣、胡清芳的統計，在《民國時期總書目》收錄的 365 種心理學圖書中，在 1912 至 1922 年間出版有 54 種，而催眠與靈學類書籍就占了 16 種，是為最大宗。

在催眠術的實際教學上，留日學生扮演了關鍵角色，一般公認從日本返回中國的催眠術研究者中，屬鮑芳洲、余萍客、陶光復等人最為知名。然而，就像日本發展一樣，催眠術從原來的科學或醫學應用，慢慢變成馬戲團一般的售票表演。關於這部分的歷史，不妨參考《精神的複調：近代中國的催眠術與大眾科學》（張邦彥，台北：聯經，2020/04）。

第二個面向是無意識研究的介紹。這方面雖然也談到了榮格和詹姆斯，但終究還是以佛洛伊德為主。（榮格當時還追隨著佛洛伊德，發表的文章與他差異不大，只是在美國之旅時，因為較佳的英文能力和有神論的態度，讓他在美國大眾心中留下比佛洛伊德更深刻的印象。）最早在中國介紹精神分析的是商務印書館出版的《東方雜誌》。第一篇介紹精神分析的文章

是 1914 年錢智修所寫的〈夢的研究〉（《東方雜誌》，第 10 卷 11 月號）。作者指出：「夢的問題，其首先研究者為福留特博士，Dr. Sigmund Freud。……福留特氏，為吾人所不願遇見之者，乃至吾人所欲為所欲得者，當於夢中實現之。」1920 年，張東蓀發現當時譯為「心解術」的精神分析，往往到處只見其名而未多闡析，於是寫了《論精神分析》（《民鐸》，第 2 卷第 5 期）一文。同一年，著名心理學家、小說家汪敬熙在《新潮》上連續發表《本能與無意識》和《心理學最近的趨勢》（第 2 卷 4 號、5 號），介紹了佛洛伊德的精神分析理論。稍後有吳頌皋所寫的〈精神分析的起源和派別〉（《東方雜誌》，1923 年，6 月號）。張東蓀還撰寫了《精神分析學 ABC》一書（ABC 叢書社，1929）。

在藝文的推廣方面，比學術界還更熱絡。郭沫若在《時事新報》副刊《學燈》上發表《生命底文學》一文，其中所討論的精神作用和能量（energy）與佛洛伊德所謂的生命衝動、本能力等理論十分相似。他的兩篇經典性的論文〈《西廂記》藝術上之批判與其作者之性格〉（《西廂》，新文藝書社，1921）和〈批評與夢〉（《創造》，1923 年，第 2 卷第 1 期），都直接借鑒精神分析理論解說文藝問題。郭沫若就像佛洛伊德從達芬奇的繪畫和莎士比亞的戲劇中推斷藝術家的性情以及家庭關係一樣，也推斷出《西廂記》作者王實甫其實是一個性變態者，並由此而分析作者對女性態度超乎尋常的

表現。魯迅早在 1921 年就翻譯了日本學者廚川白村的《苦悶的象徵》一書中創作論和鑒賞論兩章，刊於《時事新報》的副刊《學燈》（1924 年才全文譯出）。其中的「創作論」一章有專節介紹佛洛伊德的精神分析。這是一部對中國現代文學及理論批評產生很大影響的作品。魯迅還創作過《補天》、《肥皂》、《弟兄》等精神分析色彩鮮明的小說，並明確表示是借用佛洛伊德學說「來解釋創造──人和文學──的緣起」。著名美學家朱光潛於 1921 年在《東方雜誌》發表了《福魯德的隱意識與心理分析》（18 卷 14 號）一文，最早涉及佛洛伊德的文藝美學思想。他此後出版的《變態心理學》（開明書店，1930）、《悲劇心理學》（1933 年，英文版）、《變態心理學派別》（商務印書館，1933）、《文藝心理學》（開明書店1936 年版）等四部著作，均涉及到精神分析學說。

　　一大批作家和文學批評家，除了上述郭魯朱三人，周作人、潘光旦、張競生、郁達夫、趙景深、俞平伯、沈從文、施蟄存、廢名、胡風等等，都在不同程度上接受或受到了精神分析學說的影響，這種現象一直持續到 20 世紀四〇年代。文學界對精神分析的積極轉述，在更大範圍內促進了精神分析在中國的早期廣泛傳播。

　　第三個面向則是隨著科學，尤其是實證科學的發展。幾乎在同一個時期，19 世紀後期，西方心理學開始從哲學中獨立出來。新的科學心理學也很快傳入中國。外國教會在中國設立

的一些大學在 20 世紀初的頭幾年，主要是採用實驗心理學者 W. 馮特的學生 E. B. 鐵欽納（Edward Bradford Titchener, 1867-1927）所編的《實驗心理學》及美國威廉・詹姆斯的心理學著作為教材。

1901 到 1905 年，清政府迫於形勢，廢科舉、辦學堂、推行新政，在這之後，心理學的傳播更加廣泛，成為師範學堂的新課程。當時還編譯出版了多種教材和日籍教師的講義等。王國維從英文版重譯丹麥 H・霍夫丁（Harald Høffding, 1843-1931，丹麥哲學家和神學家，哥本哈根大學教授）的《心理學概論》（1907 年中文第一版，原書應是 1891 年英文版 *Outlines of Psychology*，由丹麥文 *Psychologi i Omrids paa Grundlag af Erfaring* [1892] 翻譯過來，書名直譯應為《基於經驗的心理學大綱》），在當時有較大的影響。辛亥革命（1911 年）後出版的心理學教材更多，其中陳大齊的《心理學大綱》（1918 年）是中國最早的自編大學書籍之一，反映了當時馮特實驗心理學的主要成果和科學水平。

在這樣的歷史發展下，當時北京大學校長蔡元培（馮特唯一的中國學生，1908-1911 年）支持陳大齊於 1917 年在該大學建立心理學實驗室，他還親自選派留學生出國學習心理學；1918 年陳大齊出版了心理學教本《心理學大綱》；這一時期，在外留學的唐鉞、陸志韋、張耀翔等相繼回國；1920 年在南京高師（東南大學）開設中國第一個心理學系；1921 年

創建了中華心理協會；1922 年創辦了《心理》雜誌；1929 年蔡元培創建了心理學研究所。實驗心理學在中國的發展，慢慢成為主流或學院的心理學，取代了催眠術和超心理學，也排斥了精神分析在學院內的發展。

　　雖然心理學分成三種面貌進入了中國，然而辛亥革命前後，一些革命家和進步學者對創立中國的心理學抱有極大的熱情和希望。他們認為心理學是科學地闡明意識和行動的學科，是與修心養性、砥礪革命意志、移風易俗、治國救民密切相關的一門重要學問。到了 1919 年五四運動，德先生和賽先生（即 Democracy & Science，民主與科學）的支持更是明顯。

　　所謂的賽先生，也就是科學，自然排斥當時由催眠開始，漸漸與超心理學結合的這一支西方心理學。這時，蔡元培所帶領的實驗心理學，開始結合實際開展的研究工作，並在當時思想戰線的鬥爭中漸露鋒芒。陳大齊的《北京高小女生道德意識之調查》（1919 年），就是這個時期的代表作。同樣的，陳大齊《辟「靈學」》（1918 年）和《心靈現象論》（1919年），「試以科學心理學理論反對中外靈學會宣揚神靈迷信思想的戰鬥性的檄文。」（高覺敷，2009）陳大齊批判這一切民間心理學活動的理論，可以看出除了德國實驗心理學的立場，也受到當時法國心理學家皮耶・惹內相當明顯的影響。

　　至於精神分析在學院裡的發展，立場也是尷尬的。「不少留美歸國的中國心理學家通常對佛洛伊德的理論不屑一顧，認

為他缺乏實證，屬於『玄學』而不屬於『科學』……在中國心理學界，美國實驗心理學和行為主義心理學的代表有汪敬煦、陸志韋、黃維榕、郭任遠。其中郭任遠提出要從根本上打倒佛洛伊德學派，因為『不客觀就不能成科學，不用機械的和物理的觀念來說明的學說就不是科學的學說，不可用數學方法計算的實施就不是科學的事實。』」（張京媛，2007）

郭任遠這篇〈變態行為〉刊於 1927 年 12 月 10 日《東方雜誌》卷 24 期 23，當時正值科學與玄學的論戰。這一場論戰是於 1923 至 1924 年發生在中國學術界的一場有關「科學與人生觀」的學術爭論。參與辯論的學者分成「科學派」和「玄學派」兩派，及後又加入中國共產黨人的「唯物史觀派」，多方展開持續地激烈論戰。張君勱和丁文江兩位原本是好友，但兩人的爭論涉及深奧的哲學問題，成為眾多學者的關注焦點，挑起多方輪番爭論。張君勱主張科學無法解決人生觀的問題，卻被丁文江稱為稱為「玄學派」（傳統哲學思想），也被陳獨秀稱為「唯心主義」；張君勱反對丁文江的「科學萬能論」，認為科學的能力有界限，並提出「知識二元論」的觀點。

儘管文化界對精神分析還是歡迎的，甚至熱情方興未艾；但這場玄學與科學論戰，已經埋下了五〇年代以後，精神分析全面被打為唯心論而遭到禁止的命運。

西方心理學到了中國，唯一曾經進入到主流的學院裡面的，也就是進入到法國哲學家阿圖塞（Louis Pierre Althusser,

1918-1990）所謂的意識形態國家機器（國家的意識形態再生產的結構）裡的，就只有實驗心理學，或者所謂狹義的科學心理學了。

回顧西方心理學傳入中國的過程，我們再來想想這個問題：什麼是科學？這個問題也就變得饒富趣味了。

五、中國式的科學

如果精神分析在中國的發展從一開始就受到科學心理學的排擠，就如同在歐美的精神分析在七〇年代後期開始也遭到生物精神醫學同樣理由的攻擊；自然就可以想見，心靈學的研究下場必然是更淒慘的。

「從 18 世紀的歐洲，到 19 世紀末、20 世紀初的中國，催眠術、靈學與心理學，處於交互影響、共同演化的狀態，催眠現象為靈魂論（spiritualism）和變態心理學（abnormal psychology）提供重要的經驗和研究條件……。」（張邦彥，同上，頁 193）

歷史學家黃克武在〈民國初年上海的靈學研究：以上海靈學會為例〉（2007）就談到了當時催眠術的影響。在心理學進入現代中國的過程當中，根據前文，可以分成三種方向。其中，最早進入中國的，也就是與催眠術結合的心靈學研究，當時的中國翻譯為靈學一詞。

1970 年代開始，日本學者受到英國心靈學研究會風氣的激勵，開始研究催眠術（hypnotism）、傳氣術（mesmerism）等，並將心靈學研究（psychical research）認為是靈學。其中包括東京帝國大學的井上圓了（1858-1919，《妖怪學講義》是這個思潮的最重要代表作）、心理學家福來有吉（1869-1952，日本本土第一位心理學博士，畢業論文是《催眠術的心理學研究》）、高橋五郎（1856-1935，這個領域最重要的家）等代表性人物。當時，心靈學研究在日本社會的文明階層蔚為風氣，自然也影響到中國或台灣前往留學的知識份子。

曾經參加光復會、同盟會的陶成章（1878-1912），1902年旅居東京時，看到一本《催眠術自在》，從此開始學習；1905 年回到上海以後，寫書並四處傳授。同樣的情形，也包括在橫濱的余萍客等人，1909 年在東京創辦了「中國心靈俱樂部」（後來改名「東京留日中國心靈研究會」），並且1918 年在上海成立分會。

這樣的活動，得到當時的進步知識份子的支持，包括蔡元培翻譯了井上圓了的《妖怪學講義》和編輯《催眠學講義》，清末民初的《東方雜誌》也有不少介紹的文章。這些思想的引進，「無論是靈學或催眠術，在當時都是宣稱最先進的科學，是超越現有科學的新興領域，並得到『中國西學第一人』嚴復（1854-1921）以及精進佛道思想與西方醫學的丁福保（1874-1952）的認可。」（引自上文）

而當時催眠學會所意圖要研究的靈學內容，中國心靈研究會的創辦人余萍客「曾經做出了如下的歸類：（一）心理方面：研究潛在意識、二重人格、暗示、變態心理學；（二）精神系方面：癲狂、痴呆、神狐鬼祟；（三）疾病方面：癲癇與離奇怪症；（四）靈能方面：千里眼、透視、讀心術等；（五）身體方面：肉體生死、靈魂存在、睡眠夢象等。」（張邦彥，同上，頁195）

　　心靈學一方面是民間的知識份子十分積極投入的，想要從日常生活裡或中國傳統的日常知識體系裡，透過西方的研究來找到科學的切入口。當時，這方面的討論相當激烈，甚至有生機論（vitalism）與機械論（mechanism）之間的辯論。

　　然而，在更多的田野調查裡，這樣嚴肅的學術討論，卻同時也成為民間的靈異活動，包括扶鸞、乩童等，將這些理論加以簡化而作為支持自己的所謂科學證據。

　　在這些催眠術的引進後不久，不到二十年，1919年五四運動開始，靈學和催眠術反而成為迷信的典型，包括魯迅、胡適、錢玄同、陳獨秀等人，就把靈學說成封建迷信。宣揚五四新文化運動的《新青年》上，發表的大量批判靈學的文章。其中魯迅的話很有代表性，他說：「現在有一班好講鬼話的人，最恨科學；因為科學能教道理明白，能教人思路清楚，不許鬼混，所以自然而然地成了講鬼話的人的對頭。於是講鬼話的人，便須想一個方法排除他。其中最巧妙地是搗亂。先把科學

東扯西扯，屢進鬼話，弄得是非不明，連科學也帶了妖氣。」

　　這兩者，原本是在前後距離不久的二十年間，同樣都是引自西方科學的心理學知識，卻有了科學和非科學的爭議。

　　黃克武認為，從這一點來看，可以知道，「近代西方的『科學』概念，以及近代中國所以引進的西方『科學』，並非單純地屬於實證科學，而是具有更複雜、多元的內涵；換言之，『科學』作為一種姿勢犯錯，在從西方經日本傳譯至中國的過程中，一直是多元、模糊、遊移的，並與宗教、經濟活動交織互動。」（引自上文）

　　然而，這一點我們也可以視為西方科學跨越兩、三百年裡，不同時代的幾種典範，被推翻的典範和取而代之的典範，在短短幾十年內，幾乎可以說是同時地迅速傳入日本和中國等地的緣故。

　　西方 18 世紀的科學，在 1910 年以前進入中國；而西方 19 世紀末的科學，則是在 1915 年以後進入了中國。這兩者前後差不到二十年。但是後者認為前者是招搖撞騙的科學，硬是要裝成後來所定義的科學。在魯迅這些進步份子的心目中，科學似乎自古以來就應該是他們定義的科學，也就是實證的科學；西方 19 世紀中期以前的科學，在他們的認知世界裡，是歷史上從來沒有發生過的事情。

　　於是，在心理學傳入中國的三個面向裡，雖然在西方的歷史上分別屬於不同的時代、不同的對象或不同的領域，但是到

　　　　　　　　　　幽靈・死亡・夢境：榮格取向的鬼文本分析 ╟

了中國卻沒有這些「不同」。三個面向的中國代理人，都是以科學自居的。然而，到了最後，似乎只有實驗心理學才有資格自稱為科學心理學，而催眠術不只失去了它的科學合法性，還幾乎是等同於五四運動要打倒的迷信習俗。而沒辦法進入學術殿堂的精神分析，它的處境，其實也好不到哪裡去。

究竟什麼是科學的，甚麼又是神祕主義的或是迷信的，當這樣的歷史脈絡得以還原，反而是讓我們更困惑了。

六、西方的心靈學研究

心理學在中國時空錯亂的現象，嚴格說起來，在西方其實也同樣在發生著，只不過沒有那麼激進而徹底罷了。這一點，從心靈學研究的困境就可以看出來。

從 1850、1860 年代，歐洲學者開始從事所謂的心靈學研究（Psychical research）。這樣的研究，到了現代，也就是超心理學（parapsychology）。

心靈學的研究，在哲學基礎上，是由唯靈論和泛靈論（或譯萬物有靈論），兩者互相爭鋒。

唯靈論（spiritist theory /spiritism）是起源於 19 世紀，由艾倫‧卡德（Allan Kardec, 1804-1869，法國教育家 Hippolyte Léon Denizard Rivail 的筆名）所提出，他撰寫了關於「靈性的本質、起源和命運的書籍，以及它們與物質世界的關係」。唯

靈論假設人類與所有其他生物一樣，本質上是不朽的靈魂，
這些靈魂暫時居住在肉體中，進行幾次必要的化成肉身，才
能實現道德和智力的提高。這理論還斷言，無形的靈魂，通
過被動或主動的中介，可能對物理世界產生善意或惡意的
影響。催眠術的前身梅斯默術（Mersmerism，由 Franz Anton
Mesmer〔1734-1815〕發明）雖然先於唯靈論的提出，但被視
為其精神的代表。而 18 世紀瑞典伊曼紐・史威登堡（Emanuel
Swedenborg, 1688-1772）原本是知名的科學家及自然學家，有
一套自然哲學的論述。晚年他經歷的一場個人的宗教危機後，
逐漸走上神祕主義的道路，自稱有特殊的秉賦，能與靈界交
通，也傳出許多神祕事蹟，因此寫下八大冊《天上的奧祕》
（*Arcana coelestia*）。小他 30 多歲的哲學家康德（Immanuel
Kant, 1724-1804），還針對史威登堡的作品寫出了與自己哲學
作品三大批判相當不同的《通靈者之夢》，對於精神／心靈層
次的討論，增加了很多豐富的論述。（參見《通靈者之夢》，
台北：聯經，李明輝翻譯，1989，其中有譯者相當精彩的導
讀。）

　　另外還有泛靈論（animinism，靈魂，「氣息，精神，生
活」，又譯為「萬物有靈論」）的提出。泛靈論的定義是由愛
德華・泰勒爵士（Sir Edward Burnett Tylor, 1832-1917，英國人
類學家，文化人類學的創始人）在 19 世紀後期（1871 年）提
出的，表示這是「人類學最早的概念之一，如果不是第一個的

話」。泛靈論認為所有信仰的客體、地點和動物都具有鮮明的靈性實質，所有事物：動物、植物、岩石、河流、天氣系統、人類手工製品、甚至可能是文字，都是有生命的。泛靈論在人類學中開始大量運用，被用作許多原始人民的信仰體系的術語，特別是相對於較近代的有組織的宗教。

唯靈論和泛靈論，各有各的立論、解釋，這兩者的辯論，到現在都還繼續拉扯進行中。而這只是心靈學研究嚴肅對待的許多議題之一。

心靈學研究到了 1882 年，在英國倫敦正式成立心靈學研究會（Society for Psychical Research, SPR），由哲學家亨利・西奇維克（Henry Sidgwick, 1838-1900，英國功利主義哲學家和經濟學家，劍橋大學道德哲學教授）出任第一任主席。SPR 是世界上第一個此類組織，其既定宗旨是「在沒有任何偏見的情況下，本著準確和不帶偏見的探究精神，解決這些不同的問題，使科學能夠解決如此多的問題，而不再那麼晦澀，也不再那麼激烈的辯論。」

早期成員包括作珍・巴洛（Jane Barlow, 1856-1917，愛爾蘭女作家）、威廉・克魯克斯爵士（Sir William Crookes, 1832-1919，英國化學家和物理學家，從事光譜學研究，是真空管的先驅）、奧利弗・約瑟夫・洛奇爵士（Sir Oliver Joseph Lodge, 1851-1940，英國物理學家和作家，參與了無線電的開發）、諾貝爾獎獲得者查爾斯・里切特（Charles Robert Richet, 1850-

1935，法蘭西學院生理學家，以免疫學方面的開創性工作而聞名，1913 年獲得了諾貝爾生理學或醫學獎，「以表彰他在過敏反應方面的工作」）、和美國心理學家威廉·詹姆斯（William James）。SPR 的成員發起並組織了國際生理學／實驗心理學大會。

他們研究領域包括催眠、解離、思想轉移、靈媒、賴興巴赫現象、幻影和鬼屋以及與降神會相關的物理現象。SPR 引入許多新詞進入英語，例如由梅爾（Frederic Myers）創造的「心靈感應」。該協會由一名主席和一個由 20 名成員組成的理事會管理，並向感興趣的公眾開放。該組織設於倫敦，有一個圖書館和辦公室對會員開放，並在劍橋大學圖書館設有大型圖書和檔案館藏專區。該會出版經同行評審的《心理研究學會期刊》（JSPR）、不定期的會議錄和雜誌《超自然評論》、每年舉行一次年會、定期講座和兩個學習日，並支持 LEXSCIEN 在線圖書館項目。

1912 年，該協會向佛洛伊德邀稿。根據克拉克（Ronald W. Clark, 1980）表示，「佛洛伊德推測，毫無疑問，如果精神分析的創始人和超自然現象研究之間存在任何聯係，都會妨礙社會對精神分析的接受，就像任何被認為與神祕學的關係一樣」。儘管如此，佛洛伊德確實做出了回應，他為《心理研究學會會刊》的醫學增刊撰寫了一篇題為〈關於精神分析中的無意識〉（A Note on the Unconscious in Psycho-Analysis）的文

章。該會歷任會長都是學術界的傑出人物，從科學到哲學都有，其中包括巴黎法蘭西學院教授、1927 年諾貝爾文學獎得主亨利・柏格森（Henri Bergson, 1859–1941）。

約瑟夫・班克斯・萊恩（Joseph Banks Rhine, 1895-1980），通常被稱為 J. B. 萊恩，他和他的妻子路易莎在 1922 年 5 月參加愛丁堡大學醫學院畢業的柯南・道爾（Sir Arthur Ignatius Conan Doyle, 1859-1930，福爾摩斯系列偵探小說的作者）的一次演講，該演講討論與死者交流的科學證據，這讓他們夫妻感到欣喜若狂。萊恩後來寫道：「這種可能性是我多年來聽到最令人振奮的想法。」他們夫妻從此投入這個領域的研究，特別是超感知覺（Extrasensory perception, ESP）的研究，也就是一般所謂的第六感，包括所有接收到的信息不是通過公認的身體感官獲得的，而是通過心靈感知的。J. B. 萊恩當時任教於杜克大學，以 ESP 的觀念來代表心靈能力，如直覺、心靈感應、心理測量、千里眼，以及預知或逆向認知的跨時間操作。他們夫妻的這些研究為心靈學研究在四○年代帶來一次高峰。萊恩撰寫了《超感知覺》和《超心理學：心智的新境界》，影響相當深遠。

目前會長則是帕克（Adrian Parker），原任愛丁堡大學教授，現任哥德堡大學心理學名譽教授。他表示：「我在愛丁堡大學的博士工作使我成為現在標準方法（稱為 ganzfeld 技術）的聯合創始人之一，用於在實驗室中再現一種被中性地稱為

psi（而不是通靈）的改變狀態和體驗。……我們對這一領域的態度是持開放態度的懷疑態度。在當今時代，天真懷疑主義和過度相信的兩極分化規範意味著對這些主題缺乏科學依據的辯論，保持這一立場很重要。我們目前與倫敦大學國王學院雙胞胎研究有一個研究項目，是與雙胞胎之間的特殊性和依附體驗有關。另一個由 BIAL 大腦研究基金會支持的項目，有關清醒夢。」

從歷史的脈絡來看，心靈學研究一直都是以隨著時代繼續演化的姿態出現在不同的時代，始終自許是科學最尖端的前衛研究。在 19 世紀中期，心靈學研究幾乎是當時心理或心靈研究中最最科學的一種；但是隨著科學心理學和精神分析的出現，加上心靈學與大眾文化有關的招搖撞騙醜聞糾纏在一起，又被視為過時的迷信科學。只是，在現代科學的領域裡，在這領域的邊緣地帶，還是永遠有人繼續視之為科學未來可能性的所在，而繼續努力著。

嚴格說起來，西方的心靈學研究在歷史中獲得教訓，到了二次大戰以後，幾乎都避免與大眾文化有所糾纏。這樣的態度，也同樣影響著台灣目前心靈學的研究者。譬如前臺灣大學校長李嗣涔教授，從電機系本行的研究，當年應臺灣國家科學委員會主委陳履安等人的邀請轉入氣功、特異功能方面的研究，而使其學術地位充滿爭議性。他和物理學陳國鎮教授、醫學崔玖教授等人共同組成的「中華生命電磁科學學會」，也因

為同樣的原因，一直都保持著相當的低調。

七、榮格究竟是不是神祕主義者呢？

亞菲生前出版的最後一本書，就是以這樣問題來當作標題。在這本書的第一篇文章最後，亞菲這樣寫著：

在世俗的感受裡，讓榮格可以與神祕主義者有所區隔的，是他承認了認識論上的限制，因此將最高的價值歸諸於充滿反思和認知的靈魂：「所有的理解以及所有被理解的，本身就是心靈的，而我們也在這種程度上無可奈何地被關在純粹心靈的世界裡。儘管如此，我們有充分的理由去假定，在這道帷幕之後有種尚未被理解的絕對物體，影響和觸動著我們，（甚至〔或特別〕是在無法提出任何可證實之論述的心靈現象裡。）」如果個體就是在要理解這一切、並希望如此做的位置上，「（如果他足夠聰明的話，他會就此罷休，給這不可知的取個更不可知的名（拉丁文所謂的 ignotum per ignotius）：上帝。）這是他對自己的臣服、自己的不完美及自己的依賴加以承認的告解；但同時也是他在真理與謬誤之間自由選擇的宣言。」

榮格是二十世紀最被誤解的思想家之一。這一點有一部分

是他自己的錯。當榮格的老師之一佛洛伊德選擇了實證科學的方向，認為宗教思想是幼稚的「海洋情感」的表達；榮格卻認為實證科學沒辦法反映出人類所有的事實，只有回歸到宗教一般的象徵主義，以及神祕體驗所代表的不確定世界，才能擁有一個圓滿的心理學。尤其在晚年，這種關注常常導致榮格被歸類為神祕主義者和宗教家，而不是現代定義的心理學家。由於象徵的複雜性和自相矛盾的性質，榮格逐漸被視為一個困難和矛盾的人物。

然而，榮格既不是神學家，也不是神祕主義者。他的觀點始終是懷疑主義的和科學的。正如亞菲在同一篇文章說的：「人們內心一定要記著，榮格的語言和他的理念，是完全不同於使命者的語言的，而且這個差異是相當顯著的。神祕主義者總是對他們所相信的一切，也就是這一切體驗的客觀性，是相當滿意的；而這些體驗，對榮格來說，重要的是這些的主觀性，是需要加以嚴格檢驗的。榮格透過對於所認識的一切背後最根本的科學有關的考慮（也就是康德所謂的認識論上的差異性〔erkenntnis-theoretische Differenzierung〕），他建立起如何將觀察到的這一切包含到心理學科學內的基礎。」

榮格並不試圖說服他的讀者相信神祕和宗教的主張是真實的。相反，他將中世紀和文藝復興時期宗教煉金術士撰寫的大量論文描述為「預測」。他不認為現在所講究的科學語言可以反映出真實的世界，唯有象徵的語言才能夠貼近更多的真實。

　　　　　　　　　幽靈‧死亡‧夢境：榮格取向的鬼文本分析 ├──────

榮格提供了一個客觀的基礎來討論像蘇格拉底的守護靈（daimon）這樣特別的心理現象，並將這種彷彿是另一個世界的存有，放到了現代科學世界的脈絡裡。他相信，如果我們能夠理解宗教的祖先們在晦澀的哲學和難以理解的手稿中所指稱的東西，就可以更深入地理解人類行為。對於榮格來說，儘管我們現在使用著和過去不同的詞語和符號來描述心靈的過程，但相同的過程仍在繼續發生，而且這一切依然無視我們的理解。

　　我們仍然和祖先生活在同一個世界：我們只是改變了與我們不了解的心靈的關係。我們沒有受到惡魔的襲擊，而是患上了憂鬱症。我們沒有聽到精靈或其他靈性的聲音，而是進行與自性的對話。儘管理性主義占領了現代世界的優勢，但人類在很大程度上仍然是受制於我們無法控制的自主的心理事件。現在，如果你夢見父親在海裡淹死，醒來時你不得不跟這個自己不想要的夢進行對話。如果你走過一個校園，突然想到一隻七彩的怪獸，你必須讓自己適應如此不和諧和偶發的想法，以及一切想法所發生的奇異想像力深處。現代人仍然擁有無法控制的神祕心理，而動漫裡的角色或奇幻小說的重新興起，原本就是很平常的事情，就像我們的祖先將這種心理事件解釋為神明或靈性的作為一樣而已。

　　我們雖然不認同我們在清醒生活中突發而不受控制的想法，或夢中奇異怪誕的意象，但我們必然還是進入了深不可測

的水域。只要這樣的心理事件繼續騷擾著我們，我們就不得不與這些心理事件進行對話，並將它們融入理性思維中。榮格的偉大發現是，人類歷史上所說的靈性世界，其實只是描述了埋藏在人類心靈中的現象。對於那些永遠與自己的想法相互搏鬥，對於無法理解吸引著和刺激著心靈的自發性意象的人來說，榮格所思考的一切，其實是在這個世界進行一個 180 度逆轉的尋找方式。我們只有在相反的方向，才能找到前面所看到的一切。

　　榮格是神祕主義者嗎？這個答案可以是：「他是神祕主義者」，一個徹徹底底的神祕主義者，因為他相信只有不可知的一切才是真正的答案；這個答案也可以是：「他不是神祕主義者」，他是科學家，想要在更廣泛的定義裡建立起真正的心靈科學。

一個道教學者的讀法

李豐楙（中央研究院中國文哲研究所兼任研究員）

（一）

　　這一本安妮拉・亞菲（Aniela Jaffé）代榮格編行之書，成書約七十年後才有中譯本面世，對於喜愛榮格學派的同好，確實是提供省思的一個機會。在當時的社會氛圍中科學主義正盛，榮格及其弟子面對《瑞士觀察家》這本通俗雜誌提供的豐富素材，其在短短一年間（1954-1955）收到靈／異事件的來信數達一千兩百餘，所累積的故事則約一千五百餘。這一本靈／異故事集若非有幸送到榮格的手中，可能早就與時俱散；卻在心理學家的視角下展現其睿智，既從「科學」予以分類引述，並在分析解讀中置入榮格的新解，成為一部現代版的鬼「話」（說話）論述。這種鬼怪故事集的存在，既可作為文學家抒發想像的虛構，卻也在無意識學派介入後呈現一種新讀法。這部靈異事跡與研究直到現在才有中譯本，即可讓有志斯道者比較：西方之人與東方之人的心靈狀態，到底有多少心同理同處？瑞士人在遙遠的高山上，臺灣人則活動於海島上。其間所要跨越的非僅文化，而是民族的集體心靈，類似民間講

古，其同其異何在？差別僅在時空的差異！抑或這種古今中外俱有的靈異敘述，這種經驗無時不有無處不在，只是絕大多數都與時俱逝、了無痕跡，幸運的是這批靈異材料，作為怪異非常的文化，幸而獲得心理學者的垂青，在「科學」的有效掩護下，方得以遺存至今。既非徒託諸文學敘事的虛構，也未封存於宗教典籍中，而是榮格學派嚴肅以對，從心理學視角介入解說，足以讓一批質樸無華的常民說話得以長存，主要就在心理學派的論述別具隻眼，二者相得益彰方能流傳迄今，並傳播遠方而能與其他民族分享。

這部原本可能限於內部限閱，卻在科學包裝下不僅公開，且獲得不同學門的共同關注，當初榮格將這一批資料移交亞菲，確實深幸得人，乃能從心理學立場加以妥適的處理。當時這些敘述應該挑戰了榮格學派的學術睿智，到底應該如何看待如是奇幻的靈異故事？首先就是虛心接受其「真實性」，並非不值一顧的鄉野傳奇，但如何將這些報導視為「科學研究材料」，而後據以展開兩項作業：分類與分析研究。從而宣示其科學方法與統計評估，既需提醒避免落入「商業的狩獵場」，也不宜過度冒犯「理性主義」者，在二十世紀中葉的學術氣氛中，這樣的學術處境的確可以體會。此時此刻中譯本出現於臺灣，當前的學術處境適逢五四百年剛過，科技知識及其訓練既成為日常，而坊間盛傳的類似之作不管動機為何，這類故事也所在多有；關鍵在其主題既迷人也惑人：徵兆、預言、陰陽

榮格本身對此具有研究的興趣及豐富的經驗，從而帶動一群學界有志於斯學。在廣泛的「神話」研究中不可欠缺此一題材，當時在許多學門中這一類並非陌生，問題是廁於神學、宗教學或民俗學，這個新的心理學派又如何翻新？這個解釋進路諸如「原型」，正是被提出來的解釋利器。他認為神話的存在有其不可忽視的意義，在人類經驗的心靈能力上作為基本原則；即將原型視為一種心理結構，其中儲存的心靈體驗既多且雜，卻又可視為一個統一體，乃感情、思想的原始、典型的形式，既決定人類的基本關係，如父子、母女；也存在於一生之中的生命歷程，尤其攸關生命終極的死亡之夢？到底鬼魂如何存在？又與生者保持怎樣的關係？諸如此類既被視為神話的一環，故鬼魂、靈魂乃是一種原型方式。

就像本書的講述者雖以瑞士一地為主，也挪用同類研究所引述的不同案例；而時間不限於二十世紀的某一段，而是亙古以來流傳各地的翻版。故先肯定其中具有的「原型」性，而書寫者則就所知所聞的靈異事件，就像每一位神話講述者一樣，必須肯定敘述者的真誠而非欺騙，「真實」乃象徵性事件的核心，無時不在、無處不有，如是重覆出現，方為人類心靈的基本結構。二十世紀的前半段既是如此，而後半段則特別重視現實，使自我受限於現實／真實，認為當代乃去神話化、去魅化，在這種強烈的學術要求下，強調因果思維的規則／規律，乃將現代人局限於「意識」的心智下，所要求的就是可

信、穩定、有效。反之，靈異、神話則屬無意識的心智，乃非絕對的、不可預測的，這些神祕的邊界事件的無意識狀態，就形諸死亡夢、鬼魂的存在。在榮格創發的心理學中給予一個適當的位置：夢的思維、神話思維，也就關聯靈魂、鬼魂的出現，這些多樣化的奇幻、夢幻事件，在誠懇的敘述中打破了因果關係，諸如預感、預言事件具有的不可預測性，但事情發生後又證明其真實性。這些大小個案既困擾也挑戰了理性，正因打破有形的時空限制，才會將靈異事件視為保存／儲存原型概念的文化寶庫，其形式就像原始時代遺存下來的神話，其敘述表面雖似荒誕、怪異，卻被視為人與無意識之間的橋樑，可以溝通被壓抑、遺忘的意識界。故將怪異敘述視同神話一樣，具有原初的原型性，其中隱含豐富而雜多的象徵符號，諸如生存的危機、生命遭受的厄難，乃至心靈深處不可言宣的罪之負荷……。故在榮格學派眼中的觀照下，這些外在、有形的宇宙，其實隱藏著內在、無形的宇宙，乃是集體心靈不可言喻之祕。

　　無意識心理學關涉的哲學議題就是「世界的本質」，榮格學派挪用了「二律背反」此一律則，作為解釋靈異事件的根源，故在最後一章安排「共時性」現象，總結前三部分所要處理的；在「人與經驗」中有關體驗靈異的能力，預感、預言夢中的命運因素，及為何透過無意識發出指令等；而在專門論述「鬼」的一章中，分類鬼魂並分析其背後的現象：如何出現？

如何被引領？且借鬼魂喻示人類所犯的道德焦慮，在死後卻以鬼魂形式出現，如未能獲得的救贖、未能履行的生前承諾、倫理的觸犯等，關鍵就在如何化解未解之願。鬼魂的出現就是一種象徵性事件，象示無意識中時間與空間的相對性，而在現實世界中的複製現象，諸如危機、災難、疾病及死亡等，亡魂即會採取特殊的示現方式：夢、幻覺、預兆、分身及漂泊不定等，這些徵兆常容易遭受忽略，故亟需出之以死亡之夢。其實當中暗示著現實的存在，其情況雖則不可預測、完全自主，所呈現的結果／結局卻又真實。故從無意識心理學解釋這些現象：諸如無規律的、意外的及自發的，為什麼會出現在有些人身上，尤其一些體質、心質特殊者。這種無意識即心即物，並非形體與精神二分。故榮格學派標舉的「共時性」現象，方便總結前述諸多複雜的情況，並由此省思有時為何亟需運用巫術／法術、宗教儀式，甚至一念之誠即可化解。這種情況特別針對意外的死亡，從自殺、謀殺到集體死亡，表示鬼魂陷於不安寧狀況，其中既有罪惡的觸犯、愛的背叛、未被寬恕的罪負感，都可能陷於鬼魂的陰影中。這種獲得救贖的期待，一旦亡靈本身得到表白的機會，或採取宗教儀式得以化解，都有助於靈魂的安定，故在榮格提出的共時性現象中，也多少反映當地社會的宗教處境。

（三）

　　榮格及其弟子既生活於西方社會，作為心理學者仍會受到文化的影響，故會從「二律背反」原理理解「意識」與「無意識」的關係，如是詮釋即是採取對立的觀點，代表西方之人習用的二分法。然則身在東方社會又如何觀看？面對相同、相似的靈異事件，存在於不同的文化情境，乃是不可改變的事實，自然也會各就其民族思維，所採取的觀照方式，到底是異中求同、抑或同中有異？在此即從關鍵的「二律背反」定律切入，理解早就出現於中古中國的靈異敘述，六朝雜傳、筆記小說同樣也認為所敘述的，並非今人認為的虛構性，而是真實性的靈異事件，所包羅的範圍廣泛，從史籍中的五行、天文志，到筆記小說中的異聞俱是。干寶整理《晉紀》、《搜神記》的「說話」後，提出一個重要的理念：怪異非常、或斷為「怪異、非常」。此一「非常」明顯是相對於「常」，從一般的常用語轉變為核心的觀念，所依據就是語言學，從常服、工作服衍生日常、平常等詞彙，相較之下，非常（服）作為複合詞，就從服飾象徵彰顯其非日常的節慶活動，也就是東方民族根據形象思維，則「常與非常」所象示的文化結構：經驗的與非經驗的、秩序的與反秩序的……，如是類推及宇宙的本質，就是兩種力量的相對互補。由於比較亞菲衍繹榮格的理論，即將「意識」視為「常」，規則、規律乃屬因果關係，具有可控制性、穩定

性與單調性，此即日常事務的「常態」準則，就此成為理性思維下的意識狀態。反之，則靈異現象乃屬「無意識」，即標示為一怪誕、意外、非合理性，本書謂之「魔幻因果律」，相較於常即可歸屬「非常」（態）。

世界的本質既是合「常與非常」於一，在民族思維下出現的「陰S陽」，即可謂本土化的「二律背反」，乃由文化心理形成的基本結構，也契合榮格提出的「原型」理念。由此切入理解國人以什麼心態接觸靈異，雖則逸出儒家的合理主義，但「非常」確定作為逆反思維，一直潛存於庶民與道教意識中。其實儒家制定其社會／文化時間，同樣根據張弛有度的「一張一弛」之理，以之合理化節慶的狂歡活動，乃是典型的「非常」態社會生活。故「常與非常」作為漢人社會的生活哲學，方便對應西方心理學的「意識與無意識」，這種民族心理所形成的文化結構，彼此可以相對互補，較諸西方之人習用的二分法，差別就在「S」這個文化符號：陰與陽既相對又互補／轉。由此觀察中古中國遺存的靈異敘述，即可發現任一「怪異」說話，即標誌一個非常的象徵性事件，都企圖溝通此岸／界與彼岸／他界，以突破生／死之間的界限，「常與非常」即可視同「意識與無意識」，所以可以視為典型的原始思維／神話思維，乃先民經久遺存的「原型」。正因如此，從古至今仍然不斷傳述的靈異敘述，既有神之話也有鬼之話，後代子孫不自覺地複製／述，而背後則是遵循同一內在邏輯。從這種本土

化的心理結構方能體會其原型與共時性現象，可以跨越文化障礙而具有普世性價值及意義。

　　瑞士既有《瑞士觀察家》收集通俗的靈異說話，且借此進入榮格之門，就有機會拋開迷信之嫌，這種行動既起於西方，並在心理學傳統中拚出一片天。然則東方世界又是如何？這個答案只能求諸民間版靈驗錄。在漢人社會既遺存於道教、佛教及善書中，靈異事件常會借殼民間故事，民眾其實會一再複製鬼「話」；而從巫俗到道教所處理的宗教事務，正是靈異怪譚下隱藏的無意識，道士、法師及乩童／通靈者就在敏感的體驗能力，並經由宗教體驗強化其修行之道，方能在人鬼、人神間擔任中介／媒介者，溝通亡魂殘存的未了之願：即未及化「解」的冤「結」！這些殘念既讓亡魂不能安寧，就有賴儀式專家出面處理，期使孤幽之苦得以解脫。民眾反覆傳述這些靈異故事，這種情況無異於本書的敘述者，其核心理念有驚人的相似性：罪未能及時救贖、願來不及償還、愛被背叛而徒留遺怨……，為了解決生死兩難的困境，神職者或儀式專家就會上場排解。神話與儀式作為一體的兩面，語言與動作兩個象徵合一，有賴於巫術、法術及儀式解決問題。這種信仰的形式與精神，縱使合理主義者期期以為不可：非科學、非因果關係、無驗證性，卻無妨其持續的存在。這一東方版本不正符合榮格倡行的無意識心理學，差別僅在一屬宗教，另一則是科學方法下的心理學。

（四）

　　面對五十年前的老書新譯，心理學界、超心理學界既後出不絕，儼然自成一門人文學。同樣面對此一神祕領域，既迷人也惑人，華人世界的反應又是如何？其實靈異現象一直存在，且經常擺盪於商業獵場中，如何才能成為嚴謹的學術研究？在五四百年剛過的學術氛圍中，確有許多值得省思的癥結！作為一個道教／宗教學者的閱讀反應，第一個感覺就是這些靈異敘述似曾相識，時空雖迥異，而串連其中的內在邏輯則一，才會以「常與非常」對應「意識與無意識」。換言之，本土化道教的文化研究，方便搭起這一座溝通的橋樑，故宗教與無意識心理學（或超心理學）可以展開對話，面對縉紳之士所謂的「荒誕不經」，在怪異敘述中出場的鬼魂、靈魂，其存在及活動方式就像榮格學派所詮釋的，雖則屬於不同民族的象徵符號，仍由借由意識與無意識的溝通媒介，縮結西方之人與東方之人，彼此之間並無不可跨越的文化鴻溝。在習以為常的生活世界中，亙古以來就存在的兩種力量：陰與陽，既可對應常與非常，也能呼應世界宗教的黑暗與光明、先驗與經驗……，然則在中土世界同樣可以並存。這種心靈世界的真相為何，榮格既已初發其覆，爾後此一學派繼起補益前說，既深化理論並持續付諸實踐，如是卓然有成，自可激發不同的學術領域也揭發其祕。在這種開放的學術氛圍中，當代臺灣學界如何急起因應，

　　　　　　　　幽靈・死亡・夢境：榮格取向的鬼文本分析

不再停留於第四臺的商業操／炒作，亟需遵循前修而作為科學材料。在此必須指陳一個事實，就是以往記錄靈異的靈驗錄，常被雜厠於宗教名下，或註解、附錄於善書；在科技文化的強烈衝擊下，雖未完全的消失／逝，但整體數量已經大為減少。相較於《瑞士觀察家》的靈異敘述，幸運的能與榮格相遇，既不能期望出現《臺灣觀察家》，至少有一批有心的榮格後學持續接棒，證明靈異故事永不衰老！且隨著時空變遷而著上新色彩，只要有機會收集當代的個案，而後遵循前例予以分類、分析，則東方之人也有說話的機會，此次先睹為快是為所願。

序文

C.G. 榮格

　　本書的作者在分析心理學領域的寶貴貢獻，早已擁有相當
的聲譽了。她在這裡講述的奇聞軼事，因有迷信之嫌，過去只
能在私底下流傳。《瑞士觀察家》（*Schweizerischer Beobachter*）
雜誌發出去的問卷，使得這些故事重見天日，因此，這個領
域的公開，可以說這本雜誌確實貢獻不小。這一大堆素材最
早是寄給我的。但由於我年事已高，而且越來越投入在其他事
情上，【譯註1】不可能再承受更多的工作負擔，因此，如何從中
編選出一本故事集、並以心理學角度評估這些故事，這任務就
落到了本書的作者身上。在這方面，她是不二人選。早在處理
與本書主題相似的霍夫曼《金壺》時【原註1】，我就毫不猶豫地
選擇了她，而她也展示出了高超的心理學技巧、理解力和洞察

譯註1：　這本書出版於 1958 年，當時榮格開始和本書作者合作他日後聞名於世的自傳
　　　　《記憶、夢和反思》，同時持續著晚年最重要的煉金術研究，直到 1961 年去
　　　　世。

原註1：　〈E. T. A. 霍夫曼童話《金壺》中的圖片和符號〉（Bider und Symbole aus E. T. A.
　　　　Hoffmanns Märchen 'Der goldne Topf'），由本書作者亞菲所著，收錄於榮格的《無
　　　　意識的塑造》（*Gestaltungen des Unbewußten*）（1950 年）。【譯註2】

譯註2：　《無意識的塑造》於瑞士出版，沒有英文譯本。書中除了這篇亞菲的文章，其他
　　　　都是榮格本身的著作，在英文版的《榮格全集》裡分散於不同的章節。

力。

　而令人費解的是，這些流傳至今的奇幻故事（不管有沒有任何的啟發）所涉及的問題，一直都沒有從心理學的角度來探討過。當然我並沒有將神話算進去，儘管人們普遍認為神話基本上屬於過去的歷史，而現今不會再發生了。這些神話之所以成為當今流行的心靈現象，只因為它們可以成為商業的狩獵場。然而，鬼故事、凶兆和其他怪事卻總是不斷有人提到，「發生過」這類事的人實在多得驚人。儘管「文明人」還是不贊同，但早就有所謂「超心理學」（parapsychology）【譯註3】這門嚴謹科學，這些事也就不再處於躲藏狀態了。這樣的事實，或許也鼓勵了大家對這些問卷的熱烈回應。

　其中最值得注意的是，我們發現普遍認為冷漠、缺乏想像力、理性、物質的瑞士人，他們所講的鬼故事或這類故事，跟

譯註3：　超心理學（parapsychology，國內也有稱為心靈學、靈魂、副心理學），主要研究一系列超自然現象，包括瀕死經驗、輪迴、出體、前世回溯、傳心術、預言、遙視和意念力等。超心理學和心靈研究（psychical research）兩詞大致等同，但某些過去認為是心靈研究的課題，如催眠，已成為「正統」心理學的內容，因而超心理學只包括那些今日知識認為有超常成分的課題。主流科學家認為這是偽科學，部分的原因除了缺乏可複製的經驗證據外，有人甚至認為超心理學的主張根本無法成立。超心理學一詞是由哲學家馬克斯·德索瓦（Max Dessoir）於1889年創造；美國植物學家萊恩（Joseph Banks Rhine）採用「超心理學」取代了「心靈研究」（psychical research）一詞，這代表著實驗方法和學術學科的重大轉變，開始使用實驗室方法進行超心理學研究。雖然它的科學性一直有所爭議，美國科學促進會仍在1969年接納超心理學會為其下屬學會。英國愛丁堡大學在1985年設置了凱斯特勒超心理學教席（Koestler Chair of Parapsychology）。

英國或愛爾蘭人講的同樣栩栩如生。就好像從我自己的經驗也好，其他研究人員獲得的資料也好，都可以發現中世紀和更古老所施展的法術並沒有消亡，今日的盛況仍與幾個世紀之前一樣蓬勃。然而，人們對此卻閉口不談。這一切就是這樣地發生著，而知識份子對它們一無所知——因為他們既不瞭解自己，也不瞭解其他人真實的生活。儘管這些知識份子對於別人的世界一無所知，這幾個世紀以來生活還是繼續著，這些從不可追憶的年代起就有的一切還是陪伴著人們的生活，包括徵兆、預言、陰陽眼、幽靈、鬼、還魂、下蠱、巫術、魔咒等等。

然而，我們的這個科學年代只想知道這些事是否為「真」，卻不考慮這一切證據的本質究竟是什麼，又是如何被編派出來的。為了知道是否為真，這些有待釐清的事件果真獲得了公正而清醒的檢視，然而結果往往是那些最令人心騷動的故事到頭來煙消雲散，只留下「不值一提」的簡單說法。從沒人問過這個基本的問題：這些古老而相同的故事，為什麼一次又一次地經驗並重複著，而且從未失去魅力？它們不只魅力絲毫未減，相反地，還帶著青春活力回到了我們的生活，鮮活如初。

這本書的作者所設定的任務就是呈現出這些故事原來的樣子，也就是將這些故事當作心靈事實來看待，並不因為這一切不符合我們理解事物的框架就嗤之以鼻。因而，她當然不會先去考慮故事是否為真，就像神話學的討論裡長期以來的做法那

樣，反而先從心理學的問題進行探究：確切地說，看到鬼的那個人是怎樣的一個人呢？他是在怎樣的心靈狀態下看到的？如果我們考察其中的內容，也就是將鬼當作象徵來看，又意味著什麼呢？

她會對於過度冒犯理性主義者的部分加以修飾，但又懂得如何恰如其分地保持故事原貌的藝術。用這種方法，她成功地保留了這類故事所不可少的朦朧氛圍。任何夜間、神祕的經驗所不可少的成分，就是意識的逐漸模糊，在這感覺裡個人會以為被一種比自己更強大的東西掌控住了，任何的評判都不可能，意志也隨之癱瘓。在這樣經驗的衝擊下，理性消失了，另一股力量忽然控制了一切；這是一種非常獨特的感覺，不管你的理性如何抗拒，你都會很想把它們當作祕密寶藏藏起來。而確實這就是這份經驗那令人無法理解的目的：讓我們感覺到不可抗拒的神祕存在。

儘管這些來信中的故事有些晦澀難懂，但作者還是成功地保留這類經驗的整體特徵，使之成為研究的對象。有關超心理真相的問題，任何期待找到答案的人都不免失望。在這方面，心理學家並不太關心哪類事實是一般所謂的可以確定的；對心理學家來說，最重要的是一個人是否不管別人如何解釋，都會堅持他的經驗的真實性。這些記述的真實性是毋庸置疑的；更且，它們的真實性大都可以透過獨立但平行存在的類似故事得到驗證。沒有理由去懷疑在任何地方、任何時間都發生過的故

事。因此，也沒有充分理由懷疑這些個人記述的真實性。只有那些蓄意撒謊的記述才值得懷疑。而隨著時間的推移，這類的記述已經越來越少了，因為，這些編故事的人太無知了，編不出像樣的故事。

無意識心理學已經照亮了許多黑暗角落，由此我們可以期待，它也同樣會闡明晦暗世界裡永不衰老的神奇故事。熟悉深度心理學的人們，肯定能從這本收錄豐富的書裡找到最值得注意的素材，從而獲得全新而有意義的洞見。我樂於把這本書推薦給所有識貨的朋友們，他們知道如何有效運用影響力，打破日常生活的單調乏味，動搖根深柢固的想法（有時！），讓想像力因此有了翅膀。

10

序文

57

前言小記

11

本書的研究素材來自 1954 至 1955 年之間瑞士通俗雜誌
《瑞士觀察家》雙週刊的讀者來信。在此之前，雜誌社發表
了一系列有關預言夢、巧合、徵兆、幽靈等主題的文章。在該
系列每篇文章結束的地方，編輯都會向讀者提問，問他們是
否有過類似的經驗，如果有的話，請他們把經驗寄給《瑞士
觀察家》。結果，迴響驚人，總共收到了 1,200 多封來信，約
1,500 個故事。

我首先要感謝《瑞士觀察家》的編輯，慷慨地將所有素材
交給榮格教授全權處理，而他又委託我對這些素材進行心理學
研究。正是因為他對這件事的興趣以及我們之間就這些主題的
多次談話，使我得以按照分析心理學的原理對素材進行分類，
並從許多相關的經驗中找到了心理學上的解釋。

我還要感謝紐約的馬丁・埃邦先生（Martin Ebon）【譯註 4】
對這本書的興趣，他促成了這本書英文版的出版。之前，他
曾翻譯並出版過我相同主題的論文：見《國際超心理學雜誌》
（*International Journal of Parapsychology*）（1962 年春，第 4 卷第

譯註 4：　馬丁・埃邦（Martin Ebon, 1917-2006）是德國裔美國人，主要創作了從超自然到
　　　　　政治的非小說類書籍。他出生於德國漢堡，1938 年移民到美國。埃邦曾擔任目前
　　　　　仍然活躍的超心理學基金會（Parapsychology Foundation）的行政祕書長達 12 年，
　　　　　並與其創始人埃琳・J・加勒特（Eileen J. Garrett）緊密合作。

2期）中的〈自發性案例的心理面向〉。

12　　特別要熱忱地感謝康乃狄克州橋水的珍・普拉特（Jane Pratt）女士，她不僅對本書表示了濃厚的興趣，對這本書的英文翻譯也提供了慷慨的協助。

　　最後要感謝克萊恩–威廉（V.C. Klein-Williams）女士、蘭登堡（Veronica Ladenburg）小姐和艾略特（Mary Elliot）小姐的翻譯，以及榮格序文的翻譯者霍爾（R. F. C. Hull）先生。

首先，令我們感到意外的是來信的數量。這不僅說明了問卷確實喚起了大家強烈的興趣，也顯示這種「靈異」（occult）【原註2】的經驗，或通常稱為「特殊感應」（super-sensory）或「超自然」（supernatural）的經驗，可能遠比我們平常預想的多得多。在我們這個所謂的科技時代，至少在《瑞士觀察家》雙週刊的讀者裡，有超過 1,200 個人認為將這些「非理性」的事件講出來是有價值的。他們會這樣做，是一點都不輕率的。從這些來信很容易就可以看出，許多人在寫下自己這些故事的過程中，其實顧慮重重，因為過去他們分享這些經驗時經常得不到嚴肅的對待，而且可能連他們都會嘲笑自己，擔心被人看成傻瓜、騙子或愛亂編故事的人。因此，幾乎所有寄來故事的人都要求，如果出版就一定要隱去他們的名字，一方面是不想「遭人議論」，另一方面是顧及到故事中相關的人士。然而最主要的感受是，在這些經驗裡有某種東西要求著他們要特別保密、甚或敬畏。這一切觸及了無法理解而感覺神祕的某種事物，即使已經過去很多年了，至今仍然令人難以釋懷。甚至連孩子也對這一切都感到相當不安。許多時候，他們對這些經驗守口如瓶，連自己的父母或其他最親近的人也不說。有時他們在確定會被保密的情況下，私下向神父或牧師提及這些經驗，這暗示著這一切「靈異」經驗可能與宗教領域

原註2： Occultum（拉丁文）＝隱祕物。

有關。

　　我要特別對這些作者表示感謝。正是因為他們的坦率，才使得這項調查成為可能。而這些人的社會背景，幾乎涵括所有不同的社會階級，但其中大多數是農夫、工人、商人和上班族。還有一點需要特別補充的是：一些寫得最好、最真誠的信，往往是出自於「普通人」或小鎮鄉村的純樸婦女之手；而那些來自知識份子的信，信中批評性的反思反而常常削弱了經驗本身給人的印象。當然，兩者也都各有例外。

信件作為科學素材的價值

　　在處理這些來信的過程中，首先出現的問題是，它們作為科學研究素材的價值。按照現今超心理學的做法，來信本身不能當作科學素材。這是從一開始就必須強調的。

　　德國學者漢斯・德里施（Hans Driesch）【譯註5】，是使超心理學被認可為科學分支的先驅之一，曾為「靈異」現象的科學評估制定了幾條規則。關於預兆、超感視覺、預言夢等現象

譯註5：　漢斯・德里施（Hans Driesch, 1867-1941），德國生物學家、哲學家，以從事早期胚胎學試驗和新生命力論哲學而知名，1880 年代曾進行早期克隆試驗。1922 年10 月前往中國講學，停留數月，在東南大學講授《生機哲學》。德里施對心理研究和超心理學產生了濃厚的興趣。1931 年，他發表了超心理學研究方法論（德文），並在 1933 年出版了有關該主題的書《心理學研究：超常態的科學》。在1926 至 1927 年擔任心靈研究學會的會長。

的記述，如果要被接受為有效的研究素材，那麼在事實的證實工作之前，只能將它們詳細地寫下，或是與可靠的人交流。至於鬧鬼、幽靈等，每一個別案例都應該仔細地觀察和驗證。而這一批《瑞士觀察家》來信，完全都不滿足上述條件。

　　我曾考慮過，自己是否應該積極尋求這些經驗的證據。然而，對發生多年的事件來尋求驗證，本身是否有價值就非常可疑。有時事情是發生在來信者的父母或親屬身上，還有，大多數的經驗都充滿了情緒，因此，要進行客觀記錄，就算不是不可能，也是很困難的。然而，儘管對這些來信有一定程度的保留，但我以後會解釋，為什麼它們還是有科學上的啟發和意義。

　　而必須記住的是，德里施為超心理學研究制定的規則不再被視為具有絕對性的約束力。個體描述的真實性問題已經不像以前，譬如上世紀末，那樣地重要了；當時是因為超心理學還處於起步階段。現在對超心理學經驗的描述可以更自由地處理，因為過去對於超心理現象到底存在還是不存在，依然是懸而未決的問題。經過幾十年的科學研究後，已經取得了更大的確定性，因此，在某些情況下，原初的一些基本規則是可以擱置一旁的。不過，對自發的超心理現象，一絲不苟的驗證還是這邊界狀態的科學所起碼要有的基礎。

　　超心理學的領域，除了自發現象外，還涵蓋了實際的實驗室研究。這在上一代已經穩步發展起來了；科學的方法

和對結果的統計評估是現在研究的主要目標。實驗超心理學（experimental parapsychology）主要是美國杜克大學的 J. B. 萊恩（J. B. Rhine）【譯註6】所發展並大力推廣的。萊恩憑藉他著名的紙牌實驗，證明了人具有超感知覺能力（在超心理學裡稱為 ESP），例如有些人不必透過五感的傳遞，就能知道在時間或空間相當距離之外所發生的事件，反倒是未來或遠距離事件的消息會透過「心智的隱祕通道」來到他面前，一如萊恩的妻子路易莎・萊恩（Louisa Rhine）【譯註7】在她有關自發超心理現象的書裡的用詞。萊恩憑藉著嚴謹檢查與控制下的實驗室測試，為超心理學奠定科學基礎做出不可估量的貢獻；在他的實驗之後，全球各地的超心理學研究才如雨後春筍般出現。透過靈媒（具有 ESP 天賦的人）進行實驗，早在上世紀末就開始了，但這只是一門非常年輕的科學怯生生地踏出相當不確定的第一步。當然，這樣的實驗在超心理學研究中仍扮演著重要的角色，尤其是以更精切的科學形式。在這類研究裡，測試的是

16

譯註6： 約瑟夫・班克斯・萊恩（Joseph Banks Rhine, 1895-1980），通常被稱為 J. B. 萊恩，是美國植物學家，創立了超心理學的一個分支，在杜克大學創立超心理學實驗室，最突出的研究是超感知覺（extrasensory perception）或 ESP，也就是第六感，不是透過公認的身體感官而獲得的訊息，而是由心靈感知獲得的。萊恩用這個術語來表示諸如直覺、心靈感應、心理測驗、超感視覺及其超時態操作等心理能力中的預認知（precognition）或逆認知（retrocognition）。萊恩重要的著作包括《超感知覺》和《超心理學：心智的新境界》。

譯註7： 路易莎・埃拉・萊恩（Louisa Ella Rhine, 1891-1983）是美國植物學博士，在丈夫萊恩影響下，同樣以超心理學的研究而聞名。在她去世時，已經是公認自發性心理經驗最重要的研究者，並被譽為「超心理學的第一夫人」。

有特殊天賦和 ESP 能力的**個體**，而萊恩設計的測試則是一系列的，更能夠展現這些天賦其實是人類的**共同才能**。這是萊恩的重大發現。

從此，實驗、確切的觀察、調查（問卷）和統計成為現在超心理學方法的基礎。不過，我們必須提一下對這些調查結果有所總結、甚至是有了結論的科學家們；比如說瑞士的榮格。他大多數的研究，在很大程度上都是奠基於萊恩研究的科學成果。他最早關切的是探討超心理現象發生時的心理條件，而他的方法最重要的就是計畫性實驗所無法捕捉的無意識因素的作用。在我們現在要進行的探索裡，會經常提到的榮格〈共時性：非因果連接原理〉（Synchronicity: An Acausal Connecting Principle）論文中，【原註3】他為超心理現象，尤其是「有意義的巧合」、預言夢、預感、心靈感應等提供了一個解釋。他的解釋是將無意識和它的法則當作群體聚集（constellating）的因素，經由此而才有這些現象。榮格最早發表的論文，也是目前還很重要的，是 1902 年的博士論文〈論心理學與所謂靈異現象的病理學〉（On the Psychology and Pathology of So-Called Occult Phenomena），【原註4】是根據對一位女靈媒做的實驗來進行科學性的說明。

原註 3： C. G. Jung and W. Pauli: The Interpretation of Nature and the Psyche, Pantheon Books, New York, 1955 and *The Structure and Dynamics of the Psyche*, Collected Works, Vol. 8.

原註 4： In *Psychiatric Studies*, Col. Works, Vol. 1.

17

在萊恩《心智的新境界》（*New Frontiers of the Mind*）【原
註5】書中〈郵包〉這章裡，我們可以讀到自從 ESP 有關的研究
首次出版問世後，他收到成千上萬封來自全國各地、形形色色
讀者的來信。就像這些寫給《瑞士觀察家》的信一樣，許多都
是講述個人的經驗。這些人大多對這些經驗深感震撼，正如萊
恩所說，這些人是「帶著沒有任何一絲質疑的真誠去寫的」。
而這句話，同樣適用於寫信給《瑞士觀察家》的讀者。萊恩無
法接受將這些信「當作證據，儘管這麼說並不是要懷疑作者的
真實性」；即便如此，他高度重視這些寫下來的描述，不僅因
為這些是在實驗室以外與人們所建立起的生動接觸，記錄下
的經驗幾乎就是對自己進行的研究調查，也是因為「或許某一
天，我們這一類素材可以用來對大自然進行分類或分析的研
究」。因此萊恩肯定類似的描述（譬如寫給《瑞士觀察家》的
這些信）也許可以善加利用，用來形成心理學研究的基礎。在
這同時，萊恩的夫人路易莎・萊恩在丈夫的建議下也開始從事
這類的研究工作。她的這些研究成果，發表在〈幻覺的 Psi 經
驗〉（Hallucinatory Psi Experiences）【原註6】這篇論文裡（Psi 是
指人類的特殊感應能力），後來收入她的《心智的隱祕通道》
（*Hidden Channels of the Mind,* 1961）一書中。我會不時提及這
份詳盡的研究報告；這份報告所依據的信件數量，比我所掌握

原註5： New York, Toronto, 1937.

原註6： *The Journal of Parapsychology*, Duke University Press, Vol. 20.

的要多得多。萊恩夫人主要的關注是對記述素材的分類和超心理學分析，而這本書論述的議題是心理學的和詮釋的。本書最後一章，則特別關注無意識的角色，尤其是無意識中作為「組織」因素的「原型」以及榮格派的「共時性」觀念。對我來說，這種經驗對記錄者的重要性，特別是象徵性事件的意義，則是我特別感興趣的。

　　假如鬼經常出現在光的包圍之下，意味著什麼？或是當鬼經常以白影的形象出現，又意味著什麼呢？或者無頭或透明？這些細節是規律的呢，還是偶然的呢？或者規律背後潛藏著某種意義呢？正是這些問題，促使我運用榮格心理學中對無意識、夢境、意象、靈視（vision）【譯註8】、詩歌等表現的探索方法，來研究幽靈的神祕性。也就是說，我嘗試藉助於放大後的素材【原註7】來解釋現象。

　　當然不可避免的是，我們在運用詮釋性和心理學的方法來面對每一個轉折時，還是要對幽靈本質保持存疑的態度，來思考所經驗和記述的究竟是什麼的問題。這些答案只能來自這些經驗內在邏輯的暗示和假設；而這一切都建立在榮格對無意識的基礎上，特別是非因果的關聯上。

譯註8：　靈視（vision），亦翻譯成幻象等，無中生有的視覺，往往是一次性的經驗，不是臨床上視為病態人格的視幻覺（visual hallucinations）。

原註7：　放大作用（Amplifications），不同於佛洛伊德解夢運用的自由聯想，是經由對民間傳說、神話、傳說、童話、甚至詩歌中類比或類似的意象，對其中的主題加以擴展和豐富，因為這些意象都來自相似的無意識源泉。

經驗的原型特徵

　　記錄在這本書裡的「靈異」經驗，如果僅當作事實來對待，也不會有新的突破。來信中講述的東西，在最古老的傳統中也可以發現。經驗了瀕死的人透過敲門聲、腳步聲、陶器破裂或牆上滴答聲的來宣告他的存在，而這些凶兆和預告的主題，預言夢、鬧鬼現象或真實的幽靈等，完全無視於理性的反對和批評，從遠古時代起就在世界各個角落流傳至今，不論是原始文化或是高度文明的文化，都一直存留了下來。

　　出於這些原因，哲學家叔本華【譯註9】不認為對幽靈的描述純然都是虛構的。他說，這樣的看法可以充分反駁，因為無論所記錄的這些事件在時空上相隔多麼遙遠，在這些現象特殊的內在本質裡，有著絕對的相似。

　　亨利·伯格森（Henri Bergson）也有類似的觀點。【譯註10】

19

譯註9： 叔本華（Arthur Schopenhauer, 1788-1860）在《論見靈和與之相關的一切事物》（*Essay on Spirit Seeing and Everything Connected Therewith*, 1851）一開始就斷言，真正的精神幽靈並不需要以身體的「身體的存在」為前提。他表示，「精神的概念」就意味著它成為我們得以知道的過程，原本就和對真實物質得以感知的方式是「完全不同」的。看到這精神或靈體，是基於「直覺的智性中存在的意象」（Aninesensen Eines Bildes in einem anschauenden Intellekt）。雖然這意象「與人體透過光的媒介……所得到的是完全無法區分，但在沒有這樣的人體時，意象還是會出現的」。

譯註10： 亨利·柏格森（Henri Bergson, 1859-1941），法國哲學家，以優美的文筆和具豐富吸引力的思想著稱，因此在 1928 年獲得 1927 年度的諾貝爾文學獎。現在的人只記得他哲學家的身分，卻忽略了他在心靈研究方面的投入。1913 年他從美國

他在 1913 年於倫敦所舉辦的心靈研究學會（Society for Psychical Research）大會，發表〈關於生活和心靈研究的幽靈〉的主席演講。他說：「在我思考這些大量案例時，他們的相似性、他們的家族近似性，以及所有這些經過分析、檢測和調查的大量證詞的一致性，就我個人而言，我傾向於相信心靈感應，就像我相信西班牙無敵艦隊會失敗那樣。這不具有數學一般的確定性，像畢氏定理的證明所提出的那樣，也不像對伽利略定律的測試所呈現的物理確定性。然而，這就如同我們在史學或法學領域的那一種確定性。」

　　事實是，有些事情是人們時時刻刻、無處不在（semper ubique）地經驗著，這點沒必要拿來當作這些經驗記述的客觀證明，但倒是可以拿來當作這類經驗在心理上的意義的證明。從心理學角度來看，所有這些可以追溯到任何時代和任何民族的一致性，都指向了榮格發現的一種心靈能力。心靈包含著基本的結構，或者說，包含著感情與思想最原始而典型的形式，是時時刻刻、無處不在地重複發生著。而這些結構，榮格命名為**原型**。原型是人類經驗秩序的基本原則。原型決定著人類的基本關係，像是在父與子之間、母親與女兒之間、以及男人與

哥倫比亞大學講課回歐，5 月抵達倫敦，擔任心靈研究學會的主席，並在學會的大會發表了演講〈關於生活和心靈研究的幽靈〉（Fantômes de vivants et recherche psychique），公認在質性心靈科學的重要性就相當於笛卡爾的《談談方法》（Le Discours de la méthode）。

　　　　　　　　　　　幽靈・死亡・夢境：榮格取向的鬼文本分析

妻子之間等等，同時人類的基本情境，譬如出生、死亡、結婚、生病、心靈轉化等等。這些情境和關係在每個人的生命中有著相當不同的表現，因為原始形態是永遠在變化的，而且是表現在人類或大地上無限樣貌的潛能中。正是這些潛能，孕育了生命泉源中的幸福與不幸、磨難與成功。但假如我們剝去個人或傳記事實那些五顏六色的外衣，在每一案例所留下的都是永恆的人類，既唯一又相同的，永遠反覆出現的原型情景。

因此從這些來信所寫的「靈異」經驗，我們可以首先得到這樣的結論：從心理學角度來看，這一切就是**原型**，也就是說，這一切是時時刻刻和無處不在地重複著，也是人類**普遍經驗**的一部分。

這些經驗的出現，回應了心靈基本的結構。

人與經驗

經驗「靈異」的能力

　　萊恩成功地展示了每個人都具有超自然感知的能力。超心理經驗就像直覺、夢和預感一樣，都是生活中的一部分。但每個人的這種天賦有極大的差異。對於這一點，我們可以從《瑞士觀察家》的讀者來信入手。從這些信裡，可以看出大量這方面的問題。【原註8】

　　我們讀到那些在「錯誤的時間」或特定日出生的，並且「能夠聽到草長的聲音」的那些孩子們的故事。「特定日出生」，經常指的是星期天出生的孩子；但是從我們讀者的來信來看，日曆上的其他日子也會賦予孩子超感視覺或預言夢的天賦。一個鄉下女人寫道：

　　從人們的竊竊私語中我才知道，這種事並不是每個人都能看到的，只有出生於特定星座時辰的人才能夠看到；我出生於6月24日，正是仲夏日……

原註8：　有時，以幽靈形象出現的分離人格部分（部分靈魂）並不是由親人或愛人代表的，而是由非人格的象徵性形象代表的。可以在 H. 史陶登邁爾（H. Staudenmeyer）的自傳《法術：一門實驗性自然科學》（Die Magie als experimentelle Wissenschaft）中找到一個值得注意的例子。史陶登邁爾告訴我們，他故意招來的鬼魂是怎樣逐漸變得獨立、呈現出它們的本性，不再服從於他的意志、去做它們想做的事。從醫學角度看，史陶登邁爾就是一名思覺失調症患者。引用在這本書裡的讀者來信，為了保證其原汁原味，我盡可能減少對它的修正。亦見譯註 30。

還有人寫道：

我母親讓我父親為我祈禱，保護我遠離這些靈視的影響。
而她則把主要的原因歸之於我是出生於萬聖節。

另一個童年時代就有靈視的女人寫道：

我母親非常虔誠，我很大了以後她才告訴我：我出生在午
夜與凌晨 1 點之間的「鬼時」，極有可能我因此擁有了這樣的
天賦，在這一生中能夠看到比別人更多的鬼魂。而她是對的。

日曆上的聖誕節、除夕夜和其他的聖人瞻禮日（feast-
days）【譯註 11】都是特定的日子。並且有這樣的說法：

任何在大齋節（Lent）【譯註 12】出生的人，可以看到所有的

譯註 11： 聖人瞻禮日或盛宴日（feast-days）是在天主教會裡，為每一位聖人指定一年中的
一個日期以盛宴為瞻禮，也就是聖人瞻禮日。這些聖徒們在各自的盛宴日會特
別提及，包括祈禱和讀經，從而緬懷。這儀式源起於非常早期的基督教傳統，
在殉道者逝世的日子或者在天堂出生的日子，拉丁文稱做 dies natalis（出生的日
子）。

譯註 12： 大齋節（Lent），亦稱大齋期、大齋節期，天主教會、東正教會則稱為四旬期，
信義宗稱預苦期，是基督教教會年曆一個節期。英文寫作 Lent，意即春天。拉丁
教會稱 Quadragesima，意即 40 天（四旬）。整個節期從大齋首日（聖灰星期三
／塗灰日）開始至復活節止，一共 40 天（不計六個主日）。

鬼，而且必須得讓路，否則就會忽然倒下身亡。

對這種聯繫的強調，是源自人類渴望為令人費解的神祕經驗，找到非個人因素的背景。將這種天賦追溯到明確的、特定的日子，伴隨著時間的循環，打造出一個包羅萬象的宇宙；人在這個宇宙中自有其位置，與這個宇宙密不可分，因此才能將他的各種才能歸之於他與宇宙的關係。這種對各種天分的通俗解釋，將人連結到整個宇宙的背景，就像是小宇宙和大宇宙之間的關係，就像是內在世界和外在世界的關係，而這種看法在人類的思想中始終扮演著一定的角色。中世紀的「萬物有情論」（sympathy of all things），是這種解釋最登峰造極的階段。在煉金術裡，也可以看到同樣的思想。

榮格心理學不關心星期天出生或仲夏日的孩子「聽到草長的聲音」，也不關心對未來的預言或看到鬼魂等等這一切是否為真；而是將這種陳述視為一種徵兆，是心靈內有的感覺，這感覺是自我透過它的天賦或才能，站在了更寬廣而非人的連結裡（這是來自宇宙的），而且這完全是由比人類更高的權威所決定的。對單純的人來說，他會將這種連結所代表的價值視為宗教的經驗，他表達這種感覺的方式是自然而本能的。

來信者描述的這些令人感覺怪異，而且一開始十分困惑的能力，往往突然在某一時間又消失殆盡。因此，一名能夠例行地預言或近或遠親友的死亡的女人，這麼寫著：

幽靈‧死亡‧夢境：榮格取向的鬼文本分析

自從我親愛的丈夫死後，我就再也看不到這種事了。也許是因為這種事讓我太痛苦了。

　　另一個女人是從 18 歲開始起，反覆聽到那些彌留之際的朋友們的說話聲或呼喚她的名字，她寫道：

　　55 歲以後，我就再也聽不見任何人的呼喚了。

　　有個女孩，有段時間不斷夢見樂透的中獎號碼，她寫道：

　　有一天，預言突然不再有了，就像它的出現一樣地突如其來，同時也帶走了我在樂透、賭注、比賽等這類的好運。從那以後，我就不再有任何的好運氣了。

　　另一個女人說：

　　多年來，只要我聽見「小死亡鐘」的聲音，我就能肯定，我某個親密的人要死了。不管人們怎樣嘲笑我、告訴我，這不過是木蛀蟲的聲音！不過，當死亡真的降臨，他們就不再嘲笑我了。然而自從我丈夫死後，我就很少再聽到「小死亡鐘」的聲音了，這幾乎是 20 年前的往事了。就好像我丈夫把我身上的什麼東西拿走了一樣，因為這已經讓我痛苦了很多年。

究竟是什麼讓預言夢和靈視這些天賦消失了，我們從這些簡短的陳述中無法確定。然而，肯定是有著某種東西，將人從上述的與宇宙和諧的狀態分離開來。這種分離並不全然是令人遺憾的。確實，有時這可能是跨出了進入現實的第一步，而這是人類所需要的。「與宇宙和永恆同在的這種和諧夢境還是持續存在著」，這必然不是透過強大而清晰的意識來平衡的，而是往往與活力的逐漸減退甚至是早逝有著密切的相關。來信中就有一些這樣的例子。

有人寫到他有一名求學時的友人，是農夫的兒子：「他總是安靜的，一個相當沉默寡言的男孩，有著奇怪的眼睛，黑暗而深邃，看人的時候好像可以將你完全穿透。」他有第二種視力。在這封信裡，來信者舉了幾個例子。根據他的描述，這人直到死為止都是個「怪人」，而在他還是小孩時，就預言了自己的死亡。「我現在站在這裡，怎麼會又同時躺在井裡呢？」他當時問他的朋友——結果後來他就是在這樣的井裡淹死的。

一個住在俄羅斯的瑞士人，講起他 14 歲的兒子有天晚上與朋友去附近的小溪抓小龍蝦，突然，他們聽到一陣奇怪的歌聲，很快地就聽出這是教堂唱詩班的歌聲。

突然，歌聲整個包圍了我們，讓人弄不清究竟是來自上面還是來自下面。一會兒後，我們清晰地聽見了神父的聲音。接著，唱詩班的歌聲再次響起，以輪唱的方式，就像是東正教會

裡的歌聲。

　　父親問這兩個孩子這時候他們怎麼辦，他兒子回答道：
「哦，我們也跟著祈禱，除此之外，我們還能做什麼呢？」

　　這番敘述是引人注目的，因為這段經驗是發生在共產主
義的俄羅斯，在那裡，一如這位父親信中特別說明的，上帝形
象並沒有深植在孩子們的心智裡。但這兩個孩子卻突然深陷在
「靈性世界」裡，而他們的反應就彷彿那是現實。在這個案例
中，這父親寫道：「後來，兩個孩子都夭折了。」

　　如果與「心靈世界」太接近，似乎會削弱生命力。許多
例證一次又一次地驗證了這件事。例如，尤斯蒂努斯・科訥
（Justinus Kerner）為豪弗夫人（Frau Hauffe）所寫的著名傳記
《普雷沃斯特的靈視者》（ *The Visionary of Prevorst*, 1829）【譯註
13】，她的一生，都是在極差的健康與身體的折磨中度過；M.
布伊蘇（M. Bouissou）夫人則是位傑出的靈媒，多年的超感視
覺通靈工作使她罹患重病，不得不退休；【原註9】而榮格學生時

25

原註9：　布伊蘇夫人的自傳由 G. 弗雷（Frei），1957 年於瑞士琉森（Lucerne）出版。可
　　　　參見《靈魂之旅》（ *The Journey of the Soul* ）第 157 頁。參見原註 93。

譯註 13：　尤斯蒂努斯・科訥（Justinus Kerner, 1786-1862），是德國詩人、執業醫師和醫
　　　　療作家。他是第一個對肉毒中毒進行了詳細描述的人。1808 年獲得博士學位，
　　　　在一段時間的旅行後，定居維爾德巴德（Wildbad）擔任執業醫師。他的房子
　　　　在歷史悠久的魏伯特魯城堡（Schloss Weibertreu）腳下，成為了朝聖者的聖地。
　　　　1826 年，普雷沃斯特一名林務員的女兒，也是游牧者和超感視覺者，弗里德
　　　　里克・豪弗（Friederike Hauffe, 1801-1829）來到了這裡。她成了科訥著名作品

代所進行測試的那位靈媒，26 歲就死了。甚至在民間盛行的傳說中也有記載與「靈性世界」進行接觸的危險；如果觸碰到鬼，甚或有時只是遇到鬼，據說都可能會帶來死亡。然而到目前為止，科學對這樣的相關性還沒有總結出任何定律或規則。

在另一封來信中，一位父親表示，經常預先告知什麼將發生的女兒，有一天竟敢問他，當她的母親死後是否會再娶別人時，他忍不住狠狠地抽了她幾記耳光，而或許他這樣做是非常明智的：「我只想告訴妳這件事——以後再也不准去看任何未來的東西了！」他咆哮道，好像在為她驅邪。而真實的情況是，這個孩子後來再也沒「看到」任何東西了，即便是她長大以後。「幽靈被趕走了」，而且陰鬱的預言永遠不再出現了。幾記耳光阻止了她這條非理性的危險道路，這當然是好事。生活也就可以繼續下去了。

預知能力，特別是這樣的能力是和親朋好友的死亡有關時，這份命運的禮物並不總是受歡迎的，而是令人感覺太過沉重。飽受這天賦折磨的德國女詩人安內特・馮・德羅斯特－徽爾斯霍夫（Annette von Droste-Hülshoff）【譯註 14】，發明了一個

的主題，《普雷沃斯特的女先知，人類內心世界的啟示以及心靈世界對我們的滲透》（1829 年，1892 年第六版）（*Die Seherin von Prevorst, Eröffnungen über das innere Leben des Menschen und über das Hineinragen einer Geisterwelt in die unsere*，英文書名應該是 The Seeress of Prevorst: Being Revelations Concerning the Inner-life of Man, and the Inter-diffusion of a World of Spirits in the One We Inhabit）。

譯註 14： 安內特・馮・德羅斯特－徽爾斯霍夫（Annette von Droste-Hülshoff, 1797-1848），

短語用來描繪這些人：「受折磨一族」。在我們收到的來信中，就常常出現這類字眼。

有一個女人，她不僅在夢中預見死亡與不幸，還預見好事。她寫道：「我試圖透過祈禱來擺脫這個魔鬼，但是這些怪事還是不斷發生。」在談到一個應驗了的夢時，她用了這樣的奇怪字眼：「它又回來了，黑暗可怕的東西。」

一個經常可以預知其他人死期的老人，對於他是如何知道的，總是守口如瓶。我們所讀到的是他「將他這個致命的祕密帶進了墳墓」。一個常常預知患者死亡的護士，把這種帶來巨大痛苦的能力稱為「苦難」。而另一個女人則寫道：「因為超感視覺或這一類的能力而受到的困擾，其實是令人非常不愉快的，」接著她又鬆了一口氣而長嘆：「謝天謝地，現在我再也沒有這種負擔了。」26

另一個女人寫道：

　　總而言之，假如我夢見地上有個坑，我就知道村裡有人將要死了，而這種能力並不會讓我開心；假如我不再做這樣的夢，我會很開心。

德國女作家，德國最偉大的女詩人之一。她最膾炙人口的作品是宗教組詩《宗教的一年》（*Das geistlicher Jahr*, 1851）和中篇小說《猶太人的櫸樹》（*Die Judenbuche*, 1842）。

我們很容易理解，有這種天賦是相當沉重的負擔，是特別強大的人格才可以承受的悲哀。這些「死亡預言家」或有超感視覺的人，偏離了人們共同的軌道。他們擁有的祕密使得他們難以被人理解，只會被同類孤立，讓他們受到懷疑而已。這一點可以從一個 11 歲男孩的經驗中，很清楚地看到。他每逢假日，都被允許與教堂司事的孩子一起去教堂敲鐘，而有一天，他預言鐘的繩子會斷掉。結果，繩子真的斷了，而這種事在此之前從未發生過：「我們都嚇壞了，所有孩子都衝出教堂；而鐘依然自己響著，直到很久以後鐘聲才慢慢消失。」這封信繼續寫道：「有很長一段時間裡，每個孩子都避開我，甚至許多農夫遇到我時，還要劃十字。」

　　這個孩子受到了被遺棄的懲罰。因為，預言是在一個神聖的地方發生的，因而，他預測未來事件的天賦似乎也就更顯得不可思議。這種事儘管只發生了一次，但男孩還是被孤立了，是被特別「貼上標籤」的生物。這就是為什麼在原始的村落裡，精通魔法的巫醫們，就像我們文明中的「通靈預言家」以及擁有第二種視力的那些人一樣，總是離群索居。我們可以理解，為什麼那麼多寫信的人強調，多年來，他們對自己的經驗守口如瓶。他們不願將這些公之於眾，因為講述它們，不僅是對祕密記憶的褻瀆，而且還會被視為「另類」，遭人厭惡。

27

有意義的經驗

然而，當預知、超感視覺或幻覺一旦成為了生活的習慣，這種非理性的體驗並不一定總是負擔。這些無法與他人分享的孤立經驗，可以給刻板的生活帶來光明，照亮遠方的道路，帶來相當的寬慰。經常，預知或預見的能力，可以讓人們覺得可以賦予一連串事件意義。而比起盲目和無法理解的世界，人們更樂意將命運交付給一個有意義的世界。從許多的信件來看，預知本身就能夠減輕人們的焦慮。或許在這些情況下，對於即將到來的命運重擊，如果能夠透過腦海裡的事先經驗，心靈因此有了準備；這像是一種事先的練習。舉例來說，有個事先夢到她家被大火燒毀的女人，這樣寫道：

儘管發生了這一切，這衝擊並沒有太激烈，我也沒有因此而絕望地沮喪；總而言之，我在夢裡已經經驗了這一切。

另一個典型的敘述是來自一位女性的來信，她夢見年紀輕輕就死去的姊姊向她現身：

她看起來還是跟過去年輕時一樣，臉上始終掛著燦爛的笑容，雙手捧著雪白的花環，是專門獻給死去孩子的花環。當我看著花環，充滿好奇時，她笑得更加燦爛了，好像是擔任另一 28

個世界送來花環的信使是件讓她幸福的事，而送花環來正是死亡的象徵。

第二天就傳來死去姊姊她10歲的教子從樹上掉下來摔死的消息。「我姊姊來接他了。但是，」她在信的結尾處寫道：「她讓我們知道這發生的事讓她無比幸福，我們因而知道這是件好事……」

一個年輕女孩做了個夢，夢境本身平淡無奇，但後來卻真實發生了，這個夢因此賦予了她人生的意義。她寫道，她原本決定成為護士，因為她認為這是她命定的職責，但一個夢卻改變了命運的軌跡。她夢見自己穿著白色的護士裙站在廚房：

然後，一個有著漂亮捲髮，穿藍色毛料西裝的高個子男人，走到我身邊。我們直勾勾地看著彼此的眼睛。他對我來說完全是個陌生人。一個聲音清楚地傳來：「這就是妳命中注定的男人。」這個夢把我嚇了一跳，但我對自己說：「不，我永遠不會結婚。不會改變主意。」隨即就忘了這個夢。（幾星期後，有人把她介紹給了一個男人。）我看到，這完全是我夢中情景的重現，連細節都分毫不差。如今，我們已經度過了35年幸福的婚姻生活，當然也經驗了許多失望和困境。但我們從心底堅信，將我們帶到一起的上帝，會幫助我們克服彼此的所有難關。並非所有的夢都是虛無縹緲的。

同樣的意義也傳遞給了一名女子，當時她 25 歲，決定解除婚約，也已將這個決定告訴了未婚夫。

　　在一個明亮的夏日星期天，我和母親走上巴塞爾的韋特施泰因橋（Wettsteinbrücke），朝向萊茵河的另一邊。母親用她特有的方式對我講起古老的巴塞爾故事。我聽得入迷了。突然，我看見天空劃過一道寬寬的光束，我的未婚夫從這道光中向我走來，他的眼睛緊緊地盯著我。我好奇地凝望著他，聽到一個聲音說：**這就是妳的人生之路**。靈視消失了，我聽到母親說：「妳怎麼啦？我講故事給妳聽，問妳問題，妳卻一言不發。妳看上去糟透了，發生了什麼事？妳的臉好蒼白。」正是這一刻，我如夢初醒。兩年後，我們結婚了。我不時遇到艱難困苦，但總是在我幾近崩潰時，我看到那道光束聽到那個聲音：**這就是妳的人生之路**。即使到了今天，我仍清楚記得出現那個靈視的地方。

　　這個例子說明，一個靈視經驗是如何在個人的生活與超個人的權威之間，建立起有意義的連結，並對未來產生有益的影響。

　　有意義的連結可以看成是在已知與未知之間、在日常事件與無時間事件之間的一座橋梁；而在年輕女孩的經驗中，雙重形式的橋梁形成了一種奇異的巧合；不只這靈視出現在橋上，

29

還有另一座「寬寬的光束」形成的橋梁將大地與天空連接了起來。

在「靈異」經驗中，頻頻出現橋梁這個主題。在以下來信中，扮演了相當角色的橋梁，或許有助於闡明這種意象。

有個女人夢見自己站在橋上，看見一個男人在水裡垂死掙扎。當天晚上，她就接到她父親溺水而亡的消息。

一個住在英國的瑞士年輕姑娘，在某個晚上兩次夢見自己走在蘇黎世車站的月台橋上。一個女性向她走來，非常激動地對她說，她父親發生了交通事故，她必須馬上回家。事實上，她的父親12年前就去世了，然而，五個星期後，她的母親出了嚴重的車禍。

一名生活在瑞士索洛圖恩（Solothurn）的女孩，夢見在蘇黎世的車站月台橋上遇見她的表親。表親告訴她，他們的祖母去世了。第二天早晨，她收到了死亡通知書。

有個母親夢見自己帶著三個孩子（最大的五歲）來到了鄉下，一起走過一座小橋，周圍的風景清晰可見。他們都穿著黑衣，表情哀傷。大約七個月以後，最小的孩子死了。說來奇怪，不久以後，這位母親搬到了伯恩州的某個區，這裡的一景一物都與夢中小橋的風景分毫不差。

一個婦女夢見自己正試圖蕩過一座高高的橋墩，但沒有成功。橋的另一邊，站著她的母親：「她親切地向我揮手讓我回去——還不是時候……」幾個月後，這位婦女生了一場大病，

30

「但我知道，」她補充道：「時間還沒有到。」

一個老人這樣寫著：

61 年前的一個深夜，當時我才 17 歲。將近午夜 11 點的時候，我跨過一座鋪著木頭的老橋。當我走到兩公尺多的時候，橋突然被一團黃綠光淹沒了，而從光中來了一支飄浮著的送葬隊，完全不著地。整個隊伍把橋擠得滿滿的，而我看到的每一個東西都是如此清清楚楚，像是看電影一樣。好不容易我才走到橋的另外一端，而同時，一切又恢復了黑暗，幽靈全消失了。我必須強調一點，那時還沒有電燈，至少我們村子裡沒有。整條路是伸手不見五指的。任何人都會想得到，我當時是徹底被幽靈嚇壞了——這種恐怖的感覺我形容不來。沒有人，甚至無線電收音機裡為我們上課的博學教授，都無法繼續讓我相信這世界上沒有鬼，因為我當時的神智完全清醒，一切就像白天一樣一清二楚。這顯然就是個事實。

來信中大部分跟橋有關的經驗顯示，橋代表從這個世界到另一個世界的過渡，經常是與死亡有關。橋是個象徵，代表著「此處與他處」的連結、當下與永恆的連結，或者用心理學術語來說，代表著意識與無意識之間的連結。【原註 10】巴塞爾女

原註 10： 民間信仰也和神話一樣，相信橋是受到神保護的特殊地方。直到今天，天主教國

31 孩所描述的心不在焉，相當於意識的減弱。在她出現靈視那一刻，可以說，她正站在一座「橋」上，連結著意識與無意識的橋。她以半睜開的眼睛面對著現實的世界：眼睛轉向「內在」而到達「彼岸」的世界。這些半意識的過渡狀態，是典型的「超感」（suprasensuous）體驗，我們以後會詳加討論。【原註 11】

容我介紹靈視經驗帶來正面影響的最後一個例子，是一名

家仍然保留著在橋上放置聖桌玻穆（St. Nepomuk）【譯註 15】的習俗，因此可以說，橋就是一個供神的地方。另一方面，民間同時也相信橋是鬼走的地方，人夜裡過橋可能會看到各種的陰森恐怖。在古羅馬時代，祭司被稱為 pontifex，就是「修橋匠」的意思，指的就是祭司的古老職責就是在河上架橋與祭奠河神。後來，「建橋」成了一種隱喻，因為，正是具有崇高職位的祭司架起了從塵世到天堂的橋梁。在古老的日耳曼史詩《埃達》（Edda）【譯註 16】中，「牛奶路」和彩虹指的就是「搖搖晃晃的通道」，即亡靈通向瓦爾哈拉（Valhalla）【譯註 17】的天堂橋，通往眾神之地的橋。

譯註 15：　聖桌玻穆（St. Nepomuk），又稱桌玻穆的若望（John of Nepomuk, 1345-1393），是捷克的民族聖人，被波希米亞國王瓦茨拉夫四世淹死在伏爾塔瓦河。後世認為他的死因是由於他是波希米亞王后的告解神師，並且拒絕透露告解的祕密。根據這種說法，桌玻穆的若望被認為是天主教會第一位因告解保密而殉道的人，由於他死的方式，他成為反誹謗的主保聖人，同時也是抵禦洪水的主保聖人。

譯註 16：　〈埃達〉（Edda）是一個北挪威的名詞，現代學者視為中世紀的冰島文學作品：包括現在已知的《散文埃達》，和沒有原標題的較舊的詩集，現在稱為《埃達詩》（Poetic Edda）。這兩件作品儘管其中包含了較早的傳統素材，但都是以維京時代 13 世紀的冰島語寫下。這些書籍是冰島和北歐神話中世紀的斯卡達（Skald）傳統的主要來源。

譯註 17：　瓦爾哈拉（Valhalla）是北歐神話中的天堂，也譯作「英靈神殿」；掌管戰爭、藝術與死亡的主神奧丁命令女武神瓦爾基麗，將陣亡的英靈戰士帶來此處服侍，享受永恆的幸福。

原註 11：　參見本書第四章〈共時性現象〉（Synchronistic Phenomena）。

婦女的來信。她以簡單的文字這麼說著：

> 那是個美好的夜晚，我向窗外望去，看到了滿天的星輝。我可以清楚地看到山下的整個村莊。突然，在朝向山邊鄰居的農舍旁，我看到一位大天使站在那裡。祂幾乎和房子一樣高。清晨，我們聽說，一個小男嬰午夜時來到這個世界，但到了凌晨三點就夭折了。孩子的母親一開始悲痛欲絕，但當我告訴她，我如何知道那天晚上她和她的孩子其實都是受到了天使的照護，她就寬慰了。

在這個經驗中，天使（希臘文 angelos 是信使的意思）代表著連結有時限世界與無時限世界之間的橋樑，而在這例子裡，這連結也帶來了意義和安慰。

在預感與預言夢中的命運因素

32

以下所引用的例子，是要指出預言式幽靈和預言式靈視被賦予的意義：人們認為這一切是來自更高力量的訊息或徵兆，因此勢必遵從。這樣的努力，相當於為超感視覺的天賦，在天文曆法中找到與宇宙相對應的位置——當我們面對的是非自我的無時間性世界，預言的幽靈和預言的靈視都是從自我自覺渺小的感覺中激發出來的。從心理學角度來看，這種感覺之所以

被激發出來，是因為意識本身是依賴於某個更全面的實體——也就是榮格所謂的「自性」（self）。自性就是人的總體，包括意識和無意識、自我和非自我。在萬不得已的時候，也是人們個體的命運。而臣服於這種力量，在最深的意義上，可以形容是宗教的或虔誠的，而這些信件的書寫者也是在這樣的情況下構築出他們的經驗。

一名婦女在講完預言夢之後，寫道：「人們最大的錯誤就是，相信生命屬於他們的，他們要做什麼就可以做什麼。然而上帝是不容許輕慢的。」

另一名女性告訴我們，在她八歲時，做了一個預知兩歲妹妹死亡的夢：「後來我明白，我的這個夢就是上帝提前寄來的死亡通知書。我問母親，為什麼我會做這樣的夢。母親告訴我，這是來自上帝的警告。因為上帝知道我們的道路和我們的命運。」

一名年輕時因為德國通貨膨脹而移民瑞士的人，講了一個類似的有趣故事。他寫道：

我在德國時，每一條路都失敗走不通了。整個處境是如此的絕望，除了自殺，我實在別無選擇了。一個夜晚，我相當孤獨、靜默地坐在門外的長凳上，陷入這個念頭裡，黑暗中突然裂出一道縫，我看到一束耀眼的亮光，一位美好的女神從光裡走出來，她向我伸出右臂，好像要阻止我，這時我聽見她說：

33

　　　　幽靈‧死亡‧夢境：榮格取向的鬼文本分析

「別這樣，不要這麼做，你的時間還沒到。」這是 30 年前的一段往事，但是對我來說，就像昨天才剛剛發生的一樣。

這是我第一次的經驗，並不是唯一的一次。各種奇事一直持續到今天，就像一條紅線從這天起貫穿了我的生命，而儘管我才要走向這個漫長苦難的人生，這個經歷重病、各種苦難和恥辱、被關進監獄和集中營、判處死刑、又被遣送回國的一生，然而我一次又一次感覺到，在經驗這一切以後，神祕的指引和幫助引導我度過了每一個瀕臨絕境的日子，我知道在未來的日子裡，還會無處不在地繼續引導我抵達不可知的目的地。

內在的指引力量和它讓人平靜的效果，所帶來的確定感，是人類生命中最重要的。人們在自身存在的框架內，感覺到一種不可知的超驗力量。聖保羅（St. Paul）以宗教的說法表達了這種感覺。他說：「現在活著的不再是我，乃是基督在我裡面活著。」（《加拉太書》2:20）榮格將這類的經驗，稱為人的更大實體，也就是完整的人，就是自性；我們必須把自性與較小的實體（自我）區分開來。這個男人的來信中並沒有傳遞出自性的經驗；更確切地說，這一切是與阿尼瑪原型形象【原

原註 12：　關於阿尼瑪的概念，參考榮格《分析心理學的兩篇文章》（*Two Essays on Analytical Psychology*, CW）第七卷，第 186 頁及以下；以及《原型與集體無意識》（*The Archetypes and the Collective Unconscious*, CW）第九卷，第 27 頁及以下。女人的性格表現出男性化的特徵，而男人的性格不完全具有男性化特徵，是我們日常生活中司空見慣的事。這些相反的性特徵，暴露了無意識中靈魂意象的影響。性別

34

註12】的相遇，也就是以女性形象出現的男人靈魂意象的相遇。
她引導男人走向自性。這年輕人多年以後才經驗到自性，因此
將這一切稱為「神祕的指引」。然而，作為原型形象的阿尼瑪
所擁有的是非個人的、客觀心靈的特徵。因而，這個年輕人在
與阿尼瑪相會時所感受到的人生超越性，和他與自性相會時，
有著一樣強烈的衝擊。

＊　＊　＊

　　寫信的人對自己所敘述的經驗，並不都會加上個人的反
思。因此，為了理解他們的態度，必須非常仔細地閱讀他們對
整個經驗的敘述，看清楚他們對這些的反應。而給人印象特別
深刻的是，那些預知自己死亡的人，對這情形的態度。這一類
的描述，尤其收到死亡通知時極為虔誠的平靜，往往是最動人
的。有這樣兩個例子：

　　一個女人寫道：

　　在 1900 年耶穌升天週（Ascension Week）【譯註18】的星期一

決定了意識，而對意識有著補償作用的無意識，則帶有相反性別的標誌。因
而男人的靈魂意象是女人，阿尼瑪（Anima）；而女人的靈魂意象是男人，阿
尼姆斯（Animus）。這種心靈的雙性，符合了生物學的事實，所謂的性向，
陽性或陰性，全然是由數量較大的陽性或陰性基因數來決定的。至於數量較少
的相反性別基因，似乎產生了相反性別的特徵，而這點是保留在無意識之中。

譯註 18：　耶穌升天週（Ascension Week）是耶穌升天節的那一整週，是紀念耶穌基督在復活

晚上，年僅 49 歲的外祖母做了一個奇怪的夢。她夢見就在清晨，有人反常地一大早就來敲廚房的窗戶。她住在一間農舍，廚房的門正對馬路。當她打開門上的小窗戶時，她看見一個年邁的郵差。他遞給她一封信和報紙，帶著不祥的表情對她說：「瑪蒂，妳今天必須認真地讀這份報紙。」外祖母好奇地瀏覽起這份報紙，令她大吃一驚的是，她看到背面是大體字的訃告：「瑪格達娜 S.（瑪蒂的全名），請準備好，三天內妳就會死去。」這就是那個夢的結局。她感到非常奇怪，決定第二天一大清早就去探望住在城裡的女兒。她一大早走進後面的院子，摘了一籃豆子。此外，又加了一大塊燻火腿。然後盛裝，套上白色的「死亡襪」（葬禮上穿的），前往城裡。剛過八點鐘，就到了我母親的家——我母親的家離她家有 15 公里，她是徒步走過去的，就像那時候她那個階層的人那樣。我母親吃驚地問她，為什麼不預先通知，一大早就來了，外祖母對她講了夜裡夢境中發生的一切。她們決定把豆子和燻火腿作為升天日（就是星期四）午餐時的大菜。外祖母看起來沒什麼異樣，她愉快地幫母親打理房子。升天日早晨，外祖母感覺不舒服，不得不躺下，就這樣死於心臟病。

35

第二個描述如下：

---

40 天後升天一事。由於復活節在星期日，故本節在星期四慶祝。

一天早上，當時已經 65 歲的父親從他辦公室裡取出所有的帳單，用郵政支票付清了；他所有的業務沒有任何沒付的帳單。隨後，他去拜訪所有的親戚和我們相熟的一家人，告訴他們說：「現在，我要回家等死了。」回到家，我母親招呼他吃午飯。他不吃，說道：「我現在就要死了。」確實，我母親看到他整個人都變了；過了一會兒，他停止說話，到了午夜時分，他就長眠而去。（作者沒有提到他父親是用哪種方式得知的。）

我們可以將這兩個描述當作自我服從於命運的例子，甚至連自己的死亡都是可以接受的。在這兩個例子裡，預先知道死亡的經驗，讓人更容易接受這一切——或許也是讓死亡成為可能。

個人對命運的態度，從來信者對各種預感的反應裡，最容易清楚看見；尤其是，當這預感是一種警告或挑戰，而他們必須決定是否服從這個非理性的聲音時。有位母親這樣寫道：

那是 1948 年 2 月的一個清晨，我正準備帶七歲的兒子去戶外滑雪，這是很久以前就答應他的。萬事俱備，只待我們走出家門，這時，我產生了一種感覺，一種難以形容的感覺，但這種感覺越來越強烈——我們不能去。一開始我並不打算屈從，但到了最後，儘管天氣預報說今天天氣很好，大家終究還

是滿臉沮喪地決定待在家裡。到了晚上，從收音機裡，我們聽到韋登斯維爾（Wädenswil）【譯註 19】發生了可怕的火車事故的消息。後來很長一段時間，我都活在持續的恐懼中，因為我們幾乎可以肯定，我們可能就會搭那列火車回家而迎上自己的死亡。

這個女人敢於聽從一種感覺，儘管是模糊而不確定（但卻是正確！）的感覺，這表明了她接觸到了世界的真相是透過自己的本能——用隱喻來說的話，是透過她的「動物靈魂」【譯註 20】。眾所周知，動物可以預感到事故和災難，並能夠及時自我解救。本能的行動是原型所控制的，是受到奠基於人類生活基礎之上的心靈力量所控制的。一方面，原型透過意象和象徵而顯現出來；另一方面，又以本能來運作。本能屬於身體的領域，是原型的眾多面向之一；而同時，原型意象又指向超越意識的精神世界。這種極端的對立，讓所有的原型表現都具有了靈啟（numinous）【原註 13】的特質，同時讓人任何時候只要感受

譯註 19： 韋登斯維爾（Wädenswil）是瑞士聯邦蘇黎世州豪爾根區的市鎮，在蘇黎世湖南岸，離蘇黎世市 22 公里。

譯註 20： 動物靈魂（animal soul）是相對於神聖靈魂（divine soul）的。在猶太教神祕哲學卡巴拉中，動物靈魂是猶太人的兩個靈魂之一。對猶太人來說，靈魂是賦予生命「生命的靈魂」，是動物渴望以及與生俱來的猶太人特徵（如仁慈和同情心）的源泉。儘管其最初的願望是尋求世俗的肉體快樂，但可以訓練它來追求精神上的快樂，而不是透過神聖靈魂的引導。

原註 13： 靈啟（numinous）一字來自拉丁文 numen，神聖的（譯按：這個辭更強調某種神

到或遭遇到了，都會心存敬畏。

聽從內心的警告，常常會讓一個人必須擔負起超越他個人生活能力的後果。在我們收到的來信中，有一封是一位工程師寫的：他去世 28 年的兄弟在他的夢裡反覆出現了三次，懇求他一定要特別留意他工廠裡的蒸汽主管道。他不顧上司的疑慮，還是下令第二天停止了主鍋爐的運轉。主鍋爐不久前才剛剛檢修過，但這次檢查顯示主機房的管道有裂痕。聽從內心的警告而避免了一場災難。夢裡發出警告的是死人的靈魂，這似乎不純粹是一種偶然。在一些來信中，「死者知道」是個反覆出現的主題。「死者之地」、「彼岸」，往往被描述為未來是可知的、物理距離也從來不需考慮的國土。時間和空間的相對性問題在這裡又出現了，而對這樣奇怪的事實，我們稍後會試著找出心理學上的解釋。另一個產生深遠影響的經驗是一名火車駕駛，有一次他出現了過度的焦慮，甚至升級為恐慌，在這情況下他停下了火車，發現「殺人凶手鬆掉了鐵軌上的螺絲，並在鐵軌上留下一道缺口」，「人們紛紛向我祝賀」，他寫道：「但我再也不開火車了，這就是為什麼我現在在這家工廠工作的原因。」

接下來這些警告的描述並沒有產生深遠影響，但實際上同樣重要。一名老婦人寫道：

聖感的親身經驗，因此譯為靈啟）。

我患病多年，每天中午都要躺一會兒。一天早上，我醒來以後感覺不舒服。不管我去哪裡或做什麼都平靜不下來。於是我去問我的鄰居，但她給不了我任何建議……於是，我躺在沙發上。牆上掛著一幅畫——那是一幅美麗的風景。我躺了大約一刻鐘，忽然聽見自己內心最深層的我的聲音，正大喊著：「起來！」然後又一次：「起來！」我跳了起來，四周看看，什麼也沒有。在這樣的焦慮不安下，我走進廚房泡茶。不到兩分鐘，忽然聽見一聲沉悶的巨響。我立刻先朝外面的街道看看，但什麼也沒有。但是當打開起居室的門時，我整個人嚇呆了：畫從牆上直直掉到沙發上。如果我還躺在那裡的話，玻璃肯定會把我的臉劃成碎片。

　　這段敘述給我們印象最深的是寫作者的焦躁不安，走到哪都無法平靜。好像她的心靈已經莫名其妙地感覺到即將到來的危險。我們可以把這種焦躁不安視為大自然企圖讓來信者避開躺在那裡休息的危險，而事後證明這確實是會致命的。簡單地說，就像鐵軌螺絲鬆開那件事一樣，這種事先警告令人震驚。這兩個案例的關鍵之處在於，來信者都聽從了內心的聲音。

　　一名女人講述了一個具有類似特性的故事：她正坐在房前的花園裡做針線活，「清清楚楚地聽到有人在屋子裡喊她」，她循聲而去，剛走進房子，一扇前窗就從四樓掉下來，將她剛才坐的椅子砸得粉碎。不過，這個故事與火車的故事略微有些

38

不同，因為事後她才明白這個聲音原來是來自內心的警報。這名婦人的行動是聽隨這聲音而進入屋內，與前例並沒有相同的決定因素，而這點在評估非理性事物的態度時是重要的。

＊　＊　＊

預言中存在著多少指示，從心理學的角度來看聽從指示又意味著什麼，可以從一名駕駛的來信中看出。他深夜裡行駛在高速道路上，突然，他感覺到好像是他母親（當時他母親早已上床熟睡了）引導他用手去拉手煞車一樣。「我慢慢地把車停了下來，看見有什麼東西躺在我的左前輪前。」（這是個醉漢，只差一根頭髮的距離就要輾到他了。）

路易莎・E・萊恩在她的論文〈幻覺的 Psi 經驗〉[原註 14]中，講了一個類似的故事。有個編織工在工作時抬起頭來，看見房間的角落站著他亡母的幽靈。母親向他打招呼，於是他走了過去，就在這個時候，一塊沉甸甸的機器零件飛了出來，撞向牆壁，剛好就在他幾秒鐘之前站著的地方。

39　　在這兩個案例中，可以把以母親現身成為警告的姿態理解為「母親的靈」。但不要忘了，從心理學的角度來看，「母親」是長期以來無意識十分確認的象徵。這個象徵的定義是相當明確的，因為我們可以這樣說，無意識是孕育了所有心靈存

原註 14： *The Journal of Parapsychology*, Vol. 21, No. 1.

有的子宮。首先是無意識心靈先存在了，然後意識才逐漸從中發展出來。這一切在每個人的生活中都可以看到；而成人的意識，是從孩子的無意識狀態逐漸發展出來的。而且我們甚至可以說，整個人類的發展都是這樣；而我們現代的意識，是從原始黑暗和無意識的狀態中慢慢生長出來的。無論從哪個角度來看，無意識既是更古老的、也是更全面的實體，而今日的意識就是從其中浮現出來的。意識與無意識的關係，就像島與大海的關係。以隱喻的說法來說，無意識可比是所有存有的母親，是所有個體意識的母親。因此，當駕駛員的記述談到他母親的引導他的手，還是編織工故事裡他母親對他打招呼，把這說成是無意識對這兩個人的警告，在心理學上都是令人滿意的。

在人類經驗的本質裡，這些無意識衝動是以具體形式呈現出來的。它們以意象的形式出現，而且幾乎是規定一般，是擬人化（化為人的模樣）的。但有時它們能被聽到或生理上感覺得到。「我感到一種無法言喻的衝動」並沒有傳遞出太多的訊息，但「我母親引導我的手」則非常生動和具體；然而，兩者的意義完全一樣。對他個人來說，這種與「母親」的和諧關係，或聽從她的聲音或建議，都指向與無意識十分貼近的關係，這是深深扎入本能的生命之中的。「本能地採取正確的行為」，觸及了心靈的原型層次。因此，從心理學角度出發，我們可以明白，為什麼這些寫信的人會相信這許多本能反應的經驗是屬於「靈異」領域的──比如說，對於看不見的障礙，40

會本能反應地及時避開。如果我們對本能的運作好好觀察，無論是對人類還是動物，似乎都會觸及到大自然中依然神祕的領域。

＊　　＊　　＊

所有來信中，只發現一個對命運的警告不予理會的例子。在這個例子裡，他沒加以理會的不算是預兆，應該說是「跡象」而已。一名旅居國外的瑞士人為了嚴重的頭痛，打算去做手術。

第一次的時候，我當時是沒辦法去動手術的地方，所以我用其他方法醫治。第二次，電氣設備故障了，手術沒辦法進行。第三次，在前往醫院的路上遇到了一個朋友，他告訴我，我們有個共同的熟人做完這樣的手術就死了。我也注意到這個警告，但還是想碰碰運氣做了手術。因為那時，我的頭痛越來越劇烈了。我後來也諮詢過其他幾位專家，他們每個人的回答都是一樣的：「我從沒見過手術後會發生這種情況。」我在想，這一切全是運氣？或者，這是有位善靈或是我的守護天使，保護我不動手術？（因為，每個人都知道，我們出生時都會得到一位守護天使。）另外，應該補充說明的是，我從來不迷信，而且總是以邏輯來思考，但現在我開始堅信這世界存在著迄今為止仍被我們忽略的超自然事物，而且只要對這一切用

　　　　幽靈・死亡・夢境：榮格取向的鬼文本分析 ├─────

心，就會對我們的生命產生重大影響。

這裡所謂的「守護天使」（在這些來信中「守護天使」反覆被提及），或許就相當於古老觀念中，分配給每個人的守護神（daimon）【譯註 21】。天使和守護神都表達了某種決定性的力量，一種「指引」，就像有些來信的作者為他們的感覺所下的定義。從「指引」的角度來看，以心理學來說，是一種追求自我實現的內在驅力，而且確實正如上述來信所說的，是存在著運氣的成分。

問題是，究竟哪一個或什麼時候，應該將出現的夢或直覺視為真正的預言，這對我們來說確實是非常困難的。假如這預感是出於一個精神不穩定的人，就會常常遭到誤解或誤導，就算是精神科醫師也難以判別。萊恩夫人曾提過一名極緊張而有些歇斯底里的女人，有一天晚上突然變得非常激動，因為她「看見」她的兒子（當時是戰爭期間）在燃燒的飛機裡墜毀了。她的丈夫無法使她平靜，於是就請來醫生，醫生決定把她送進醫院。後來證明她的「靈視」很準，因此，「她的行為是一位母親十分典型的自然反應，就像剛獲悉可怕的心碎消息那樣。」榮格也講過一個類似的故事：有個女人患了多年的憂鬱

譯註 21： 守護神（daimon），是拉丁文，有時直譯為代蒙。在古希臘語中原為 daimon（有神、神像、力量、命運等意思），最初是指較小的神祇或引導靈，例如古希臘宗教和神話中的守護神。

| 第二章　人與經驗　　　　　　　　　　　　　　　　101

症，同時她還對巴黎有種莫名的畏懼，後來憂鬱症治好了，但畏懼感依然存在。當她的感覺逐漸好起來時，她決定忽視她的畏懼。她於是真的去了巴黎。但就在到達那裡的第二天，她便死於一場交通事故。【原註 15】

＊　＊　＊

從我們到目前為止所引用的案例來看，除了對預言死亡和事故的常見預感之外，靈異經驗似乎也受到這些寫作者的高度重視。這種與非理性有關的經驗，為生活增加了一個更為豐富、更有意義，甚至更加明亮的維度。

大多的情況下，靈異經驗之所以有價值，不僅是因為這暗示了某種有意義的生活模式，也因為這讓寫作者感覺到命運的干預。在這樣的案例裡，為了完成某種命中注定的目的，事件與事件之間必須環環相扣、缺一不可。這種先後秩序往往看起來非常奇怪。這裡有兩個例子，第一個例子是一名女子關於童年的回憶：

……一條河從我家門前流過。河水相當深，因而對不會游泳的人來說很危險。然而我最大的快樂就是在水邊玩耍，最誘惑我的也就是通向小河的台階。（亞菲原按：有一天，這

原註 15： Jung: *Psychology of the Transference*. Col. Works, Vol. 16, *The Practice of Psychotherapy*.

個孩子失去平衡掉進了水裡，被水流捲進去。）那正是下午時分，所有的工人都回家了，路上連個鬼影子都沒有。我父親的一個朋友，他家離我家有一段距離，剛剛走回家門，就有人打電話，讓他立即回去工廠幹活。他想也沒想，就騎著自行車返回。半路上，突然看到一隻手伸出了水面，他一把撈起來，一看是我，就把我帶回到我父母那裡……然後，他對我父親說，他必須趕去工廠，因為有人叫他回去。但事後證明根本沒人叫他，甚至連工廠都關了。他到處打聽，向人講述事情的經過，但沒人知道是怎麼回事。以後，他一看見我就大笑，搖著頭說，他怎麼都不相信鬼會打電話給他。

第二個故事是這樣的：

我兒子在巴塞爾服兵役。一天晚上，他夢見了他已故的父親。在夢裡，他只看到父親的臉和伸出的一隻手，聽見他說：「你不要過橋。」第二天早上，這夢他就忘了，但第二天晚上，他又看到同樣的幽靈，也聽到相同的話。他被派到伙房，在那裡大吃大喝，吃得太飽，半夜發燒而醒了，第二天其他人去軍事演習時他不得不躺在床上。大約三個小時後，兵營裡傳來橋坍塌的消息，掉下去半列火車，一人死亡，多人重傷；其他人鼻青臉腫地逃了回來。我兒子身體好了，能夠加入救援工作；他的體溫又恢復了正常。醫生感到困惑；但我兒子知道，　43

是他父親救了他。

　　這一類的故事似乎在揭示，只要生活中還有沒達成的既定目標，就會有股力量來完成，不管是以理性還是非理性的方式。這樣就有個疑問：命運是否是不可避免的？這問題終究沒有定論，不過這些收集到的來信可以啟發讀者許多思考。他們所敘述的故事本身並沒什麼了不起，但卻對他們有了深遠的影響。一名女性這樣寫道：

　　1913 年夏天，我夢見在蘇黎世總站裡，我的兄弟正擠在人群中，而我去晚了，沒有接到他。後來，聽他說真的要來時，我對自己說：「哦，不會有事的。」為了保險起見，我在火車抵達前的一個小時就去了車站。我等著，然後聽見通知說：「誤點 40 分鐘。」我走出車站溜達，但總是急匆匆返回月台。最後發生了什麼呢？我只晚到 20 分鐘，我夢裡發生的一切全精確地再現了。火車是故障了，但只晚到了 20 分鐘，而不是 40 分鐘。

　　有個女孩也發生了類似的事，那時她正在學做銷售小姐：

　　某個星期一下午老師安排我們去一家著名的食品廠，而我自己很期待這次的短期旅行。然而星期天晚上，我清清楚楚

地夢見自己走在去車站的路上，興高采烈地轉過最後一個彎，這時我吃驚地看到火車載著其他女孩開走了，她們呼喊著向我揮手，當然也很快就從我的視線徹底消失了。我醒來以後感覺非常可笑，暗自思忖：「這種事不會發生在我身上，」我年輕時從來沒有錯過火車。然後就不去想這個夢了。於是，當關閉店門時，我就無憂無慮地去了宿舍吃午飯，下午 12 點 30 分，我將手錶跟收音機對了時間，然後悠閒地走向車站。然而，我看到了什麼呢？就在與我夢裡完全一樣的地方，我看見火車開走了，所有女孩向我喊出與夢裡完全一樣的話。我瞬間被雷擊一樣，眼前一黑；因為對我來說，這簡直是不可能的，我從宿舍走到車站居然花了 20 分鐘——而這段距離只有 500 英尺，走路不到五分鐘。而我的手錶和車站的時鐘都是 12 點 50 分。我難過地回去工作，不得不對我的上司認錯；但我只是簡單地說，我錯過了火車……直到今天，我也不知道，這過去的 20 分鐘是怎麼回事。

44

第三個案例是：

我姊姊婚後不久做了一個夢。她看見自己的丈夫處於臨死的痛苦而躺在床上。她又看見我父親走進房間，我緊隨其後。她重複了兩次這個細節：「爸爸走在前面，妳緊跟在後面。」
幾年後，爸爸帶著我到診所的樓上，我姊姊的夢突然出

現在我腦海。我姊夫前一天剛剛做完手術。我想起我姊姊說：「爸爸走在前面，妳緊跟在後面。」我想去欺騙這個夢，為了超過我父親進入病房，我飛快地上樓，但正當我想耍花招的時候，一位護士抓住了我的胳膊，就像多年前我姊姊夢裡預言的那樣，我父親第一個走進了病房。

　　這系列最後的一個夢是這樣的：

　　一個美好的春日，我想這應該是移植覆盆子叢並且搭架子的好時機。我帶著兩個孩子走進花園。小女兒逕自走向沙堆，我和大女兒走到覆盆子前。當我看到這叢灌木時，忽然感覺心臟有種難以形容的可怕壓迫感。我想開始工作，但很快就因這不安的情緒而停止了。我把這種奇怪的感覺告訴妻子。就在那時，我腦子裡浮現出這樣一個問題：「這焦慮是為什麼呢？」哦，原來是這樣：我在夢裡已經移植過覆盆子的工作了，那時還發生了一些我沒想起來的不愉快。我立刻明白，我必須要留意小女兒（她才剛滿兩歲），於是，每隔兩、三分鐘就要朝她的方向看看。突然，當我再次看過去的時候，她不見了。我讓大女兒去看她在做什麼，自己則去確認一下花園的門是否關著。她快快跑去……經過大水桶時停了下來，彎下腰向裡看——一聲令人心碎的尖叫：「媽咪！」她把小女兒拉出水桶。小女兒已經臉色鐵青停止了呼吸，但我還是把她帶到醫生

那裡，只有醫生可以救她。

　　這四個故事裡，作者們都盡其所能地想要避開夢中預言的事，就像其中一位寫作者所說的，「去欺騙這個夢」，但每個都失敗了。【原註 16】

　　從這些來信中所收集的預感或預警，一如從大量夢中預言所收集的預感或預警，有一處讓人感覺十分奇怪：所謂的未來並非是即將到來的存有，而是早已存在在某種形式裡了。這些似乎是不可避免也不可改變的，同時再次向我們提出了有關人類意志（will）是否自由這個古老的問題。如同我們試圖要指出的，這些來信中所謂命運的因素——遠遠超越人類意識意志（conscious will）【譯註 22】的引導——有了極其清楚的呈現。

───────────────────────

原註 16：　萊恩博士在〈預知和干預〉（Precognition and Intervention）這篇研究裡，顯示在191 個案例中，有了預感而試圖阻止這些預知事件的實現，成功的大約只有九個案例。（譯按：本文發表於 1955 年，《超心理學期刊》19：1，P1–34。）

譯註 22：　意識意志（conscious will）是指對自己意志的察覺。關於意志是否真的自由，這問題的支持與否定分成了兩個陣營，自由意志論者和決定論者，從古希臘時期起延燒迄今，現今不只是哲學家，也是神經科學研究者所辯論的議題。決定論認為，所有狀態的產生完全被在它之前發生的狀態所決定。自由意志論卻認為人類的意志是做出行為、達成道德價值的必要而終極的基礎。1983 年，美國加州大學舊金山分校的神經生理學家利貝特（Benjamin Libet）在實驗中要求受試者自由「決定」一個時間點舉起左手或右手，並根據一個碼錶來回報該「決定」在自己心中出現的時間。結果他在腦波圖中發現，舉手的「意識意志」出現的一秒鐘前（就是意識到自己「想要」舉手的一秒鐘前），大腦就已經出現相關的神經變化。如果因此可以推論大腦的生理變化早於「意識意志」發生的時間點，那麼「意識意志」的感受只是大腦神經變化的結果，所謂自由意志的可能性也就受到質疑。

面對主宰人類自身命運的更高力量，人既沒有自由，也沒有能力執行自我意志。然而這些經驗也指出，人類自由還是存在著的，只不過是要從另一種相當不同的角度來想像，也就是該將之視為道德問題或意識問題。我們幾乎可以這麼說，人既有反抗命運的自由，也有接受命運的自由。前面兩個事先知道自己即將死亡的人，並沒有選擇死亡或活著的自由，但是卻可以透過接受死亡而獲得自由。【原註 17】自由最困難的後果是，它迫使人們不得不在善與惡之間做出選擇。在這裡我們無法詳盡地討論這個話題，只是順便提一下，承認命運是一種更上位的力量，既不能使人從善惡衝突中有效地解脫出來，也不能消除這種衝突。這種道德自由的主觀感覺，恰恰與人類整體所經驗到的不自由，是一樣多的。因此，在任何情境中，人都是作為一個整體來面對挑戰——他既接受引導，同時也有自由。在目前進行的這一系列探討中，我們將會遇到一些經驗，顯示出道德缺失或犯罪對心靈的影響。

除了那個命懸一線的小女孩案例以外，其他三個案例談的都是較不重要的小事。女孩是否錯過火車，是父親還是女兒第

原註 17：　榮格用下面這段話闡述了這一理念：人對自己生命的意識覺知，是可以而且必須藉助來自無意識（比如說，在夢裡）所產生的象徵。「如果這個沒有發生，個體化的歷程將永不止歇。唯一的不同的是，我們成為了它的受害者，被命運拖向那個不可避免的目的地，那個我們如果自己走早就抵達的目的地，除非我們不辭勞苦、有足夠的耐心及時去理解橫在前進路上聖靈（numina）的意義。」《答約伯》（*Answer to Job*），收於 CW《心理學與宗教》（*Psychology and Religion*），Vol. 11, p. 460。

一個走進房間都是小事，就算事先知道，也幾乎不可能傳遞出任何重要的含義，除非他是個特別有反思能力的人。所以我們既不能把它們歸到上述提到的命運的「預演」，也不能視為警告。在這裡，似乎有一股神祕、變化無常的力量在作用，在它的法則或沒有法則的指示下，這股力量依這指令將有意義和無意義加以混合。這種力量相當於煉金術士所謂的「墨丘利神」（Mercurius）【譯註 23】或水銀的精神。因為古代大師們所進行的冥想與實驗，不僅是探究事物的奧祕，也探究心智的奧妙，所以他們也不可避免會觸及一種難以捉摸、不可觸及、沒有形狀、甚至沒有規則的「精神」【原註 18】。墨丘利是最高的意義，也可以說完全無意義。由於它具有反覆無常的一面，榮格將墨丘利精神（Spirit Mercurius）稱為「搗蛋鬼」（trickster）。【原註 19】【譯註 24】

47

譯註 23： 墨丘利（Mercurius）是羅馬神話中為眾神傳遞訊息的使者，相對於希臘神話中的赫密士（Hermes）。他的形象一般是頭戴一頂插有雙翅的帽子，腳穿飛行鞋，手握魔杖，行走如飛。墨丘利是朱比特和邁亞的兒子，是醫藥、旅行者、商人和小偷的保護神。他穿梭在不同的領域，在陽世和陰間來回，所以榮格喜歡用這人物來比喻過渡的過程、空間、或功能。

原註 18： Cf. C. G. Jung: *Psychology and Alchemy*, Col. Works, Vol. 12 and "The Spirit Mercurius" in *Alchemical Studies*, Col. Works, Vol. 13.

原註 19： Cf. C. G. Jung: "On the Psychology of the Trickster-Figure" in *The Archetypes and the Collective Unconscious*, Col. Works, Vol. 9, 1 p. 255 ff.

譯註 24： 搗蛋鬼（trickster）是榮格的原型人物之一，墨丘利就可以歸類在這個主題上。民間常常形容這類人物是遭人愚弄或欺騙的笨蛋，但在痴狂搗蛋當中又有其不可思議的力量。例如王宮裡的弄臣，是唯一可以在君主之前胡言亂語的人物。典型的搗蛋鬼喜歡惡作劇，這使他與民間傳說和童話中的各種人物相關，例如傻子漢

另外，比起重大事故、死亡、火災等等，這些案例的有趣是在於，一些無足輕重的細節也可以不成比例地清晰預見——比如說，事故之後搶救孩子的醫生的領帶、死者的襯衫、帶來災難消息的人所穿的西裝。這讓人想到，當重大事件發生時，就連外部細節都會深入人的大腦。有時甚至連氣味、顏色的深淺都不會忘記，即使事隔多年，這些細節也會喚起人的記憶回到這伴隨細節而發生時的事件當中。

　　不過，瑣碎小事的預警或預言，在我們的來信中畢竟只占少數。然而出現這樣的問題了：預見或預知普通事件的夢，並不是像我們一般認為的那麼平常；是不是這種「真實」的夢並沒有登錄在意識中，或者是不是馬上就忘記，或者因為太「乏味」或沒有意義而沒說出來？這為超心理研究提供了一個有趣的領域。就我們收到的來信而言，預見的事件在某一程度上是命中注定的，並且在大多數案例中，預見的都是重大的、甚至是悲劇性事件。也有來信是關於預先夢見訂婚、中樂透、變換職業、風景、旅遊，或日常事物，不過，這些的數量與絕大多數是夢見或預感到生病、災難和死亡的來信數量相比，是不成比例的。甚至連寫信的人自己都對這些事實感到震驚，不禁問道：為什麼會是這樣？這一個問題，我們以後將會在第四章〈共時性現象〉裡專門談到。

　　斯・拇指湯姆等，是榮格所謂「這是一個徹頭徹尾的負面英雄，試圖透過他的愚蠢來獲取他人怎麼努力也無法達到的成就」。

來自無意識的指令：死亡夢

　　預言夢、預感警告等，無論是即將到臨事件的「預演」（尤其是這預期或預見的事件的每個細節都像照片一樣清晰可見），還是對迄今仍不可知的生命意義的揭露，人們認為這些都是有幫助的。然而它們還有另外一種功能，不同於前面的，就是指導性功能。這些充滿疑問的夢或靈視，通常都具有象徵的特徵。其中的意象，可以視為一種確認，或至少是一種提示，否則該事件就無法解釋。它們主要是圍繞著生與死或「彼岸」這些問題而展開。的確，來自無意識中的意象並無法解開死亡的神祕。但這些可以減輕人們對這一切黯黑帶來的恐懼和憂慮，而這點就足以說明它們的價值。

　　在這些夢境或靈視裡，可以說靈魂預先實現了死亡，或說死亡再現了，不過這裡死亡很少被描繪為災難。死亡常常以「旅程」的意象出現。

　　我父親因為意外事故，因此患病多年。他在彌留之際，當時是正午時分，對我親愛的母親和家人說，他要乘子夜12點30分的夜車回家。而他就是在那個時間死亡的。

　　另一個垂死的人說了相同的話。他說他必須「今晚去遠行了」，還說他不會回來。事實上，他就在那天深夜兩點去世

了。很多來信都講了類似的故事。

旅程的主題是一個古老的死亡意象，我們在許多神話中都遇到過。許多神話都講過靈魂離開肉體的旅程，這是為了抵達天堂的世界或前往天堂的站點。【原註 20】有時，這種旅程必須穿越地下冥府或海洋和黑夜的深處，就像約拿（Jonah）被鯨魚吞掉又吐出那樣。【譯註 25】

死亡以旅程的意象出現，暗示著（因為意象是心靈創造出來的）死亡不是生命的終結，死後更不是什麼都沒有了。這種說法是否為真，則是另外的問題，可能是永遠沒有答案的。然而，心理學所探索的重點，是這些心靈的意象揭露了什麼，它們又如何被透露出來。人們解讀旅程的意象時，是想要明白意象中的發展概念。生命本身常常被描述為旅程，這不僅是指外在的生物階段（所謂童年、青年和老年等等），也包括人的內在發展。一個人靈魂的轉化，或個體化歷程，通常都稱為旅程。古代的煉金術士把它稱為靈魂的尋找上帝之旅

原註 20：　這類看法也可以在埃及神話中找到。根據埃及文本的記載，死者的靈魂先登上太陽的外緣，從這裡開始了偉大的旅程。

譯註 25：　約拿是聖經《約拿書》的中心人物，耶和華命令他去尼尼微城對居民說：「因為他們的惡達到我面前。」但約拿不願意而逃離前往帕，然而航行至他施時，一場巨大的風暴出現了，水手們意識到這不是普通的風暴，發現約拿應該受到譴責，最終被迫將約拿扔了出去，而暴風雨也平息。約拿被一條大魚吞下了，在魚腹待了三天三夜。他向耶和華祈禱，承諾付出他的誓言。大魚於是在上帝命令下將約拿吐在旱地。約拿於是遵囑前往尼尼微大街上宣告說：「再等 40 日，尼尼微必傾覆了！」他的傳道十分有效，居民紛紛表示悔改，國王下令人畜都當禁食，披上麻布。耶和華便大施憐憫，保全了該城。

（*Peregrinatio*）。【原註21】而尋找上帝的旅程也是但丁《神曲》【譯註26】和班揚《天路歷程》【譯註27】的主題。

如果我們將現代這些人來信中「死亡之旅」的夢與古代的故事和傳統做比較，我們必須承認，相較於過去心靈之旅或神祕之道那古老而崇高的意象，這些來信不過只是這一切意象平淡而令人遺憾的迴響罷了。這也再次確定了，個人的意象從來不會或幾乎不可能達到神話故事那樣的完美。然而，這並不影響它們的深度；在它們的背後，同樣存在著原初的意象，因此這些案例中靈魂進行旅程的意象，可能的目的將不是我們能夠探測的。透過這樣多少還是有些原始的方式，這些意象顯示無意識的創造力仍然發揮作用，直到今天仍然述說著神話，因為人們永恆地一再經歷這一切的經驗。這讓我們清楚地看見了，這些來信裡所講述的意象和經驗中的原型本質。

而與旅行相近的另一個主題，就是告別。只有極少的情況裡，告別會讓人感到特別的痛苦。比較常見的是伴隨著一種鬱悶的沉著，而且比起離開的人，留下的反而承受更多的痛苦。一個女人在通向森林的路上遇到她的姊夫： 50

原註21：　Cf. C. G. Jung: *Psychology and Alchemy*, Col. Works, Vol. 12, p. 355.

譯註26：　但丁（Dante Alighieri, 1265-1321），是義大利中世紀詩人，也是歐洲文藝復興時代的開拓人物，其著作《神曲》（*Divine Comedy*）描述但丁在地獄、煉獄及天堂遊歷的經過。

譯註27：　班揚（John Bunyan, 1628-1688），是英格蘭基督教作家、布道家，其著作《天路歷程》（*Pilgrim's Progress*）上卷於1678年在倫敦出版，下卷則於1684年出版，是著名的基督教寓言文學。

我愉快地向他大聲打招呼。而且姊夫微笑著回頭招手，但是當彼此距離只有十英尺時，他轉向了另一條小路，又回頭微笑對我揮手。我因為好多年沒見到姊夫了，所以相當訝異而醒了過來。這個夢太生動了，以至於我醒來後還躺在床上想了好幾個小時。第二天，令人無比悲慟的是，我接到姊夫突然逝世的消息。

　　另一段敘述如下：

　　我弟弟去世的時候，他的朋友恰好在這個時候醒來。他搖醒妻子對她說：我夢見赫爾曼打電話給我。我清楚地聽到他的聲音說：「再見，恩斯特，我現在要走了。」五分鐘後，子夜1點50分，他的家人打電話告訴了他這個死訊。

　　一名住在美國的女子夢見在瑞士的父親，他穿著輕薄的夏日西裝，戴著白帽，拄著拐杖，就站在她身邊：「我吃驚地問他要去哪裡。『哦，』他回答：『我只想與妳道別，因為會有很長一段時間見不到妳了……』」沒多久她就聽到父親的死訊。
　　一個人微笑地或親切地揮手道別，這種預示死亡的簡單意象，不僅可以在夢中經驗到，而且更經常遇到這個人的「鬼魂」，他們是來道別的，也許是在死亡前後出現，甚至是死亡的那一刻。一般來說，這些鬼魂幽靈和活人無法區分。

其中只有兩個案例，當事人清晰地感受到了離別的悲傷。一個是和自殺有關，另一個是出了意外。

第一個案例：

那個夜裡，我做了一個相當逼真的夢，到今天腦海裡的記憶還是栩栩如生。我在一間大房間裡。我的表哥，也是我感情深厚的朋友，他慢慢地向我走來，眸子裡充滿悲傷地注視著我。他到了我面前停下來，緩緩地握住我的雙手，十分隨意地緊緊握著我的手，說：「再見了……這是最後一次的見面了。」

說完這些傷心的話以後，他的身影就漸漸消逝於無形之中。這個夢讓我深深地觸動了，以至於醒來後淚水已經沾濕了枕頭……第二天夜裡，這個夢又出現了，還是那麼生動、那麼真實，我又再次地受到震撼……在第一次做這個夢五天以後，我收到了家鄉來的信，告訴我表哥去世了……直到後來我才知道，我這個表哥也是好友就是在夢裡離開我的同一天、同一刻，他選擇了結束自己的生命。【原註22】

下面這個夢是一名男子描述的：

原註 22： 自殺及其後果這些總是被描述為悲劇的主題，將在「未獲得救贖的鬼」段落中進一步討論。

我看到表姊站在樹下憂傷地看著我，跟我打招呼。我問她為什麼如此憂傷，她說她不得不踏上漫長的旅程，或許我永遠見不到她了。兩天後，我接到消息：我表姊在樹下被雷擊死。

　　這裡瀰漫的悲傷氣氛，或許可以歸結於死亡的方式是出乎意料或相當特殊的。但這事也不能說得這麼肯定。為了獲得中肯的結論，我們必須大量地瞭解這些討論中的當事人生活，以及圍繞在他們死亡周圍的心理環境。

　　在來信中還有一個重要細節，通常與死亡有關，那就是和死者的重聚。這可以從即將離開女兒的這位父親的話中找到暗示：「我只想與妳道別，因為會有**很長一段時間**見不到妳了。」從這些話裡可以知道，死者將回到那些比他早去世家人的家裡；臨死的父親因此確信，有一天女兒大限到來時，他屆時還是可以與她相會。我們可以從這些描述裡看到這類主題的各種變化，已經過世的人是來迎接瀕臨死亡的人的。

　　一名女子這樣寫著：「當我父親重病不起的時候，我夢見他整個人在鮮花和泥土的圍繞中，而他的身邊是我已故的母親，母親的臉上則是洋溢著幸福。第二天早上，電話裡傳來消息——父親去世了。」

　　另一個女人講述了下面這個夢：「我去世多年的姊姊（我兩歲時她就死了，因此我從不認得她）一身素白地出現在夢裡。她身材高䠷修長，走進我們家說：『我是為媽媽而來

52

的。』然後坐下來，安靜等待。在一個星期六的晚上，確切地說，是這個夢的兩個月以後，我去看望母親。她因為中風，毫無痛苦地離去了。」

前來接應生者去他們王國的死者，並不侷限於有血緣關係的人，比如說，父母、兄弟姊妹之間，通常還可能是夫妻、未婚夫妻、或遠親。

這可以用下面的例子來說明：

我祖父（1820-1899）結過三次婚，就在去世之前，他做了一個奇怪的夢。他告訴我們，他的三個妻子出現在他面前的樣子：第一個妻子站在前面，第二個的目光越過第一個妻子的肩頭朝他望過來，第三個還在世的妻子則是站在最後。第一個妻子充滿憐愛的眼神看著他說：「來吧，是時候了。」那個月他就去世了。

一個獨自生活的老婦人，告訴朋友說她夜裡醒來，「因為她聽到門打開，感覺到一陣強烈的冷風吹來，忽然看見她的兩任丈夫一起站在門口。他們揮手示意，要她跟他們走，最後兩個人都喊道：『快點！我們等很久了。我們要馬上回去了，並且帶妳走。』門關上了，他們也消失了。」老婦人把這個情景看作她即將死去的徵兆。她請她的朋友「幫最後一個忙」。老婦人打開衣櫥，給她看早就準備好的乾淨睡衣和白襪，並說：

53

「我想穿著它們進棺材。」一個星期後，她就死了。

另一個女人講述了她見到母親之死的經驗：

我盡我所能找時間去母親家照顧她，並且在她住進醫院後還是每天去看望她。一天晚上，我問護士，我想回家小住幾天，整理好東西就回來，不知是否可以。她向我保證說，不用擔心，不會馬上有危險。但是第二天早上，我一大早就醒來了，因為一股莫名的不安向我襲來，我想去醫院。但這個時候去搭火車還太早，因此我站在窗口向下看。教堂的鐘敲了六下，而晨鐘開始響起。突然，在下面的路上，我看見兩個人非常緩慢地朝我家的方向走過來，一男一女。女人是個矮個子，像我母親，戴著一頂老式草帽，右胳膊上拎著一個包，而左手好像被什麼人牽著一樣。我認不出這個男人是誰，但我立刻認出這個女人就是我母親。她抬起頭來，向我揮手。我認得這頂草帽，因為她總是說，父親非常喜歡這頂草帽。突然，這兩個人消失了，我對我丈夫說：「我將搭下一班火車，必須換好衣服，我母親死了。」寧靜而哀傷地，他同意了：「好的，就這麼做吧，妳一定知道。」不一會兒，電話響了，我親愛的母親在六點離世。我非常肯定，是我父親牽著她的手將她帶走的。因為在她剛剛生病的時候，她就說：「只要我一閉眼總是看到妳爸爸。他向我伸出手，深情地說：『現在來吧——我們將會一起走。』……可他離我還是太遠了，我搆不著他。」在她離

世的最後一天，她將手伸向誰也看不到的東西，低聲說：「快了，很快地你就可以過來了。」

在這些敘述的背後，有著回到自己親人身邊的觀念。這情況也與古老、神話的意象有關——死者的國度與死亡婚禮。人們熟知的「回到了父輩那裡」這句話，就建立在死者國度或祖先世界這個觀念上。我們在《舊約》中讀到，雅各說：「我將要歸到我列祖那裡。」【譯註 28】

為了讓這情況的描述更加全面，還應該注意到，在極少的例子中，與死者的團聚並非平和或愉快的。有個女人就這樣寫道：「一天早上，我父親對我母親說，他做了一個奇怪的夢。他夢見他死去的母親走進他孩子們的房間，指著我的小弟弟對他說：『我要把這個孩子帶走。』然後又指著我對他說：『這個你可以留下。』然後就消失了。我父親醒來後沒再想這件事了。幾星期後，我的小弟弟就病死了。」

這段描述讓人想起榮格在非洲的經驗。一個年輕的原住民女孩生了重病。前來為她看病的醫者宣布：「這個生病的女孩，是她年輕就離世的父母唯一的女兒。他們現在就住在竹林裡。他們每個晚上都來讓他們的女兒生病，這樣她就會死去，就可以陪伴他們了。」

譯註 28：　《創世記》第 49 章是雅各臨死前對 12 個兒子的囑咐，這也是以色列 12 支派的來源。這句話是在第 29 節。

醫者於是設立了一個「鬼陷阱」，形狀就像一間微型小屋。他在裡面放了一個代表著生病女孩的小泥塑，這樣她雙親的幽靈夜裡就會去那裡，以為和自己的女兒在一起。「令我們感到震驚的是」，榮格補充道：「兩天之內，女孩就恢復健康了。」【原註23】

　　團聚並不全都發生在瀕死之人與亡者之間。也有一些內容，講的是後來並沒有死的人，卻與瀕死之人或剛死之人團聚的故事。下面這個故事是一個退休的火車司機講的：

　　我兄弟 16 歲時就過世了。他葬禮幾天後的晚上，我像往常一樣上床，躺著入睡前還有一會兒。那時我並沒有去想我的兄弟。大約躺了 10 到 15 分鐘的時候，他突然出現在黑暗之中，好像從濃霧裡冒出來的，離我四英尺的上方。他還是生前的身材，穿著昔日的日常衣服，慢慢地飄向我，然後停在我的斜對面上方——但只有上半截身體。接著，一件令人難忘的事發生了。我看見他的身體裡忽然湧出了像一團非常淡的薄霧的東西，而同一時刻，我的身體也湧出了薄霧。這兩團模糊不清的東西正好在兩人之間的中間碰到一起，相互融合。然後，合為一體後，這薄霧一起回到我的身體。

　　整個過程持續了大概一分鐘，無聲無息，也沒喚起我任何

原註23： C. G. Jung: "The Psychological Foundation of the Belief in Spirits" in *The Structure and Dynamics of the Psyche*, Col. Works, Vol. 8, p. 304, n. 2.

的感覺。當這團霧、或幽靈、或你們所謂亡靈的東西，完全在我身體裡徹底消失的時候，我兄弟就像他來時那樣，無聲無息地消失了。從那以後，我常常想起這段經驗，心想，這到底是怎麼回事，但從來沒有想明白過。我也問過我們的牧師，他也不能告訴我什麼。

　　這封信描述了死者與生者之間奇怪的團聚方式。這不是發生在夢裡的，也不是想像出來的，更不是透過肢體接觸（比如擁抱）發生的，更確切地說，這種「非常淡的薄霧」似乎暗示著存在著一個中間領域，存在著肉體─非肉體之間的領域。這兩兄弟透過精微的「靈─身」形式融合了，融合之後又回到活著兄弟的身體。這用神話語言來說：他已經成為了「祖先靈魂的承載者」，或者，相關靈魂的承載者。這讓我們想起一種觀念，在東方更為人熟知，就是：孩子是親人或祖先的靈魂承載者。

　　有個與這神祕信念相近的觀念是，人的靈魂不是同質性的，更確切地說，是由從全體祖先那裡繼承下來的極為不同的各種元素所組成的。榮格說：「我們的心靈絕不是單一的單位。它像是繼承下來各種單位的集合體，或許就是來自過去的生命或祖先的生命的許多碎片。」【原註 24】因此，「祖父的精

原註 24：　《靈視》（*Visions*），未公開出版的研討會說明，Vol. 10, p. 108.【譯註 29】
譯註 29：　本書德文版出版於 1958 年，英文版出版於 1963 年，當時《靈視》這本書還沒

神」或「母親的精神」可以再現，成為這些繼承個體的投射，一種看得見的投射。

回到這對兄弟的經驗，或許有人會問，從團聚的那一刻起，活著的那個人的性格是否發生了改變？他是否開始顯露出死去兄弟生前的性格特徵？這種事常常在同一家族內可以看到，當其中一個人去世了，另一個活著的人就承擔起責任，就像我們說的，「死者的角色。」

這些反思可以讓我們更加清楚地明白，祖先與親人靈魂等待和迎接瀕死之人的心理意義。根據這些記述，我們發現，死亡表現成一個過程，在這當中人格分離的那些部分（我們或許可以將它們稱為「部分靈魂」〔partia lsouls〕）融合為一個整體。這與瀕死之人所要承擔的任務，將自己從生命中釋離的任務是一致的，在此過程中，他必須將屬於他本質但仍存在這世上的，也就是投射在環境中的任何東西，全都帶回到他自己身

出版。1976年，《靈視講座》（The Visions Seminars）於蘇黎世由希爾曼（James Hillman）創辦的春天出版社（Spring Publications）以兩卷正式出版。這本書成書的契機是1925年，28歲的美國女性克里斯蒂安娜‧摩根（Christiana Morgan）發生了婚外情，並向榮格求助。他告訴她，他不知道如何解決她的問題，但是他很確定無意識會，並且他們應該在她的夢中觀察它的活動。他向她展示了他自己的繪畫，並教給她積極想像法。她花了一年多的時間回到美國，並繼續把自己的繪畫和自己的靈魂寫下寄給他。在1930年10月，榮格用英語講了一系列關於這些靈視的研討會，一直持續到1934年3月，當時謹慎地保密了她的身分。然而當事人的身分遭到洩漏，研討會於是突然停止。從此榮格對靈視的熱情也停止了。他轉而開始了有關尼采《查拉圖斯特拉如是說》（Also sprach Zarathustra）的講座。

上。對投射的拆離或撤回不僅發生在死亡的那一刻、死亡前一剎那（in conspectu mortis），而是從生命最旺盛的高峰時候就開始了，當意識之光開始後，就不可阻擋地緩緩從頂峰走向衰敗了。從那一刻起，人們將面臨著向內和向外注視的任務，以便發現自己在世界上以及透過他人所經驗的一切。只有這樣，他才能成為自己。從心理學的觀點來看，在死亡那一刻與愛人或親人的靈魂結合，意味著各個「部分靈魂」的融合。這是靈魂達到圓滿的意象——好像死亡的完成早在幾十年前就已經開始準備了。這沒有一定的規則，但許多的觀察顯示：只有在生命將結束或臨死的那一刻，他的人格及圓滿才能完成。

　　「部分靈魂」是由死者來代表或被投射到死者身上，這並不足為奇，因為死者（比如去世的父母、丈夫、妻子）在活著的個人意識或無意識的心靈生活中扮演著相當重要的角色。 57

　　有時人格拆離的部分，這些部分靈魂是被經驗為幽靈的形象，並不是由親人或愛人來再現，而是一種非人的象徵形象。有個驚人的例子是 H. 史陶登邁爾（H. Staudenmeyer）的自傳記述《法術，一門實驗性自然科學》（*Die Magie als experimentelle Naturwissenschaft*）。【原註 25】【譯註 30】史陶登邁爾講述了他是如何將有意識地喚起的幻想人物，逐漸使其變得獨

原註 25： Leipzig, 1912.
譯註 30： 《法術，一門實驗性自然科學》，英文版少了冠詞 Die，在這裡補上；而作者亦有拼錯，應該是路德維希·史陶登邁爾（Ludwig Staudenmaier, 1865-1933），他是德國神父、科學家和祕契主義者。亦見原註 8。

立，並且呈現出精神本質而不再服從他的意志，而只做他們喜歡的事。從醫學角度來看，史陶登邁爾會被認定為思覺失調症患者。

在進行這些案例的探索以前，先讓我們再次回顧這些研究方法的基礎。這些案例是否為真，甚至是否可能，都不是要研究的目標，我們將嚴格侷限在心理學上的分析。比較重要的是，這些在世界各地和各個時期的鬧鬼事件和幽靈事件，都以相似的方式被記錄下來。偶爾，我們也會舉一些來自美國、英國和法國的超心理學為例，用來作為對比的素材。

如果能夠敞開胸懷，對這些鬼和鬧鬼事件的描述看看究竟是說了什麼、又是如何說的，就會發覺沒有不讓人震撼的——特別是這樣的描述周圍充滿超越時間性和非個人的氛圍；一切聽起來就像是恆久的傳奇一樣。這讓我決定完全直接引述這一切，即便這些敘述確實有些拙劣。至於與古早故事的相似性是沒什麼好奇怪的，因為過去那些故事也都是個人的體驗，就像《瑞士觀察家》雙週刊的來信敘述一樣，都是深植於古老的傳奇。這些體驗是得到傾吐訴說的；經驗本身所擁有的神祕，以及所有喚起的迴響，讓一切擁有了自己獨特的魅力，也因此免於被忽略遺忘。然而，隨著時間的流逝，某些變化發生了；有些名字和人物被遺忘或修改；這一切故事又重新以匿名的經驗或英雄的經驗被講述——也就成為了傳說，或是傳奇。下一章將會引用一些瑞士的傳說來作為比較素材；這樣的比較，將展現出瑞士傳說與這些來信的敘述兩者之間內在的密切關係。

59

＊　＊　＊

讓讀者最先感到震驚的是，這大量的來信中都存在著某些明確而反覆出現的特點，比如，許多來信都提到亮光圍繞著「鬼」，或「鬼」身上散發出亮光。其次，有種顏色反覆提到——就是白色，偶爾也會提到灰色或黑色。其他還有些老生常談的細節：飄浮在空中，或慢慢地消散。還有一類是無頭或無腳的鬼，諸如此類。這些獨特的細節為我研究五花八門的鬼提供了路標，也為解釋工作提供了出發點。

發光的鬼

頻頻從鬼身上發出的光，或鬼的臉和身體上出現的光或容貌光顯【譯註 31】，都是值得注意的細節。有時候只有提到光；這可能是死者靈魂雖然看不到但宣布確實存在的「微閃」（glimmer）。在其他許多的例子裡，鬼呈現出極其美麗、甚至是非凡的美，也記錄成一種容貌光顯。

這種伴隨著容貌光顯的光，常出現在逝去的親人或摯愛再次顯現時。陌生的鬼或奇怪的鬼則很少出現散發的光；它們的出現像是不明的「微閃」，但也有可能是陰影、灰色，甚至黑

譯註 31： transfiguration 一詞直譯是變形或容貌改變，但這字同時也是「耶穌顯聖容」，東正教的「主易聖容」，出自《新約》記載中耶穌和他三個門徒前往大博爾山。在山上，耶穌開始發出亮光，顯示出神的容貌。然後，先知摩西和以利亞出現在他兩旁，耶穌和他們談話。其後，從天而來的聲音呼喚耶穌為兒子，這被視為上帝對耶穌工作的肯定。因此，本書譯為「容貌光顯」。

色。在一些例子裡，它們被描述為白色，或被白光包裹著。

讓我們現在來看看他們的經驗。

一個女人寫道：

60　　　九歲時，我失去了父親。很多年了，我一直無法走出對
他的哀思……後來，一個平安夜，我先去睡覺，但打算參加子
夜彌撒。就在我要起床時，胃忽然劇烈絞痛，使我不得不待在
床上。胃痛很快過去，但參加彌撒已經太晚了。因此，我還是
待在床上。突然，我聽到門開了，隨著奇怪的敲擊聲，傳來輕
柔的腳步聲。我一個人待在家，更覺害怕了。接著，奇蹟發生
了——我最愛的爸爸向我走來，像黃金般閃亮可愛，像霧般透
明。他看起來就像生前一樣，我一眼就認出來了，然後，他在
我床邊停下，和藹而微笑地看著我。無限的平靜在內心湧現，
我感到從未有過的幸福……然後，他就走了。

（必須注意到，這是每年的特別時刻——平安夜。特殊的
時刻和特別的場合，在幽靈的出現中，扮演著重要的角色。）

另一個女人描述了自己死去朋友的容貌光顯：

鄰村有位非常可愛而虔誠的女人，是我認識的。得知她
死亡的消息，我便決定去參加她的葬禮。葬禮的那天上午11
點，我正準備點燃爐火，忽然感覺有人來了——於是轉過身，

而這位女人就站在我身後。她是透明的，剛好完美地呈現出她的高貴和美麗。她生前原先是灰色的頭髮，現在成為一頭漂亮捲曲的頭髮，直直垂到手臂一半的地方。她的臉龐清澈潔白，雙眸閃閃發亮，微笑露出的牙齒漂亮極了。她衣服的領子高至下巴，袖子垂到手腕，有種超凡脫俗的美。

另一個女人講述了這麼一段往事：

1926 年我前去英國。一個晚上，祖母忽然出現在我面前，就像以往的模樣，但卻是像太陽一樣透明而明亮的，乾癟的嘴唇浮現微笑，目光完全穿透我的身體。她把手伸向我，清楚地說：「今晚，我必須和妳道別。」這一刻，我知道，我在這世上再也看不到我的祖母了。鬼魂或靈視是如此清晰、美麗而精妙，以至於這段記憶保留至今。兩天後，我從瑞士的家人那裡獲悉，我的祖母死於她向我道別的那個晚上。

另一個女人講述的經驗稍有不同：

有個晚上，我看見摯愛的父親像一道光從我身邊飄過。起初，我以為自己是在做夢，可那時我還沒躺下，因此我應是醒著的。我們看著彼此的眼睛。父親比我之前看到的任何時候都美好。我可以說，他幾乎是容貌光顯。接著，我的腦海裡閃過

一個念頭，他肯定出了什麼事。第二天，我接到電報說，父親死於中風，享年85歲。我一直擔心著父親最後的解脫方式，然而因為我看到他的樣子是如此美好，我想，他內心肯定早就準備好了，這才感到釋然。

這裡的敘述並不是很清楚：這道光是從幽靈身上發出的呢？還是幽靈被一道來源不明的光圍繞著呢？下面的例子同樣也沒能說清楚。

1927年10月底的一個晚上，我後半夜醒來後，就睡不著了。這也沒什麼不正常的。然而，接下來發生了什麼呢？在我的床腳，止滑圍欄上，在神聖的光芒中出現了一位甜美而可愛的人。這個人深情地微笑，然後，這神奇的幽靈又慢慢消失了。這位可愛的女性是誰呢？我的教母！（幾年前她移居美國了。）我正在等待她的來信。事實上，兩星期後信來了……我的教母死於11月1日。那個晚上是一段永遠無法抹去的記憶。

62　下面這個案例，這道光更清楚地是來自幽靈。來信者是B.家族的家庭女教師。

一天夜裡，一片非同尋常的明光亮醒了我，在亮光中我看

見有個人站在床邊。他看起來像我父親。我聽見他說：「我過來是要提醒妳。這裡的人威脅到妳的安全。」然後他消失了，黑暗又重新包圍了我……

隨後，寫這信的人就放棄了這份工作。後來她聽說 B. 太太因為詐欺和偷竊被捕，警察正在四處找她作證。

另一封來信描述了出現在光芒中臨終者的幽靈：

一個晚上，我被腳步聲吵醒了，腳步聲來自我們公寓走廊。我坐起來傾聽。四周漆黑，接著出現了一道奇異的光，我看見我臥室的門開著。我的朋友，X 女士走了進來。她穿著一件長睡衣，上面披著繡花短外衫，戴著一頂鑲著蕾絲的帽子，除了這身不同尋常的裝扮，我的朋友看起來就像平時看到的那樣。唯一不真實的是亮光。那一刻，我甚至不去想光是來自哪裡。當光線逐漸暗淡下去之後，房間又像之前那樣再次陷入黑暗。我點亮床頭櫃上的一盞小燈，房間沒有人。門關著。但我可以肯定，剛才不是做夢——我馬上意識到，並且毫不懷疑，我的朋友藉由向我顯現，提前告訴我她即將死去。事實上，X女士就是在那一刻離世的。就連穿的衣服都一模一樣。

再過來引用了兩個例子，其中都沒有出現字面意義上的「鬼」，只有光，然而都同樣具有「像鬼」的風格，而且具有

同樣的意義：告知朋友死訊。

63　　某個星期四凌晨三點，我被一片奇怪的微光弄醒了。我叫醒我的丈夫，問他是不是他把燈打開的。他說不是，可能是哪個孩子開的。我起身去看。但所有的孩子都熟睡著。突然，我的腦裡閃過令人不安的念頭，我想起當我還小時居住許多年的「女孩之家」的一個嬤嬤。這個嬤嬤把我帶大，像母親一樣地對待我，我對她因此無比依賴。然而我無論怎麼努力想將這個念頭從我腦海中趕出去，卻總是揮之不去，無法忘記。早上，有人打電話告訴我，就在星期四的凌晨三點，這個慈愛的靈魂永遠閉上眼睛了。毫無疑問地，假如有個人像媽媽一樣地關愛過我，她在臨終的那一刻必然會想到我，並用這種方式前來告訴我她的死訊。

另一個女人寫道：

一天夜裡，我醒了，房間裡充滿著陽光一樣的耀眼光芒，令人難以忍受。我喚醒我丈夫，他卻說他什麼也沒看到，直到今天我還是沒弄明白，因為亮光持續了一段時間，並且非常耀眼。我丈夫說我肯定是發燒了，但我能肯定我沒有。早上，我們得到了我們朋友去世的消息，差不多就是我在房間裡看到「亮光」的那一時刻。

只有這個女人看見「亮光」，而她的丈夫沒看到，這個「事實」並不影響幽靈的真實性或這封來信的真實。顯然，這是一種內在知覺的投射，就像寫信人在做白日夢一樣。

　　以下兩個故事是拿來作為比較的素材，好補充《瑞士觀察家》的這些來信。這是出自於格尼（E. Gurney）、梅爾（F. Myers）和波德莫爾（F. Podmore）所編撰的《生者世界的幻影》（*Phantasms of the Living*）【原註 26】【譯註 32】這本書，裡面的案例都經過求證，因此可以作為科學研究的基礎。而這些內容，與《瑞士觀察家》雙週刊的來信所記錄的經驗，有著驚人的相

原註 26： London, 1886, 2 Vols. Reprinted 1962 (abridged, one volume) by University Books, New Hyde Park, N. Y.

譯註 32： 弗雷德里克・威廉・亨利・梅爾（Frederic William Henry Myers, 1843-1901）是英國詩人、古典主義者、語言學家，也是心靈研究學會的創始人。梅爾的心理學研究工作及其關於「無意識自我」的思想在他的時代具有影響力，但未被後來科學界所接受。在他的召集下，與格尼和法蘭克・波德莫爾（Frank Podmore）三人共同撰寫了兩卷本的《生者世界的幻影》（*Phantasms of the Living*, 1886），記載了人們目睹的幻影。梅爾撰寫了引言和總結章。這兩卷包括 701 個據稱的自發性應用通訊，還探索了心靈感應理論來解釋這種情況。心靈研究者、英國精神分析學會最早成員之一的托馬斯・沃克・米切爾（Thomas Walker Mitchell）評論說：「這本書的主要目的是產生心靈感應的累積準統計證明。」美國心理學家威廉・詹姆斯（William James）熱烈讚揚它作為「最非凡的作品……表現出不懈的熱忱來收集事實，並耐心尋求使其準確無誤」。
埃德蒙・格尼（Edmund Gurney, 1847-1888）是英國心理學家和超心理學家。在這研究中，除了共同發表的《生者世界的幻影》外，他還寫了論文《幻覺》。
法蘭克・波德莫爾（Frank Podmore, 1856-1910）是英國作家，也是英國重要團體費邊社的創始成員之一。而人們對他最深刻的印象是心靈研究學會相當有影響力的成員，以及他對招魂術（Spiritualism）的質疑著作。後來因為身為同性戀而遭社會排擠歧視。

似。下面的第一個故事【原註27】來自兩個學生，他們不得不分開，因為一個畢業了，另一個還沒有。故事是這樣的：

早晨，我做了一場夢，我從未做過如此栩栩如生的夢。我好像與年輕的 D（一位朋友）在一片美麗的風景中散步，突然，眼前出現一束光將我弄醒了。我從床上起來，看到朋友就出現在我面前，穿著打扮與平時一樣，好像正要從地面飄向上方的光芒中。他似乎給了我一個親愛的微笑，我感覺這笑容裡包含著深情的分離與告別之意。我跳下床，大聲呼喊：「羅伯！羅伯！」然後靈視就消失了（不久後就知道這個朋友就死於那一刻）。

第二個故事【原註28】是一個男人寫的，那時他住在巴黎，沒有和孩子們住一起。他特別牽掛才五歲的兒子：

1881 年 1 月 24 日，大約是早上七點半，我突然因為聽到他的聲音而醒來了，我以為是自己的想像，然而聲音離我很近。眼前開始出現一團耀眼的不透明白色光芒，我看見最愛的小小臉龐就在這團光芒中心，他的眼睛閃閃發亮，嘴角掛著微笑。這個影子同時伴隨著他的聲音，一切來得又快又突然，根

原註 27： Vol. 1, p. 417 ff. 敘述中還包含了已討論過的臨終之人告別的觀點。
原註 28： Vol. I, p. 444.

本不像個夢；這一切太清晰、太確切了，不能說是我的想象。
而我所聽到的聲音是如此真切，以至於我忍不住環顧房間來確
認他是不是真的在這裡。

　　而這幻影出現的那個時間，正好就是這孩子在倫敦死去的
時刻。

　　在法國也有類似經驗的紀錄。【原註 29】1899 年，自然科學
家兼天文學家弗拉馬利翁（Flammarion）【譯註 33】，在《政治與
文學年鑑》（Annales politiques et Littéraires）發表了一篇關於瀕
死者神祕顯靈的文章，而且像《瑞士觀察家》雙週刊的編輯那
樣，他在文章的最後向讀者徵詢，他們是否也曾看見過瀕死之
人或死者的幽靈，或預感到意外事故等類似的事。幾個月後，
另外兩份雜誌《小馬賽人》（Petit Marseillais）和《期刊雜誌》
（Revue des Revues），也發表了同樣的徵稿。弗拉馬利翁總共
收到了 4,280 封回信，其中 2,456 封表示沒有遇到這種事，另
外 1,824 封則詳細地描述了發生的故事。下面這個女人的來信

原註 29：　卡米伊・弗拉馬利翁（Camille Flammarion），《心靈未知的事物與問題》
　　　　　（L'inconnu et les problèmes psychiques, Paris 1900）。我舉的這些例子都來自古斯塔
　　　　　夫・梅林克（G. Meyrink）的《靈魂之謎》（Ratsel des Seelenlebens, Stuttgart 1908）
　　　　　德文譯本。
譯註 33：　尼可拉斯・卡米伊・弗拉馬利翁（Nicolas Camille Flammarion, 1842-1925），法國
　　　　　天文學家、作家和招魂術（Spiritualism）者。他是一位多產作家，出版著作超過
　　　　　50 種，包含天文學、科幻小說和通靈術的書籍等。他在 1882 年創辦雜誌《天文
　　　　　學》（L'Astronomie），並在奧格列河畔朱維西建立個人天文台。

選自弗拉馬利翁的收集。【原註 30】

　　我有個 15 歲的女兒。她是我的歡樂、我的驕傲。一次，我不得不外出幾天，只好將她留給我的母親在家裡照顧。（亞菲註：當她母親還沒來以前，她就曾夢見她的女兒病了，然後她回來後就出現以下這件事。十天後女孩就去世了。）孩子死去的前兩天，儘管還沒睡著，當時只是閉了眼睛躺在床上。女兒睡在隔壁房間，由保姆看護著。突然間，可以穿透一切的刺眼光芒，瀰漫了整個房間。我大喊保姆，還來不及等她回答，不到幾秒，我就跳下床衝向女兒的床邊。接著光芒褪去，房間裡只有夜燈亮著。保姆嚇得瑟瑟發抖，我問她為什麼那麼害怕，但她什麼也說不出來⋯⋯第二天早上，她說，她見到我的丈夫，他六個月前才去世的，就站在孩子的床邊。

　　另一個故事也選自弗拉馬利翁的書裡：【原註 31】

　　1885 年，我服完最後一年的兵役。我在塔布（Tarbes）兵工廠擔任鐵匠。就在半夜，我被炫目的光驚醒了。我仔細看一下，發現床腳左邊有個發亮的圓盤，裡頭有一盞燈，看上去就像是長明的夜燈。我看不到人，也聽不到聲音，但我有種感

原註 30：　ibid. p. 342.

原註 31：　ibid. p. 83.

66

覺，我的一個表親在房間裡，他那時住在朗貢（Langon）正生著重病。幾秒鐘後，靈視消失了，我再回去床上躺著，心裡嘀咕自己是個白痴。第二天早上，我照常去上班；早上 8 點 30 分，我接到一份電報，上面寫道，我的表親就在那天夜裡一點鐘去世。

下面這段類似的經驗，是出自路易莎‧萊恩的論文〈幻覺的 Psi 經驗〉：

我的母親是去年 2 月 17 日往生的，午夜剛過的時候。那時，她在加州，我在堪薩斯州的威奇托。就在 2 月 17 日這天晚上的 9 點 40 分，我正在臥室鏡子前梳頭髮，這時突然一道強光照亮了整個房間。這經驗十分難以形容。我感覺一陣涼風掠過我的肩頭，聽到宛如鳥兒拍翅的平靜聲音。我朝鏡子看去，看到我母親就站在我椅子後面，就像你所能想像的最美麗的天使。她站在那裡微笑地看著我，足足半分鐘。我喊聲「媽媽」，然後撲向她，而這同時，母親、光和所有的一切都消失了。我忐忑不安地足足顫抖了一個小時。我丈夫回家吃午飯的時候，我把這件事告訴了他，並準備好隨時會接到母親死訊的電話。我確信她已經去世了，我丈夫也這麼認為。果然千真萬確，當天下午一點，我們就接到母親死訊的電話了。

同樣的幽靈報導，也曾經出現在歷史人物身上。其中一則是關於弗呂的聖尼古拉斯（Saint Nicholas of Flüe）【譯註34】，他在死後以閃亮的幽靈形象連續出現了三天。當他的妻子多蘿西婭（Dorothea）去他的墓地祈禱時，一個信使跑來安慰她，並告訴她，他看到死去的尼古拉斯在岩石上閃耀著高貴光芒。【原註32】

　　最後這個案例是來自《瑞士觀察家》雙週刊的來信：一個女人寫道，她的心臟有問題，一工作「就幾乎要累垮了」。

　　某個夏日的夜裡，我在一場談話後整個人就精疲力盡了。我不得不趕緊躺上床。我希望自己的疲憊很快能夠緩和過去。但並沒有如此，情況只是越來越糟，我感覺自己最後的時刻馬上就要到臨。當時，我的四肢出現了從未有過的僵硬。儘管我是相當清醒的，卻沒辦法張口呼喚任何人。腦海裡閃過了一個念頭：「妳就要死了。」接著，我看見門從外面推開了，我想是有人來看我了。可是我的身體越來越僵硬地躺在那裡，好像被深深催眠了一樣，這時候一個閃亮的身影走了進來。它是一

譯註34： 弗呂的聖尼古拉斯（Saint Nicholas of Flüe, 1417-1487）是瑞士的隱士和苦行者，被視為瑞士的守護神。他有時被稱為克勞斯弟兄。他是農人、軍事領袖、議會議員、法官和神祕主義者，被尊為道德正直的人。克勞斯弟兄參與了斯坦斯飲食法（Stanser Verkommnis）的制定，這是涉及瑞士聯邦分合的重要時刻，他的顧問工作防止了瑞士各州之間的戰爭。

原註32： Quoted from Robert Durrer: *Bruder Klaus*, Sarnen, 1917–1921.

67

團濃濃的白光，沒有臉孔，但有著兩隻胳膊一樣的東西。我看不到它的腳，儘管這像是人的模樣在移動的光和氣。它來到我的床腳邊才停了下來，而我是上氣不接下氣地盯著它；這時它做了一個動作，好像將病從我的體內取出，再引向自己的心臟。它指了指自己的左邊，我們人類心臟的地方。整件事持續了也許幾秒鐘。然後，這身影就消失了。與此同時，麻痺的感覺離開了我的身體。我又能夠呼吸了，於是跳下床去，告訴家人發生的一切。

作者寫到有個念頭在「腦海裡閃過」，並且恰恰就在這時候一個閃亮的身影進入了房間——一種內在與外在事件的奇妙對應。這個幽靈與親朋好友都沒有關係，它就是一道無名的光。來信人還對她所描述的幽靈做了補充。有一位朋友「對這種超自然現象極感興趣」，對她說：「或許這是基督以天使的形象出現，祂過來將她從過早的死亡中解救出來。」

* * *

上述的這一系列案例實在令人費解。究竟發生了什麼？幽靈與那些奇怪經驗的人之間，有著什麼樣的心理學關係？它們意味著什麼？

上面這封信所補充的解釋「或許這是基督以天使的形象出現，祂過來解救了我」，為我們的理解提供了關鍵線索。在神

祕主義和民間傳說的傳統中，這一類幽靈被稱為人的「靈體」或「內在人」。煉金術的著作中也有著等同的個體。因為這樣的光亮，他們稱之為「人體內的星星」，或「榮耀折射進入的肉體」（corpus glorificationis），即受榮耀的肉體。在宗教生活中，人們相信，這種靈體就居住在人身上，並且是不朽的，最接近的說法就是聖保羅說的「我身上的基督」。而基督就是「至高無上的光芒」；也就是《尼西亞信經》（Nicene Creed）中所謂的「光中之光」（Lumen de Lumine）。【譯註 35】

這樣的意象，由光本身或發出的光所組成的靈性與永恆之人，有著古老的傳統。這可以追溯到基督教之前的教義：在伊朗神話中「最原初的人」被稱為蓋亞瑪特（Gayomart）或其相應的角色伊瑪（Yima），而後者常常被稱為「閃光的伊瑪」。【譯註 36】

譯註 35： 《尼西亞信經》（Nicene Creed），全名《尼西亞－士坦丁堡信經》（Symbolum Nicaenum），是西方基督教會三大信經之一、東方基督教會唯一的信經（信仰之標）和最古老的禱告之一。這是第一和第二次大公會議關於基督教信仰的一項基本議決，主張聖子和聖靈出於真神而為真神，受生和發出而非受造；確定了神乃三位一體的理論，正所謂「聖父、聖子和聖靈，三位的神本質為一而並無分裂」，而接受並且信奉此信經的有天主教會、正教會、東方正統教會以及其他新教主要教派（包括聖公會和信義宗，或稱路德教派）。

譯註 36： 蓋亞瑪特（Gayomart），意即「會死的生命」，在瑣羅亞斯德（祆教）的神話中是第一個人，也就是人類的祖先。蓋亞瑪特的靈性有著原始牛的靈性，三千年後才有肉體。由他出現的人類第一對男女，而伊瑪（Yima）是他們第四代後裔，從地球被閃光擊中以後出現的光柱裡出生。

最早涉及光的內在存有的說法，是埃及的巴（ba）【譯註 37】的觀念，也就是人的靈魂意象。巴被認為是人的靈性替身，和某一顆「星星」有關，而其象形文字就是一顆星。因此，我們可以將巴描述為人內在的一種星體（starry body）。一般認為它是不朽的。這種將靈魂視為星星的觀念，還殘餘在某些迷信裡：當一個孩子出生，就有一顆星星隕落。

在基督教的諾斯替教派（Christian Gnosis）裡，最初之人是沐浴在光中的這個觀念，也扮演了重要的角色。他相當於邏各斯（Logos），並且認為早在萬物的創造之前就存在了。類似的還有原初人亞當・卡德蒙（Adam Kadmon）【譯註 38】，猶太神祕主義裡的偉大之人或靈性人，以光的性質來顯現；以及盧利亞（Isaac Luria，16 世紀）【譯註 39】的卡巴拉，書上描述他身上放射出多種的光線。最後一點，則是煉金術士，他們的首要目的是恢復被物質所吞沒的「光人」（Man of Light）。

譯註 37： 在古埃及人相信，靈魂（Ka/Ba）是由許多個分體所組成的。除了靈魂的這些組成部分之外，還有人體（稱為 Hau，意思近似「身體部位的總和」）。

譯註 38： 亞當・卡德蒙（Adam Kadmon），即最初的人（Primordial Man），也稱為亞當・伊羅安（Adam Elyon），在猶太教卡巴拉裡，是上帝的無限光芒收縮後第一個存有的精神世界。相對於亞當・卡德蒙的，則是指身體的亞當・哈・利雄（Adam Ha-Rishon）。

譯註 39： 艾薩克・盧利亞（Isaac Luria, 1534-1572），在猶太宗教圈裡被稱「Ha'ARI」（意思「獅子」），是奧斯曼時代在敘利亞加利利區的薩法德，當地社區裡最主要的拉比和猶太神祕主義者。他被公認是當代卡巴拉的創立者，他的教派被稱為盧利亞卡巴拉（Lurianic Kabbalah）。

【原註33】因而，光是其核心奧祕的一部分。古代的大師們十分清楚，絕不能把這個「光人」或「原初的人」僅當作是神聖形象，像是超越俗世的永恆領域中的一個神話而已，而是要把他當作一個真正的人。早在西元三世紀，煉金術士帕諾波利斯的左西莫斯（Zosimos of Panopolis）就說過，塵世人的肉體承載著他內在的靈性人，他的名字是 jws（光）。【原註34】榮格用代蒙（daimon）來稱呼煉金術士的這個「向內的、靈性的人」。這個神話名詞指向一個決定性的心靈因素，也就是自性，在某種意義上，自性就是人的命運，或者是，創造了人的命運。

有關「光之人」和「恆星體」（Sidereal Body）的所有詳盡學說，可以在瑞士的醫生、科學家和哲學家帕拉塞爾蘇斯（Paracelsus, 1493-1541）【譯註40】的著作中找到。他把這些人物形象與某種超心理學現象相連，使我們對這個問題有所瞭解。根據帕拉塞爾蘇斯的理論，肉身之體的旁邊住著半物質之

原註33：　這種想法是源自希臘神話中奴斯（Nous，即精神）被物質（Matter）所吞噬的基礎上。

原註34：　煉金術士的墨丘利神（榮格解釋為無意識的具人化）被標記為斯提爾邦（Stilbon，希臘神話的水星之神），是閃耀的或發光的人。參見 CW 第 13 卷《煉金術研究》（*Alchemical Studies*）之〈精靈墨丘利〉（The Spirit Mercurius）。

譯註40：　帕拉塞爾蘇斯（Paracelsus, 1493-1541），中世紀德國文藝復興時的瑞士醫生、煉金術士和占星師。他的父親也是蘇黎世的醫生兼煉金術士，名叫 Wilhelm von Hohenheim。但他自認為比羅馬時醫生凱爾蘇斯（Aulus Cornelius Celsus, 25 BC-50 AD）更偉大，而稱呼自己為帕拉塞爾蘇斯。帕拉塞爾蘇斯反對自希臘蓋倫所傳承亞里斯多德學派的四體液說，將醫學跟煉金術結合而首創化學藥理，奠定醫療化學的基礎。

體，是它的鏡像。帕拉塞爾蘇斯稱之為「恆星體」（也就是星體）。他在《論瘋狂》（*Liber de Lunaticis*）裡寫道：「人有兩個身體，一個由元素組合成，另一個由星星組合成；因此兩個必須彼此區分清楚。死亡的時候，元素體和它的精神一起進入墳墓，但縹緲／乙太體（ethereal body）則消散在空中，而上帝意象的精神則歸於擁有上帝形象之人。」帕拉塞爾蘇斯認為，即使人死後，人的「恆星體」，就是他的「星體」，還會以死者相近的模樣遊蕩；他這麼寫著，這個體的身體是「精微體」，不需要門也不需要窗就能夠穿過牆，而且不打破任何東西。（這描述與平常對死者幽靈的描述是一致的。）帕拉塞爾蘇斯繼續說，元素體在土地裡溶解了很久以後，這個恆星體才逐漸被其他星體消耗毀盡。

* * *

　　在這些來信中的體驗，顯然與各種不同文化中所發現的「內在人」這個概念，有明顯的類似。「靈性人」這個古老的意象到我們現在這個時代還是存在著，儘管感知到的是相當原初的樣式。我們在與死者靈魂各式各樣的相遇中，「內在人」會披著光亮與榮耀自發地重新出現。這一切的相似性可以追溯到幾千年前，但如果因此將它當作一種傳統在意識層面延續，那就全錯了。相反的，它是暫息在無意識，這個內在的心靈本質，建立在基本的原型結構上的，會以同樣的偽裝和類似的經

70

驗一次又一次地讓自己顯現出來。

　　但還是有一些問題：「偉大之人」的光芒和「鬼」的光芒，究竟意味著什麼，或者是指向什麼？我們必須做進一步的探討，才能找到答案。光的古老象徵作用，常常是和宗教領域有關，幾乎都全是智慧與知識的徵兆。因而我們會在《聖經》裡讀到：「智慧人必發光，如同天上的光；那使多人歸義的，必發光如星，直到永永遠遠。」（《但以理書》12:3）【原註35】智慧、有知識的人是「受到啟示的」【譯註41】，因此在所有宗教中，光環和榮耀幾乎都是聖人和「大智慧者」的屬性。甚至今天，我們仍然聽說，發光的幽靈只與生前特別虔誠或有智慧的人有關。在我們收集的來信中，可以舉出一個典型的例子：

　　那事是在 1911 年。這是我這一輩子到死也忘不了的。那時我 16 歲。我們家共有八個人。我有一個哥哥生下來就腿有殘疾。他從來沒有站起來過，正確地說，他只能用膝蓋站著。像他這樣的殘障人士只能從事坐著的工作。我記得非常清楚，那一年我哥哥 28 歲，他總是習慣性地坐在靠窗的座位上，在那裡做分配給他的工作。或許我還得補充一下，我哥哥沒有去學一技之長，在學校也是跟不上的，因為他沒辦法跟其他孩子

原註 35：　亦可參考摩西從西奈山下來時，臉上發光。
譯註 41：　一般 enlightened 翻譯成開明的或有知識的，但字面上的直譯是「使有光的」或「加以照光的」。

　　　　　　幽靈・死亡・夢境：榮格取向的鬼文本分析 ┤├

一樣規律上學去。他的童年換了一位又一位醫生，也多次住院，但不幸的是，這一切對他的健康毫無幫助。不過，有件事我得提一下：我哥哥讀《聖經》十分勤奮，因此非常虔誠，在許多努力後逐漸坦然接受了命運的安排。他從《聖經》中找到了安慰，或許只是因為他沒辦法享受一般人的歡樂。當時，我父母經營一間客棧，有一次一群演員投宿在此。戲班的人和我們相處了幾天而認識了我哥哥。他們待他非常親切，對他的遭遇表示同情，坐在他身邊陪他聊天，給他帶來許多好吃的。與我們相處的最後一個晚上，他們舉行了歡送會；為了這樣的一個晚上，他們不惜一切花費。那個晚上，當時相當晚了，他們想起我哥哥，當然，他像往常一樣早早睡下了。他們決定去看望他，與他喝一杯告別酒。說到做到。他們肯定沒有任何惡意，只是因為喝多了，四個人上了樓潛入我哥哥房間。我妹妹和我也一起加入了這次夜訪。發生了什麼呢？熟睡的哥哥根本就沒看到這些來訪者，但是這些演員們看到他時卻是嚇得目瞪口呆，躡手躡腳地爬出了房間。

他們看到了什麼呢？我哥哥相當平靜地睡在床上，一圈明亮的光圍繞著他的頭，非常耀眼，我們都看到了，沒有一個人敢靠近他。我們都悄悄溜走了。這時候，演員們變得無比謙和，幾乎不敢高聲說話。這時，他們酒都醒了，坐在那裡起勁地談論剛剛看到的情景。他們說我們家有位聖人。我不知道。除了在圖片上，我從來沒有看到過光環，但可以想像我看到圍

繞在我哥哥頭上的光環肯定是類似的東西，讓我終身難忘，迄今記憶猶新。從那時起，我就對哥哥心存敬畏，儘管再也沒有說起這件事。天啊，當時我們六個人全都看到了這光環。

　　另一個發光的例子是出來自《俄羅斯朝聖者的故事》（*Tales of a Russian Pilgrim*），這本書以匿名的方式描述了一個人的靈性生命、宗教道路和內在經驗。他寫的是一個盲人朝聖者。【原註 36】

　　他感到內心有一股偌大的暖流，一種難以形容的喜悅；在這同時，他被自己的願望深深觸動了，就是希望在禱告時耶穌對他的愛得以顯現，讓他可以不斷地追求自己更臻完美。他經常不時就會看到一道耀眼的光，儘管無法分辨出裡面有什麼或者是什麼。有時，冥想之際，他感覺有著來自蠟燭點燃後強烈的光充滿了他的心，於是一股難以形容的狂喜從他的嘴巴湧出，流遍了全身。在這束來自火焰的光裡，他甚至可以看到遙遠地方的許多事物和許多正在發生的事。

　　這兩段敘述所描述的光，既不是來自意識，也不是來自理智。這指的是一種「內在的光」，或從內在發出的光。啟蒙

原註 36：　這位朝聖者生活在上世紀中葉。Freiburg, 1951. First published in 1884 at Kasan, Russia.

不能透過意志或力量來實現：一個人的啟蒙，就像是恩典或靈感的降臨，來自自發而不可知的源頭。這種「知道」是透過心靈去理解的，是由超越日常世界之侷限的諸多暗示所滋養而成的。這源頭的擬人化就是「內在人」，其身上所表現出來的，就是以光為特徵的智慧與知識的承載者。

煉金術士書寫了許多關於這智慧的傑出之處，還有其中「來自內在的知識」。他們透過煉金術功業（opus），教導我們「心智的眼睛與靈魂的眼睛都必須保持相當的開放，憑藉著上帝從一開始在我們本性和我們內心就點亮的內在之光，來進行觀察和思考」。

我們可以回想一下，那些出現在本書有關人及其命運的這一章節裡，心靈是「如何得以認識」的因素。這顯示了在「內在人」裡住著一種超越意識的「知識」，「內在人」在這裡被描述為「光之人」。有時他也以天使的模樣，或抽象的「嚮導」形式來出現。從心理學的觀點來看，這個命運代理人就是人的自性（self）──他的全部，換言之就是他的代蒙守護神──這裡頭既包含了意識和無意識，也引導著人們抵達自己所不知的目標，也就是他自身。

＊　　＊　　＊

其實，這股屬於「內在人」的光，相當於人們認為是從「彼岸」「散發出來的光」，因為「內在人」是來自超越生命

和意識的未知領域。例如我們也知道，在死亡和瀕死的故事中，有時會提到一束不需要依附在人物或鬼身上的亮光。

我們從一個女孩的來信中發現了這種非凡的經驗。她在姊姊死去的那一刻，產生了一種炫目的靈視，看見天空中掛著巨大的簾子，而後面有一束難以忍受的光。這光彷彿是「天堂光輝」，來自「彼岸」的，就在她眼前打開了片段。

同樣的想法也出現在阿道斯・赫胥黎（Aldous Huxley）的小說《時間必須停下來》（*Time Must Have a Stop*）【譯註 42】中，是關於人死後經驗的幻想，其中描述了靈魂如何逐漸溶解在一束光中，而這一開始是讓人覺得難以忍受的。

「彼岸」的意象以光的方式出現，可以在許多文明的宗教文獻中看見。因此，我們在《西藏度亡經》（*The Tibetan Book of the Dead*）【原註 37】【譯註 43】中讀到，人死後靈魂會感受到

譯註 42： 阿道斯・雷歐那德・赫胥黎（Aldous Leonard Huxley, 1894-1963），又譯阿道司・赫胥黎，英格蘭作家，屬於著名的赫胥黎家族。祖父是著名生物學家、達爾文演化論支持者湯瑪斯・亨利・赫胥黎。他於 1937 年移居洛杉磯，直到 1963 年去世。他以小說和大量散文作品聞名於世，最知名的是《美麗新世界》。他是一個人文主義者，晚年對通靈題目如超心理學和神祕主義感興趣。在人生的最後階段，赫胥黎在一些前衛學術圈被認為是現代思想的領導者，位列當時最傑出的知識分子行列。《時間必須停下來》是赫胥黎的小說，1944 年出版以年輕的詩人塞巴斯蒂安・巴納克（Sebastian Barnack）為主角，他與享樂主義的叔叔在佛羅倫薩度假一連串的哲學討論。這標題取材自莎士比亞《亨利四世》中霍特布爾的死刑演講：「但思想是生命的奴隸，而生活是愚蠢的。至於時間，為了對全世界進行調查，必須停下來。」

原註 37： cf. *The Tibetan Book of the Dead*, London 1957.

譯註 43： 《西藏度亡經》即《度亡經》，又譯為《中陰得度法》、《中陰救度密法》、

　　　　　　　　　　　　幽靈・死亡・夢境：榮格取向的鬼文本分析

一種耀眼的光，被稱為「光明」或「原初之光」，或「法身」
（Dharma-Kaya）【譯註44】之光。「法身」這狀態是完全開悟的
境界。

　　猶太神祕主義也知道同樣的光。《光明篇》（*Zohar*）【譯註45】是教義深藏的一本書，被認為是卡巴拉最重要的書，談論 74
到在一切造物發生之前先行出現的永恆「光芒」，而且是深深
隱藏的。從這光芒，源生出了造物的所有其他字詞和造物的
所有力量。這隱藏的光是與《創世記》開篇的神祕（「起初
……」）是相對應的，或者說這光本身就是那個神祕。然而，

　　　《中陰聞教救度大法》等。作者為八世紀印度高僧蓮花生大師，該書依照佛教義
　　　理介紹了人離世後處於中陰階段的演變情形。該階段最長 49 天，然後開始下一
　　　期生命。

譯註44：　Dharma-Kaya 是佛陀三身（梵文 Trikāya）之一，佛的一切智，超越二元分別的
　　　智慧。在大乘佛教理論中，佛具有三種身：應身（變化身；梵文 nirmānakāya，
　　　藏文 sprul sku）、報身（受用身；梵文 sambhogakāya，藏文 long spyod rdzogs pa'i
　　　sku）、法身（自性身；梵文 dharmakāya，藏文 rdzogs sku）。身（kāya）即聚集之
　　　義，聚集諸法而成身。應身（變化身），是諸佛為度化眾生，為行法而權現世間
　　　的色身，如釋迦牟尼佛之肉身。報身（受用身），是諸佛所修功德感報之圓滿色
　　　身。法身（自性身）：部派佛教以戒定慧及解脫、解脫智見為「五分法身」，此
　　　法身不生不滅，無二無別，常住湛然，名為如來藏，遍在諸眾生身，主張觀諸法
　　　空，是為見佛法身。此三身之關係，如月之體、光、影，稱為一月三身。具體言
　　　之，法身之理體是唯一、常住不變，故以月之體為喻；報身之智慧由法身之理體
　　　所生，能照明一切，故以月光為喻；應身具變化之作用，從機緣而現，故以月影
　　　映現水面為喻。

譯註45：　《光明篇》，或稱《光輝之書》（Zohar，字面意思是光輝或者光芒），是卡巴
　　　拉思想中最長且最重要的文獻。《光明篇》是卡巴拉對於希伯來聖經《舊約聖
　　　經》的註解，書中探討了上帝的本質、宇宙的起源和結構、靈魂的本質、贖罪
　　　等。

————————｜第三章　鬼　　　　　　　　　　　　　　　　　149

最初之光與上帝創造的光是沒有任何關聯的。【原註 38】

＊　＊　＊

假如我們把光的象徵意義，也就是智慧和「知識」，運用到「彼岸之光」中，就可以在《聖經》中發現十分近似的地方，也就是上帝的「無所不知」，是先於所有的存有，並且比這一切還更流長。【原註 39】不朽的知識和「彼岸」似乎是在一

原註 38： G. 蕭勒姆（G. Scholem）【譯註 46】的《創造之謎：光明書的其中一章》（*Die Geheimnisse der Schöpfung. Ein Kapitel aus dem Sohar*, Berlin, 1935.）。

譯註 46： 格哈德・蕭勒姆（Gerhard Scholem, 1897-1982）在從德國移民到以色列之後，改名為格爾肖姆・蕭勒姆（Gershom Scholem），是出生在德國的以色列哲學家和歷史學家。他被公認是卡巴拉現代學術研究的創始人，成為耶路撒冷希伯來大學第一位猶太神祕主義教授。他的親密朋友包括瓦爾特・本雅明和列奧・史特勞斯。蕭勒姆最著名的是他收集的講義，《猶太教神祕主義主流》（1941）和他的傳記《薩貝塔伊・澤維，神祕的彌賽亞》（1957）。他在《論卡巴拉及其象徵主義》（1965）內所收集的演講和散文，有助於在猶太人和非猶太人中傳播有關猶太神祕主義的知識。因為榮格弟子諾伊曼的緣故，曾多次參加艾瑞諾斯會議。

原註 39： 有個事實是我們所熟知的，就是光的靈視被理解為經驗到了上帝，或將上帝比作光，這在許多神祕主義者的著作中占有重要地位。聖奧古斯丁在《懺悔錄》（*The Confession*）第七章第十節這麼寫著：「我用我靈魂之眼看到了那恆定不變的光，（這是比太陽）更明亮、更燦爛，而且伴隨著它的偉大而占滿了整個太空。如果懂得它，就懂得什麼是永恆。」我們也可以引用梅格杜德・馮・馬格德堡（Mechthild von Magdeburg）【譯註 47】的「神格的流光」，或約翰內斯・陶勒（Johannes Tauler）【譯註 48】，他宣講「神聖之光」比所有其他光芒還更高，或赫德嘉・馮・賓根（Hildegard von Bingen）【譯註 49】關於「活光」及其極樂的靈視。

譯註 47： 梅格杜德・馮・馬格德堡（Mechthild von Magdeburg, c.1207-c.1282）是一位基督教神祕主義者，第一位用德語寫作的神祕主義者。她可能來自高貴的家庭，受過良好的教育。12 歲時，經歷了第一次神祕的經驗。當她獨自一人時，「聖靈以一種極其幸福的方式向我打招呼，我永遠都不會把自己獻給每天的重大罪惡。」大約 20 歲時，她搬到了馬格德堡。1250 年左右，在懺悔者多米尼加修會的海因里

　　　　　　　　　　　幽靈・死亡・夢境：榮格取向的鬼文本分析

起的。從「彼岸」與亡靈的光輝之間的密切關係，或與伴隨著它們的光之間的密切關係，可以得出這麼一個奇怪的結論：這似乎使得死亡，也就是自我意識的毀滅，同時帶來了知識上極大的拓展，可以說是「啟蒙」。從宗教的角度來看，這可能意味著亡者的靈魂參與了知識的這種神聖狀態。它們似乎參與了神聖存有，或本身成為了神聖。因而我們在《西藏度亡經》中讀到，剛剛去世的人的意識是「發光的、空無的、無法從光芒四射的偉大軀體中分割出來的」。的確，這樣的意識本身就是「不變的光」，因此，我們將死者稱呼為「阿彌陀佛」。【原註40】

　　不過，這一切，還有關於死後「知識」狀態的類似主張，嚴格地說來，只能被當作對完全未知事物的比喻性暗示。沒有任何關於這一切「先驗性現實」的證據，也永遠不會有。從心

　　　　希・馮・哈雷（Heinrich von Halle）的鼓勵下寫了他們的神祕經驗，並幫忙整理了她的筆記，成為七本《神格的光芒》（*The Flowing Light of the Godhead*）中的前六本。出版後引起轟動，引起教會的批評，導致她在隱祕的西多會修道院赫爾費塔度過晚年，同時完成了第七本。

譯註 48：　約翰內斯・陶勒（Johannes Tauler, 1300-1361）是德國神祕主義者，羅馬天主教神父和神學家。他是埃克哈特（Meister Eckhart）的門徒，屬於多米尼加會。陶勒被認為是最重要的萊恩地域神祕主義者之一。他提升了當時多米尼加精神的某種新柏拉圖主義的維度。

譯註 49：　赫德嘉・馮・賓根（Hildegard von Bingen, 1098-1179，天主教譯聖賀德佳，聖公會譯聖希爾德格），又被稱為萊恩河的女先知（Sibyl of the Rhine），中世紀德國神學家、作曲家及作家。天主教聖人，教會聖師。她擔任女修道院院長、修院領袖，同時也是位哲學家、科學家、醫師、語言學家、社會活動家及博物學家。

原註 40：　*Tibetan Book of the Dead*, loc. cit., p. 52.

理學的角度來說，這就好像是放大作用，可以用來支持超感知覺（ESP）就是指向無意識的「知道」，這部分遠遠超越了意識的知識。榮格將其描述為無意識中的「絕對知識」。人只有在被無意識接觸時，才能參與到那種知識中；只有日常的意識之光暗淡或熄滅了，內在之光才能閃耀。這一點將在關於時間與空間之相對性和共時性的第四章中詳細討論。

死亡時，知識與意識將因此而擴展的理念，在過去還算是常見的。神祕經驗的啟動，以它們的方式讓意識相當程度地擴展，而這種擴展也可以視為死亡之前的準備。在密特拉神教（Mithraic mysteries）中，十分顯然的，對太陽的認同合一是一個人可以達到的神祕精神（myste）的最高境界。這樣的「圓融」（solificatio）代表著啟蒙。在神祕道路的終點等待著這神祕精神的是容貌光顯，根據古老的信仰和意象來看，必須透過死亡才能經由靈魂來體驗。

* * *

如果我們要有這圖景的完整面貌，就必須簡單地提一下，對「超自然的」光—現象的某些描述，其實並沒有出現解脫、開悟或內在寧靜，反而是恐懼或可怕，那是因為這些光來自邪惡或未被救贖的靈魂。在這類的經驗和傳說中，光—現象本身明顯衝突的特質，是那些原型意象的內容尚未被意識所吸收，因而反映出這些原型意象的猶豫矛盾。如果要進入意識層面，

76

就必須要能區辨，同時具有將某種價值或某件事與其他價值、事件區分開來的能力。

因此，如果只考慮內在光的「神聖性」（heavenly nature）是不夠的，到目前為止這種「神聖性」在前面的文章裡已經引用得夠多了。而如果我們想要理解光的象徵特質，光象徵作用裡隱藏起來的另一面也就必須要好好提到。有項古代文獻的研究透露了乍看令人震驚的一個事實：聖靈和神聖啟示中的「天堂」或「天靈」（heaven spirit），不能認定為內在光與啟蒙的唯一來源。有一個古老甚至祕密的傳統，可以回溯到埃克哈特大師（Meister Eckhart, 1260-1329）【譯註 50】，阿格里帕・馮・內特斯海姆（Agrippa von Nettesheim, 1486-1535）【譯註 51】，帕拉塞爾蘇斯（Paracelsus, 1493-1520）【譯註 52】，以及諸位煉金術士的時代，認為還有第二種內在光與智慧的來源，也就是自

譯註 50： 埃克哈特大師（Meister Eckhart, 1260-1329），本名埃克哈特・馮・霍赫海姆（Eckhart von Hochheim），德國神學家、哲學家和神祕主義者，出生在神聖羅馬帝國圖林根州。十多歲時便加入道明會並任高級職務。他對講道方法、對德語哲學術語的創制都有重大的貢獻。他所關注的最主要問題是日常生活中持續精神實踐的原理的傳播。然而他的非傳統、甚至是挑釁性的言論，常常與當時普遍的信仰相牴觸。比如他認為，「靈魂的根基」不像所有的動物是被上帝所創造的，而是神聖的、非受造的。靈的原因即神性，是瞬間表現的。作為一個神祕主義者，他影響了日後的哲學，包括叔本華、德希達等；也影響了精神分析，包括榮格、佛洛姆、以及比昂等人。

譯註 51： 阿格里帕・馮・內特斯海姆（Agrippa von Nettesheim, 486-1535），文藝復興時期歐洲哲學家和卡巴拉學者之一。他撰寫了為後世所廣泛歡迎的關於魔法的論文《神祕學》（1501 年）。

譯註 52： 帕拉塞爾蘇斯（Paracelsus, 1493-1520）見譯註 40。

然。帕拉塞爾蘇斯將這一點以下面的話充分表達出來：「因此，這世界上有兩種智慧，一種是不朽的，一種是終須一死的；不朽的智慧直接來自聖靈之光，而另一種則直接來自於自然之光。」【原註41】

有人可能會將「自然之光」稱為「路西法光」（a Luciferian light）：從路西法的名字來看，就是意味著「光之使者」。

在我們的來信中，有兩段陳述值得一提：

大約55年前，當時我才20歲，在一家牛奶廠工作。每天，我都得把一千多夸脫的牛奶送去鎮上。牛奶必須在早上八點之前送到賣牛奶的地方。因此我們子夜就得開始工作，準備好牛奶和黃油，一一裝好，並且將馬餵飽。我們村裡流傳著一個故事，說山腳下的磨坊住著一家人，有個女人在那裡殺死了她的孩子。每天晚上在一個固定的時間，都能看到她牽著她的孩子走出磨坊。當然，這喚起了我的好奇心。我每次走過磨坊時都會睜大眼睛。後來有一天晚上，我突然發現自己和我的馬車置身於一團光中，這團光甚至還閃著光芒。我能看到馬後面旋轉著的光的中心。最強的光可能持續有五秒鐘。三匹馬都受驚了，嚇得跳起來。但一切很快就消失了，漆黑的夜色重新籠罩著我，連我馬車的燈也熄滅了。三匹馬向前飛馳，衝向山

原註41： Philosophia Sagax, in C. G. Jung, *Alchemical Studies*, Col. Works, Vol. 13, Para. 149.

下，幸虧我抓住了韁繩，努力控制好瘋狂奔跑的馬；但即使快到鎮上了，我還是沒能讓牠們完全平靜下來。

還有一個人寫道：

我和我媽媽曾遇到過這樣一件事。天黑了，我們走在通向樹林的路上，溪水從我們身邊潺潺流過。突然，我們看到堤岸上有一盞點亮的蠟燭，光越來越亮，最後把周圍都照亮了。在亮光中心，我們看到溪邊有一對真人大小而緊緊擁抱在一起的透明男女。我說不清這件事意味著什麼。但我知道，幾年前這地方有個女孩跳河殉情。

* * *

比起那些遇見「容貌光顯」的亡靈而言，這些例子是較不精彩的。但它們的目的僅是顯示出某種氛圍，與周圍全是「光芒四射的死者」是完全不同的。這種對比和光象徵的矛盾本質相互一致的，既是「神聖的」又是「邪惡的」。這一切所象徵的，不僅是被救贖的狀態，也是未被救贖的狀態。所以，傳說中夜裡看到的「發光侏儒」，就是那些未受洗孩子的未被救贖的靈魂。

作為這一段的總結，我想引用一個夢中出現的非同尋常的發光幽靈。這是榮格在一次談話中告訴我的。

78

他有一個女患者，做夢夢到房間的窗簾上掛著許多發光的球。這夢的結構很奇怪，與她其他的夢大大不同，使得榮格得出這樣的結論，認為患者很快就會發生超心理事件，所以提醒她留心觀察。幾天之內，確實發生了下面的現象：患者睡覺時總是在床頭櫃上放一個玻璃杯。一天早上，她才剛剛醒來，就聽見一聲巨響，杯子的上半部裂開了，裂成完美的圓圈或環形，邊緣是完全光滑的。

榮格把夢裡的那些光球解釋為心靈能量分裂碎片的象徵。這種碎片化是因為一次尚未進入意識的移情所產生的結果。這些解離出去的量子能量，會試圖在人格中重新整合，才能恢復那些丟失或「分裂出去」的整體。然而只要這一切保持著投射或「外化」（exteriorization）的狀態，就能夠產生出各式各樣的超心理現象，比如牆壁或家具內部傳出的敲擊聲，或是移物念力（psychokinetic）所造成的物體移動。

在這裡最有趣的一點是這現象的象徵類比：在患者的分析過程中，人格如何逐步恢復而形成圓滿是分析議題之所在，而發光球體和玻璃圓環這兩者也都可以視為環形的圓滿象徵。而進一步地，在夢裡以及在超心理事件裡，彷若有個有意義的象徵意象出現了。而這一點確實是個療癒因素，因為象徵是心靈能量產生轉化的一種方式。【原註42】對榮格的患者來說，這現

原註42： Cf. C. G. Jung: "On Psychic Energy" in *The Structure and Dynamics of the Psyche*, Col. Works, Vol. 8.

　　　　　　　　　幽靈・死亡・夢境：榮格取向的鬼文本分析

象幫助她意識到原本心靈的圓滿中失落的內容，彷若是準備著
即將發生的轉化。

　　將超心理幽靈作為能量現象來解釋，既不能解決這些究
竟是什麼，也沒能提供任何最終的答案。在發光球體和讓玻
璃破碎的謎樣現象裡，原始人必然會將這當作某位祖先或某些
祖靈顯靈的結果，而我們如果將這些具體化（personalized）的
「部分靈魂」當作是先天遺傳的心靈事實，也許就不會錯得太
遠。這些球體，能量的合一體，可以看成夢裡出現的「部分靈
魂」，不是以具體化的形式，而是以幾何的形式出現的。

＊　＊　＊

　　這些來信者，對於「鬼」作為一個具體的現實存在，從
未有過任何懷疑，也從未嘗試任何形式的解釋，但超心理學對
鬼魂現象則有兩種可能性的解釋。一種是所謂的「唯靈論」
（spiritist theory）【譯註 53】，這理論認為鬼是存在於人類心靈之
外自成一體的自我存有（無論它們的性質如何）。另一種是所
謂的「泛靈論」（animist theory，又譯萬物有靈論），認為鬼

譯註 53：　唯靈論（spiritist theory 或 spiritism）是一種在法國 19 世紀中葉興起的哲學學說，
　　　　　由希波呂特・萊昂・德尼扎德・里瓦伊爾（Hippolyte Léon Denizard Rivail）以筆
　　　　　名艾倫・卡德（Allan Kardec）創立。「唯靈論」此名來自法語日常用語，但後來
　　　　　普及後，此詞也被納入學術文獻。唯靈論假定靈魂永恆不死，只是暫時寄居在肉
　　　　　體中獲得進步。唯靈論還主張，透過被動或主動媒介，無形的靈魂對物質世界可
　　　　　能產生善或惡的影響。

一般的魂體之所以聽得見或看得見，是心靈內容的外化或向外投射，而這也就是幻覺。【原註43】

　　有關鬼魂的這兩種「非此即彼」互相矛盾的解釋，都是極度難以讓人滿意的。問題來了：在所謂的科學領域裡，任何問題都不會找不到清楚明確的答案；所以，我們也許該將這一切視為科學領域的邊緣地帶？正如現代物理學已經證明的，這樣的邊緣地帶是無限小的原子世界和無限大的宇宙。在物理學中，有一個簡單而熟悉的例子，一種雙重性、甚至矛盾性的解釋是必要的，也就是光的本質：一方面可以解釋為粒子，另一方面可以解釋為波。這兩種解釋都是有效的，它們是互相排斥而在一定意義上又是互補的。觀察者可以自由地根據任何一種假設來計畫他的實驗。但他必須認識到，在選擇某一條路線的同時，也就自動地排斥了或「毀掉」了另一條路線。

　　同樣的，超心理學也必須被視為科學的邊緣領域。在這裡，時間、空間和因果關係已經得以終結，就像在原子物理學的領域一樣。超心理學還全然在可能性的範疇裡，也就是有關這一切超心理現象的明確解釋是還不夠充足的；而有一天，這兩種理論或兩種可能的解釋（唯靈論和泛靈論／萬物有靈論）可能可以證明是既互補又互斥的，就像光的粒子理論和波理

原註43：　為了避免誤解，這裡必須特別說明，投射不是想要就要，也不是想不要就不要的。它們就這樣「出現」了，而且一旦知道這些是投射時，必然是已經整合到意識裡了。

論。這樣來看，在夢中（或靈視中）看到相同的現象似乎是令人吃驚的，因而，不論是在絕然的心靈領域，還是在「具體的現實」，也就是外面的世界，這現象都可以是獨立於感知者之外的實體。這一事實似乎可以說，問題的雙重解答是可行的。但即便如此，就像光理論那樣，真正具有決定性的是觀察者所採納的觀點，而這裡也一樣，儘管兩種理論都可能有效，然而一旦遵循某一種，就會排斥另一種。

在目前的研究工作裡，尤其是有關共時性現象的章節中，我們必須再度面對這些反思，而且就算給不出任何終極答案，至少足以展現這兩者都是禁得起考驗的假說。

白鬼 81

將幽靈描述為白色的鬼，是非常接近於發光的鬼。先提幾個例子，讓讀者對這情形有些初步的印象。

一個女人寫道：

我夢見我姊姊從陽台走進我的房間，穿著一件白色長裙。我急忙而興高采烈地迎接她；就在這時，傳來響亮的敲門聲。我讓她等一下，跑向門口，但那裡沒有人。我又折回來，依然興奮著姊姊的到訪，但房間卻空無一人。兩天後，我收到了姊姊的死亡通知書。

另一封來信中，我們讀到：

凌晨兩點，母親在呼喚我的名字。我醒來，快快跳下床。母親就站在那裡，她不像平常那樣穿黑衣，而是穿著白色衣服。她親吻我，與我道別。儘管那年我已經 31 歲了，但還是渾身發抖，徹夜無眠，因為我知道，我母親前來告別似乎意味著什麼（事實上，不久以後母親就去世了）。

一個孩子有下面的經驗：

一天晚上，我非常清醒還沒入睡，一個白色的身影走進了房間，向我俯下身，然後又走到另外一張床，向我兩個睡著的妹妹俯下身。我立刻有這個念頭：「這是我哥哥漢斯，他從蘇黎世回家了。」但白色身影又經過我的床，像鬼魂一樣消失了。我們吃早午餐時，母親把我看見的事講給農場工人聽，他馬上說道：「你們最好有所準備。家裡要死人了。」三個月後，我哥哥生病回到家，不久就死了。

還有一個故事：

82   一天晚上，我有了一個奇怪的靈視。一個白色的身影走過我的床。我搖醒我丈夫，問他有沒有看到。早晨，門鈴響了，

送來了一張電報，上面說，我嫂嫂死於中風。

一個女人寫道：

1937 年 3 月，凌晨四點到五點之間，我做了一個夢。我看見一個房間那麼大的地方，整間都是白色裝潢，堆滿了白色而盛開的花，是我從未見過的景象。這一幕太奇怪了，以至於我情不自禁地繼續想著，並告訴了我女兒。但我們不知道這意味著什麼。第二天下午，我們嚇呆了，一個姪子捎來消息說，我一個 22 歲的姪女就在那個夜裡死了。

另外三個發生在其他國家的例子，或許可以引用作為比較。這種經驗的相似性是顯而易見的。前面提過弗拉馬利翁那本《靈魂之謎》，有個人講述了他年輕時代的一段往事：【原註44】

晚上，我像平常一樣九點就去睡覺了，但怎麼也睡不著。我聽著鐘聲一小時敲一次，時間彷彿永無止境。我向窗外望去，看見皎潔的月光照進房間。突然之間，亮光移向我的床，然後凝聚為一件長長而純白的袍子，而我看見一個白色的人走

原註44： op. cit. p. 61.（譯按：指原註 29，古斯塔夫．梅林克為弗拉馬利翁代編的《靈魂之謎》。）

過來，站在離我很近的地方：一張甜蜜而削瘦的臉對我微笑著。「萊昂廷！」我大叫了一聲。然後亮光逐漸褪去，消失在我的床頭。後來我聽說，我的小朋友萊昂廷就是在那個時候去世的。

還有一個例子：[原註45]

貝娜汀是一個沒受過教育的老僕人，她從未聽說過招魂術。人們說她喜歡偶爾喝幾杯。一天晚上，她去地窖取啤酒，但馬上就激動地回來了，她說，她看見自己的女兒一身素白，對她說：「再見了，媽媽。」女兒住在美國，而且沒過多久以後，她便收到消息，原來女兒就是死於那一刻。

在一本前文提過的集子《生者世界的幻影》（格尼、梅爾和波德莫爾合著）中，有如下的記述：[原註46]

當聽見有人敲門時，我正站在梳妝檯前。我打開門，小 G（一個表妹）站在那裡，穿著雪白的睡衣，對我微笑，而當我想更靠近去看時，身影消失了（小女孩就是在那個時候死去的）。

原註45： ibid. p.60.
原註46： op. cit. Vol. II, p. 521.（譯按：即原註26。）

這些有關白鬼的報導，不管這些白鬼是不是真的代表死者或預言了它們所代表的親人的死亡，都是與死亡和瀕死有關。

　　這裡引用的兩個例子都是夢裡的經驗，而其中一封信談到了靈視。但這三份記述對於當事人是「清醒」或「相當清醒」，都沒有加以區分。在兩個例子裡，「幽靈」有相同的行為，履行著同樣的目的：都是宣告死亡或疾病，並且以相同的「白色身影」出現。做夢般和發生在「外在」世界的經驗這兩者的相似，是非常重要的。這一點在我們相關理論的思考上已經有了一席之地，接下來也將如此。

　　為了回答白色究竟意味著什麼，我們必須考慮到它的物理性質。白色是純粹而未繞射分解的光。正如光譜所顯示的那樣，純粹的光包含了所有的顏色，但表現出來的卻是無色，而這種顏色上的缺乏，被眼睛視為白色。只有當光繞射而形成光譜，或者說，透過物體而折射，各種顏色才會出現。

　　如果從這個觀察出發，我們不妨大膽地將白鬼暫時做出如下解釋：「白色」強調的是鬼和彩色的區別；而顏色，豐富而多樣，意味著生命。另一方面，白色就是沒有生命，代表著死亡或彼岸。在煉金術中，白色是月亮，相對於紅色，那是太陽的顏色——而且，月亮是無意識的領域。 84

　　如果我們任由想像馳騁，就會驚奇地發現，這樣的類比是到處皆是：顏色隱藏在光之中，意象和意識就隱藏在無意識裡，而——誰又知道？說不定，生命就在死亡的內部。

曾經貼近過死亡的人們會說，在那一刻他們感覺到彷彿生命所有的具體細節，包括所有的感受和牽絆，全都溶解了，或是從他們身上撤離了；取而代之的是，他們所有的存在，同時以朝內和朝外的方式，所有塵世的命運以它原來的狀態，全都凝聚為高度純粹的精神實體。「所有過去曾經的我，就是現在的我。」當所有的圓滿在這一瞬間凝聚一起時，如果經由這個所有顏色融合一起所形成的白色或白光來象徵，將會是相當美好的。

曾經死裡逃生的人們分享說，在短短幾秒內，他們看到了自己的一生在心智內在的視野裡出現，而且，依先後順序呈現出來。著名的瑞士科學家艾伯特·海姆【譯註54】描述了他是如何在桑蒂斯山往山下滑雪時失控了，向下墜落了約 20 碼，整個頭部是朝下的。「在這五或十秒鐘的時間裡我所想到的東西，用五或十分鐘的十倍也無法說完……對我來說，我看到了我的一生，在眼前不遠處的舞台一幕又一幕地上演了，而我自己就是這場戲的主角。而所有的這一切，可以說，是透過天堂之光變形而美化了，而且是十分壯麗，所有的痛苦、恐懼和煩惱全都擺脫了。」【原註47】

譯註 54： 艾伯特·海姆（Albert Heim, 1849-1937）是一位瑞士地質學家，以其三卷《地質學家德·史威茲》著稱。他因對阿爾卑斯山結構的研究，以及由此對整個山體的結構所散發出的光芒而特別傑出。

原註 47： Albert Heim, *Notizen über den Tod durch Absturz*, Jahrbuch des schweiz. Alpenclubs, Jahrgang XXVII, 1892.

　　白色與死亡的親密關係在很多地方都可以看見的。比如說，許多黑人部落會將屍體塗上白色黏土，代表著可以轉化為祖先的靈魂。在馬其頓，據說死者的靈魂常常隱藏在白貓和白狗身上。

　　對某些族群來說，白色是喪服的顏色；而對另一些族群來說，喪服是黑色的。這並不矛盾：它只是象徵了另一個面向。黑色強調的是我們面對死亡的看法：哀悼、告別、或許還有內疚；而白色則是指向另外一個世界，代表著生命的各個面向都消失以後，所有塵世牽絆的感情都會消解。世界各地裹屍布的顏色差不多都是白色的；即使以黑色代表哀悼的地方，人們還是喜歡用白色花環作為葬禮花環。白花意味著我們遠離塵世的苦難以後所到達的純潔和救贖，因而人們得以慰藉（新娘的白色，可以從心理學和神話中婚禮與死亡的密切關係裡找到解釋）。

　　以下這個夢是相當鮮明的例子，描述了白色與黑色在人類死亡那一剎那的相互關係。書寫者給她這個故事取了一個標題：「一個夢和一件真事。」

　　我做了一個夢，幾個小時後，終於才明白這讓我十分恐懼的夢真實的含義。我站在蔚藍小湖邊，對岸是莊嚴樹林包圍的草地，我看到了我親愛的丈夫。他一動不動地站在那裡，彷若一尊聳立的大理石雕像，全身雪白。整個場景，加上明淨的湖

池，構成了一幅美妙的畫面：藝術家心中的美好作品。接著，在我旁邊有個黑色的東西游向我，到了腳邊就調頭了。我抬頭看我的丈夫，擔心他也看到這個東西。

然而它前後來回就是要碰到我，我立刻捧起它藏在衣服裡，免得丈夫看到它。

沒多久，也許幾個小時後，我醒了過來，忽然意識到這個夢預言了我們美滿幸福婚姻的終結。

　　　正如這夢一樣，丈夫站在更美麗的岸邊，將我孤零零地留下，一個人獨自地面對黑色的東西——這就是我對這個夢的解釋。

作者自己對這個夢一體驗的解釋，幾乎是指出所有的含義了。這解釋是令人信服，而且是擊中要點的。而游過來的「黑色東西」似乎是個動物，是屬於這一邊的，也就是生命的這邊。這強調的是移動。而白色，這一動不動雕像般的形象，則屬於死亡或彼岸。

不過，有個細節要好好描述，這解釋才算完整。夢中丈夫看起來像一尊大理石雕像。這意象意味著人轉化為石頭，而這樣的轉化相當於煉金術的功業。煉金術士這樣寫著：Transmutemini in vivos lapides philosophicos，意思是：將你自己轉化為活生生的哲人石吧。[原註48] 煉金術士的哲人石（lapis

---

原註48：　對於哲人石的心理意義，請參考《心理學與煉金術》，即《榮格全集》第12卷。

philosophorum）是他們諸多的隱喻之一，指的是他們辛辛苦苦所創造出來的珍貴東西。在這樣的一致性特質中，石頭表現出了持久與不朽。正如榮格所言，在心理學中，「哲人石」相當於人的圓滿狀態（wholeness）——而這正是漫長的心理功業（opus）所追求的目標，也就是人的個體化／自性化歷程，而這相似性對古代的哲人們，也就是煉金術士而言，並非一無所知的。

　　然而，在這個現實的世界中，人事實上幾乎不可能達到圓滿狀態，就好像「哲人金」或「哲人石」實際上從來沒有被發現或製造出來一樣。「這（個體化歷程的）目標唯有在作為一個念頭（idea）時是重要的；而最要緊就是引領人們邁向這目標的藝術：這是人一生的目標。」【原註 49】

　　然而，正如來信中所寫的那樣，轉化成為石頭（大理石雕像）看來是顯現出人的圓滿狀態，從某個角度來看，是透過死亡才能獲得或形成的。在死亡那一刻，「四散的部分靈魂」又重聚在一起，以及前面有關死者作為「發光的鬼」出現的故事裡，在這兩者中我們能找到類似的暗示，這也可從與「內在的、更大的人」（自性的象徵）的關係裡得到證實，甚至在死亡瞬間人的一生經驗都濃縮為一個片段，也可以得到證實。然而，關於意象的內容及相關的解釋最好到此為止。心理的解釋

87

原註 49： C. G. Jung, "Psychology of the Transference," in *The Practice of Psychotherapy*, Col. Works. Vol. 16, p. 200.

是沒有目的的，只是為了更清楚地闡明心靈所自發出現的許多告白與各種顯現當中的意義。為什麼當中包含著這些意象，而這些現象的背後是否存在著一個先驗的現象，這一切都是我們無法回答、也永遠不能回答的問題。

「白色女人」的幽靈

前面一章討論的鬼，大部分都是死者或臨終者的親朋好友看到的幽靈。但也有記述是與任何人都沒有親密關係的鬼。我最感興趣的就是這些非個人或不知名的鬼。

來信中有四個例子，我們可以視為具有非個人特徵的「白色女人」的幽靈。

一個人寫道：

那是三月的霜凍寒夜，月光皎潔。我們家的習慣是九點上床睡覺。我和我弟弟在一個房間同睡一張床。我父親跛得很厲害，人們說，他有他的「旁門左道」。每天晚上這個時間，他都會離開自己的房間。而我每晚幾乎都會醒來，因為父親會穿著他的木屐夜行。我弟弟繼續熟睡。那天晚上，我聽見父親要走出去，正打開通向走廊的廚房門。當正要重新躺下時，我注意到父親的腳步突然停了下來。這不是他一貫的做法，我立即豎起耳朵傾聽。

「小伙子們！」他大聲喊道：「快來啊，小伙子們！小伙子們！」我們都是16、17歲身強力壯的小伙子。我們像閃電一樣穿好褲子和鞋子，跳下床衝了出去。父親筆直地站在那裡，指著我們鄰居家的農場。不用他說什麼，我們都親眼目睹了。

88

一棵蘋果樹的樹幹旁斜靠著一個女人，穿著白衣，垂著辮子。父親命令道：「抓住她，她可能是從什麼地方逃出來的。」我們跳了下去，我和弟弟左右包抄，以百米衝刺的速度跑向蘋果樹。就在我離這個神秘的幻影才幾呎的時候，我問她在幹什麼。我永遠忘不了後來發生的事：兩隻烏溜溜的雙眼緊緊盯著我，幽怨地哀求我，不要打擾她。

接著，父親命令我們抓住她。當我想抓她右手臂，我弟弟抓她左手臂時，我們卻撲了個空。她帶著一絲淡淡歉意的微笑，從我們眼前溜走了，似乎為了尋找一個安全的地方，而站到下一棵蘋果樹下。我們馬上跟上。當快到她身邊時，奇蹟發生了。她身上好像有股看不見的力量一樣，立刻又飛快地從我們身邊溜走了，而下一瞬間，身影完全消失了，就像被大地吞沒了一樣。我們兄弟倆站在那裡面面相覷，這一切都超出了我們的理解。我們有些慚愧地回到父親那裡，他只是粗暴地問我們：「你們怎麼沒抓住她？」

第二天早上，我們打電話給附近的精神病院，問他們是不是夜裡有病人逃出來。主管告訴我們一切正常，什麼也沒發

生。一群農場工人展開搜索，但找不到任何蛛絲馬跡，留給我們的只有困惑。我們後來告訴教區牧師，但他對這件事也說不出所以然。

一個女人寫道：

我要對你講一段我童年的經驗。我如今已經是一個66歲的寡婦了，可是我永遠忘不了，在我還是五、六歲時所發生的一件事。

我和我可憐的父母，住在默林根（Meiringen，在伯恩州）附近，我們要去默林根城需要過一座吊橋，那個時候這裡還是個偏僻的地方。平時，我母親白天去默林根工作，傍晚的時候我會出門去等她。

一天晚上，夜幕降臨，我一個人走在路上。正值深秋時節。突然，我看到前面有個女人的身影，不是很高，但渾身雪白。她在我前面飄來飄去，然後飄到我身邊，忽遠忽近，在半空中盤旋。我看不見她的臉，她整個人從頭到腳被一層薄紗包裹著。我凝視著她，心想這個漂亮的女人是誰呢，這麼晚還穿這麼薄的衣服走路，因為當時已經相當寒冷了。我一次又一次停下腳步，回頭看這個美妙的身影。

然後，我聽見我母親過橋的腳步聲。我急忙向她跑過去，告訴她我的奇遇。我母親警覺地問我：「妳在那裡看到的？

我什麼也沒看到。」我大喊：「那裡——它又出現了，飄起來了——它過來了——妳看不到嗎，媽媽？」母親什麼也看不到，只有我能看到。母親喃喃自語道：「妳又不是在大齋節出生的，為什麼妳能看到，而我看不到？」幻影飄走了，突然消失不見。

下面這個例子，也是一個女人童年回憶：

我知道，這是很久以前的事了，但我清清楚楚地記得這一切，就像昨夜剛剛發生的一樣。一天夜裡，我醒過來，房間漆黑一片，我渴得要死。我喊媽媽。通向我父母臥室的門虛掩著，母親在床上問我什麼事。我要喝水，在黑暗中等她進來。

接著，我聽到從臥室傳來一陣輕柔的聲音，好像是正走過來的腳步聲——是媽媽嗎？我抬起身，用左肘撐起身子，目不轉睛地盯著門口，輕快地低語道：「哦，妳給我拿來了……」可我的話還沒說完，我就看到出現在門口的那個人不是我媽媽。這是個完全陌生的人：一個美麗的高個子女人，穿著一件寬鬆飄逸的白色長袍，黑色的捲髮垂了下來。她非常、非常緩慢地從我熟睡中的兄弟床邊經過，然後走向我，用她炯大黝黑的眼睛緊緊盯著我。我呆住了，整個人僵在這個不是很舒服的姿勢裡，一動也不動，注視著這慢慢接近的魅影，想要大聲呼叫卻發不出一絲聲音來。這幽靈走過來在我床

90

前站定，就在枕頭的左邊，沉默不語，一動也不動，這個女人就這樣站在那裡，只是好奇地俯身看我，既無善意也無惡意，既不開心也不難過；而我也回看著她，因為我也只能這樣了。

她在那裡逗留了一、兩分鐘，然後慢慢移到我的床頭，而我除了恐懼地向上凝望她，還是做不了任何事。她還是一動不動一聲不吭，大約幾秒鐘，才非常緩慢地穿過長長的房間，再經過我依然熟睡著的兄弟身旁，沒有停留也沒有轉頭看他。走到門口，她又停下，再一次轉過她好奇的臉向我看。就在那一刻，我母親端著水出現了。我清楚地看到兩個影像緊挨在一起：我高個子的母親在幽靈身邊卻顯得很小。然後幽靈消失了，彷如融化在空氣中一般。

我必須補充的是，在那時，我既不認得字，也不會寫字，我確實從未聽說過任何有關超自然的情形，而我的父母也非常小心，不在我們孩子前面討論任何這類事。

直到很久以後，也就是我長大之後，我才聽村裡人說，我們住的房子是間鬧鬼屋，有個灰白色的女士在裡頭遊蕩。但當年嚇壞才六歲的我的那個魅影，卻是令人炫目的亮白。

另一個女人回憶道：

在我還是個八歲或十歲的小女孩時，一次，我跟母親到另一個街區。我們穿過一片樹林。那裡是偏僻的鄉下。樹林邊

有一條我們必經的羊腸小道。在還沒到小道之前，我們看到一個全身白衣的女人，緩慢地走在路上，而如果我們走進羊腸小道，勢必會遇上她。而這個幽靈看起來太奇怪了，讓我們不禁睜大眼睛。但是，當我們目不轉睛地凝視著她的時候，這個身影卻消失了。我問母親：「這個女人去哪了？」她就在我們的眼皮底下消失了，到處都看不見。那時，我對鬼一無所知，母親很晚才對我說起這些事。

這四個故事都提到，有人看到或遇到白色的幽靈般女人。故事的質樸和非個人化，令我們聯想到傳說的非時間與非個人的氛圍。從這些無名的幽靈身上，我們可以看出其中有著傳說中的那種，在古宅或古堡中遊蕩的「白色女人」或「白色女士」形象。

儘管，來信只講述了她們的出現或消失，沒有談到進一步的情節，但一般說來，「白色女士」的形象代表著宣告死亡。就連頭腦冷靜的柏林人過去也喜歡談論皇宮裡的「白色女士」，她的出現被認為是一種凶兆。在其他的版本裡，她可能被下了咒語，困在一座大山；她可能守護著只有救出她的人才能獲得的寶藏。一般來說，營救行動需要具備非凡的勇氣、經受非人的考驗。

在看這些事件裡，我們可以說是無法理解，為什麼守護寶藏的是一個遊蕩於老宅和古堡的女鬼，為什麼一方面隨而她

來的是不幸或死亡，而另一方面（正如我們在來信中看到的那樣）她為什麼總是出現在小女孩和小男孩面前。而這其中隱含著什麼樣的含義呢？

這裡，煉金術再次為我們打開了理解之門，在古老的煉金術文獻中，白色女性的形象扮演著一個值得重視的角色。在煉金術文獻中，「白色女士」被稱為 femina alba（白色女人），而古典的愛神「維納斯」（金星）在這個閃光的形象中又獲得了生命。Femina alba 和她的煉金術同伴 servus rubeus「紅奴」（火星），代表著一對神聖的愛人，而古代的哲人們都千方百計地試圖解開他們與古代諸神之間關係的奧祕。

由此我們可以推測：古代傳說和來信中的「白色女士」，都與愛神的原型意象有關。然而，這就留下了一個沒有好好解釋的謎團，為什麼「白色女士」代表著死亡與不幸的凶兆？假如我們想要理解這種奇怪的自相矛盾，我們就必須記住，只要這一切還處於無意識裡時，所有原型的內容都是雙重的和曖昧的。在無意識中，對立的雙方尚未分開；無意識的內容，只有透過對潛在對立面的區分，才能成為意識。只有對立的這雙方開始彼此面對面時，才可以被理解，而意識的大腦才可能領會。【原註 50】

這種兩極性也出現在女神阿芙蘿黛蒂（維納斯）身上。

原註 50： 我們要記得，發光幽靈的雙重屬性。

著名的神話學家卡爾‧凱倫伊（Karl Kerényi）【譯註55】將她的兩面性描述為：阿芙蘿黛蒂不僅是愛神，她私底下還是死亡或冥界的王后。凱倫伊寫道：「阿芙蘿黛蒂的夜間活動一直祕而不宣……然而，曾經有人洩露了真相，讓我們知道了在德爾斐（Delphi）還保留著對阿芙蘿黛蒂『墓地』的狂熱崇拜……在義大利南部的希臘人【譯註56】那裡，從他們保留著超凡絕俗的藝術品，可以看出冥后波瑟芬妮（Persephone）【譯註57】打扮成阿芙蘿黛蒂的模樣出現，以及在畢達哥拉斯教義【譯註58】下，有著如此深沉的宗教經驗，也就是有著兩個阿芙蘿黛蒂，一個屬於天堂，一個屬於地下世界。阿芙蘿黛蒂有著波瑟芬妮的一

譯註55： 卡爾‧凱倫伊（Karl Kerényi, 1897-1972）匈牙利原名應為 Károly Kerényi，是匈牙利古典學家，世界著名的神話學家，二次大戰爆發後在榮格等人的協助下，定居瑞士。

譯註56： 希臘人在義大利的移居始於西元前 8 世紀商人和殖民地的遷徙，一直持續到現在。如今，有一個少數民族被稱為 Griko 人，他們住在義利南部地區卡拉布里亞（雷焦卡拉布里亞省）和普利亞，特別是薩倫托半島，古代大希臘的區域內，仍然說著叫作 Griko 的希臘語獨特方言。如今，義大利南部的許多希臘人都遵循義大利的習俗和文化，正在被同化。

譯註57： 希臘神話中，波瑟芬妮（Persephone）是宙斯和狄蜜特（Demeter）的女兒。冥王黑帝斯（Hades）趁她母親狄蜜特不在的時候把她劫走（即強暴），使她成為冥后。狄蜜特是希臘神話中賜予大地生機的豐收女神。

譯註58： 畢達哥拉斯教義（Pythagorean）指的是畢達哥拉斯和他的追隨者所持的祕教和形上學的思想學說。畢達哥拉斯目前為人所知的是他數學方面的成就，但在形上學思想上神祕主義的傾向一般是不為人知的。在這一群追尋者當中，他們也都深受數學所影響。畢達哥拉斯教義起源於西元前 5 世紀，對柏拉圖主義有重要影響。畢達哥拉斯學說在之後的復興導致現在稱為新畢達哥拉斯主義（neopythagoreanism）的哲學學派。

面……」【原註51】

　　在日耳曼神話的萬神殿，與阿芙蘿黛蒂對應的是光芒四射的愛神弗麗嘉（Frigg）或弗雷婭（Freya），字面意思是「心愛的人」。她是天王的愛人【原註52】，但她也是死亡女神，因為就是她在冥界負責接應死者的靈魂。作為死神，她被稱為赫爾（Hel）──也正是身為赫爾，她顯露出隱藏在本性中恐怖的一面。但神話裡還流傳著有位更強而有力的女神，在她身上這種極端兩極化的雙重女性神聖性是合為一體的，那就是大地女神。在日耳曼萬神錄裡，她的名字是艾爾達（Erda）或赫塔（Hertha）。這位大地之母分成殘酷無情的赫爾和光芒四射而討人喜歡的弗雷婭，因為她涵蓋了兩者：既包含了光明，也包含了黑暗；既有生，也有死。阿芙蘿黛蒂─波瑟芬妮，弗雷婭─赫爾，愛的女神與死亡女神是同一位原初母親的兩個對立面。這位大地的女神，或者說「大母神」的原型形象，應該理解為無意識的人格化。無意識是母性的，是人成為活生生造物的本能基礎，是人的心智的「母親」，同時也是意識的「母親」。無意識在人生開始之際支配著生命和命運，這時意識開始覺醒；而人生到了終點時，生命和意識又重新沉浸入

原註51： K. Kerényi: *Die Tochter der Sonne*, Zurich, 1944, p. 170.

原註52： 關於這一點和以下的內容，我參考的是馬丁・寧克（Martin Ninck）的《日耳曼人的眾神與天國信仰》（*Götter und Jenseitsglaube der Germanen*, Jena, 1937），p. 115 and p. 121。

母性無意識的黑暗裡。生命或愛、和死亡是女性原則（female principle）自身的神祕邊界。【原註53】

女性原則的雙重功能，重現在女神的兩面性上，這也有助於我們理解白色女士這類的幽靈與煉金術士的 femina alba（白色女人）之間的密切關係，因而，也暗示了與維納斯、阿芙蘿黛蒂之間的關係。然而，還有著一個更強大的法力潛藏在她身上：從心理的意義上，必須將白色女士理解為**女性原則**的象徵，正努力著將她的雙面浮上可以意識到的層面。而神話的意義上，白色女士就是代表大母神的人物，她在人們面前可以展現既善又惡的兩面性，有時以愛情女神的形象出現，有時則是死亡女神。

在我們的來信中，白色女士是出現在小女孩眼前，而從心理學上是可以理解的。女性原則是她們未來的命運，神聖或神祕的魅影似乎暗示著她們即將成為的樣子。在其中一份記述中，白色女士走在母親身旁，但比母親高——這是個顯著例子，關於原型和真實母親的差異。【原註54】

94

原註53： 這一點我不用解釋，大家也會想到聖母瑪利亞。當1917年在葡萄牙法蒂瑪（Fatinma）這地方，聖母瑪利亞出現在三個孩子面前時，人們看到的也是一個光芒四射的白色影像。她向孩子們透露的第一個祕密是，她很快就會來「接走」兩個年幼的孩子。實際上，他們不久就死了。參看馮賽卡（L.Gonzaga Da Fonseca）的《瑪利亞對世界說》（*Maria spricht zur Welt, Freiburg*, Switzerland, 1943）。對於「原初母親」的多面性和矛盾性，可參照 E．諾伊曼的《大母神》（*The Great Mother*, New York）。

原註54： 這並不表示，有過這種經驗的孩子，就已經或應該理解這種經驗的意義。大自然

不過，白色女士也出現在 16 歲或 17 歲的男孩子面前，然而，在「陰性」（feminine）面前，他們卻恐懼地退卻了；白色女士也試圖用無禮的方式，避開他們，或者說避開他們粗魯的手。爸爸也看到這個白色人影，但這並不重要。因為，青少年的難題和命運總是會將父母親也捲進來。而事實上，也只有小伙子們才有所行動。真正捲進事件中的是他們，父親只在一旁袖手旁觀。

　　在這兩個案例中，在我們看來，神祕而幽靈般的出現，是對應著心理的狀態；在我們的故事中，看見白色女士的都是孩子；小女孩是在意識到她們是女性（有別於男孩）的年齡階段才會看見；而一般來說，男孩子（青春期）則是在他們第一次邂逅「異性」時看到的。無法確定的是，這裡描述的現象是內在或心理的投射，或是心理的聚合力量，讓孩子們對他們身外的幽靈般的東西特別敏感。

　　那些白色女士的著名傳說，特別是白色幽靈預言著死亡或惡運的劇情故事，特別相似於我們前面所引述的親朋好友所看到的白色幽靈的例子。這兩類敘述主要的不同在於，白色女士

95

是慷慨的，無論你看不見或看得見，她都會展現自己。我們只要想想那些五歲以下兒童或者精神病患者，他們皆有的美好夢想。自然，或者說無意識，展示出自己，而讓問題的探詢或意義的尋找留給意識。但即使沒有提出任何問題也沒有任何的回答，自然依然是走她自己的路。這對自然本身沒有任何影響，也不影響她的路徑，但這卻深深地影響了提出問題、而如果上帝願意就會賜與答案的那些人。問題幾乎總是經由令人印象深刻的夢，或成年後才被問起的童年經驗，才引發出來的。

具有非個人性、並且常常具有匿名的性質。這或許是由於這些傳說太過古老了。歲月已經磨掉了它的個人特徵；個人特徵被遺忘了或刻意被壓抑了。然而，在大多數故事裡，白色女士是一再地被看到；通常是在某些地方（某間房子或某座古堡），她們規律地出現。而人們的說法是，她還在遊蕩著。

下面引用的兩個典型傳說是來自瑞士的烏里州（Uri）：【原註 55】

那時，我在阿爾道夫（Altdorf）的戈伯先生那裡工作。房子旁邊就是廣場噴泉。還有一個保姆跟我一起工作。房子裡每個人都知道，有人要死之前，都會有位白色的美麗女郎出來遊蕩。唯一不知道這件事的是這個保姆。一天傍晚，我和戈伯一家坐在客廳，她在隔壁房間靠在床邊照看一個生病的孩子。突然，她衝進客廳驚恐地尖叫著：「來人啊！來人啊！」我們都衝進隔壁房間，以為那個小女孩要死了。但是當我們過去時，保姆恐懼地對我們說：「一個穿著白色衣服的美麗女人從壁櫥裡走出來，慢慢走到床邊打量著孩子。我喊叫時，她就溜到窗簾背後去了。」幾天後，孩子被天使帶走了。

在阿爾道夫的 B 博士家，以及靠近琉森市附近的亞普洛（Apro）城堡，也都有人看到過白色女士；並且，每次只要她

原註 55： Josef Müller, *Sagen aus Uri*. Basle, 1929, Vol. II, pp. 110 ff.

出現，就意味著那個房子裡有人會死。

　　我們面臨著一個令人困惑的問題：是什麼導致了白色女士
的負面效果，使得她成為了不幸或死亡的預兆？不管怎麼說，
大母神的形象，也是愛情女神，正如從我們的來信中可以看到
的那樣，直到今天，她還是代表著愛神這一面。她怎麼會變成
毀滅的凶兆呢？答案只能從傳說中尋找，正是這些傳說告訴了
我們，她是怎樣變成一個無法獲得安寧而必須遊蕩的女人，乃
至變成一個邪惡的白色精靈。

　　如果我們去檢驗這些遊蕩的靈魂，包括那些白色女士的
傳說，我們就會看到，大部分情況據說都是因為罪行或不能被
寬恕的罪惡，使得鬼魂不得不遊蕩。這些悲劇事件往往可以回
溯到數百年前。有可能是謀殺或自殺，或只是有人移動了標示
不可踰越之邊界的石塊。總而言之，只要她的罪行未獲寬恕，
就不得不作為鬼一直遊蕩。而貪婪似乎是一種特別嚴重的罪。
通常是守財奴忽視了自己的生活，死後才無法獲得安寧。一個
常見的主題是違反或忽視了宗教儀式。古典羅馬作家小普林尼
（Pliny the Younger, 62-113）【譯註 59】描述了他所看見的一個因

譯註 59：　蓋尤斯・普林尼・采西利尤斯・塞孔都斯（Gaius Plinius Caecilius Secundus, 62-
　　　　　113），也被稱為小普林尼，是古羅馬帝國的律師、作家和議員。他被認為是誠
　　　　　實而低調的人物，堅持執行追查基督徒的政策。他的很多信件流傳了下來，成為
　　　　　研究當時歷史的珍貴資料。而老普林尼或大普林尼則是蓋烏斯・普林尼・塞孔都
　　　　　斯（Gaius Plinius Secundus, 23-79），古羅馬作家、博物學者、軍人、政治家，以

無法下葬而找不到安寧的男鬼。

這是富有啟發性的，並且在心理學上也是前後一致的：白色女士的幽靈與罪惡有關，通常是對愛的背叛。我們讀到過背信忘義的故事（要麼通姦、要麼沒有兌現愛），這些人即使死後，靈魂也無法得到安寧。其他的罪行還包括，一個女孩被可恥地拋棄或被謀殺，一個孩子被從母親身邊奪走並被殺害。這種罪行不僅毀滅了生命和人類靈魂，還對原型的生活原則造成了破壞。人們甚至可以說，神被激怒了。

有個瑞士的傳說，講的是一名因為愛而犯下罪行的年輕女孩，她和父母親住在一座古堡。這個女孩在當地以美貌著稱，卻在花樣年華之際，追隨贏得她芳心的青年，殉情而死。她的家人太過傲慢，不僅不接受青年的求婚，還用殘忍的方式殺害了他。這個可憐的女孩至今還穿著她下葬時的雪白長袍，披頭散髮地在廢棄的古堡裡徘徊。所有讓她靈魂獲得安息的努力都失敗了，那些勇敢前往的人要麼瘋掉，要麼很快就死掉。

心靈基本的原型力量，常常以人的形狀出現，具有啟靈的、甚至是神聖的性格。在白色女士的傳說中，「女性原則」扮演著核心的角色。生命和愛情屬於這原則光明或積極的一面，但在面對罪行所激發的恐怖時，也會從無意識中喚起同樣的恐怖。這個原型的意象世界所擁有的創造力和賦予生命的力

97

《自然史》（或譯《博物志》）一書留名後世，是小普林尼的舅舅。

量已經被剝奪，因而呈現出邪惡的一面。在神話的劇情中，大地女神將自己「愛」的一面遮蔽起來，變成了死神；弗雷婭變成了赫爾，阿芙蘿黛蒂變成了波瑟芬妮。

意識與無意識之間的相互作用，是無意識心理學的原則之一。從心理學的觀點來看，殺人者殺死的是他自己的靈魂，偷竊者偷走的是自己的靈魂，撒謊者是對自己靈魂撒謊。不過，仍然有著一個令人困惑的問題：為什麼是受害者無法得到安寧，而不是犯罪者呢？這顯然違背了最古老的正義原則，但這點卻是反覆出現在傳說和鬼故事中。如果我們假設看見的鬼並不是實際上的女人，而是一種非個人的魅影、一位神祇的話，這個問題就迎刃而解了。事實上，隨著受害人被激怒的正是**女性原則**，一起受傷的也是**女性原則**，一個遠遠超越了受害女性受限於時間限制存在的原型形象。

我們可以拿傳說（不管它們是否為「客觀的」真實），來和童話故事加以比較。然而，童話表現在很大程度上都是發生在心靈中、在無意識中的歷程和規律，傳奇或傳說卻總是與在某個具體的時間和地點所發生的事件相關。這就是傳奇的侷限（它們大多不如童話豐富多彩），但這恰恰也正是傳奇的迷人之處，因為它們講述的是超越時間背景的歷史生活。這解釋了各種白色女士的傳說為什麼口耳相傳，一代又一代流傳下去，甚至至今我們還能遇到她。原型一旦被激怒，它就永遠處於激怒的狀態。因為原型屬於時空之外的領域，今天的原型和昨天

98

或很久以前的原型都是一樣的，它會生生不息地存在下去。

＊　＊　＊

在最後的結語裡，或許有必要對迄今還在匈牙利的伯恩斯坦城堡（Castle Bernstein）或巴倫堡（Bärenburg）裡繼續遊蕩的白色女士有關的細節描述加以補充。人們相信她是愛情戲的犧牲者。奧地利超心理學學者 B. 格拉賓斯基（B. Grabinski）在他《鬼影幢幢》（*Spuk und Geistererscheinungen*）【原註 56】一書中寫道：

在 15 世紀，伯恩斯坦城堡主人是烏拉克（Ujlak）家族富有的後裔。據說，白色女士是他的妻子，是家庭悲劇的犧牲者。故事提到，當她丈夫驚訝地發現她和她的情人，她少女時代的義大利朋友在一起，這丈夫刺死了她的情人，把屍體丟進城堡的井裡，從那以後，這位女士就消失了，後面的事情就沒人知道了。另外有個版本暗示，有個從前住在城堡裡的女人被活活餓死；還有一個版本說，她是被關進一座塔樓。然而，歷史真相是，15 世紀的最後 25 年，城堡的主人是洛倫茲・馮・烏拉克（Lorentz von Ujlak），他有過一次短暫的婚姻。結婚後三年，他的妻子便不知所蹤了。他死的時候沒有孩子。他

原註 56： Graz-Vienna, 1953, pp. 334 and 364ff. 英文書名譯為《妖魔鬼怪》（*Spook and Apparitions*）。

的妻子是來自佛羅倫斯的喬萬娜‧弗雷斯科巴爾迪（Giovanna Frescobaldi），他們大約是在 1485 年結婚的。

在許多巴倫古堡的傳說中，神話的主題扮演相當的角色。「在城堡的周邊地帶，」格拉賓斯基這樣寫道：「『荒原獵人』及『騎白馬的人』在城堡周圍鬧鬼。這些形象無疑是日耳曼神沃旦（Wotan）的翻版。『紅色伊凡』（Red Ivan）幽靈據說是出現在古堡及其周圍。對於相關的各種說法必須特別謹慎，因為其中一些傳說顯然具有神話特徵。比如說，『紅色伊凡』就像沃旦一樣是騎著烈馬突然從天而降的，而在神話中沃旦是『暴民』的領袖。」

顯然，從上述引文中可以看出，格拉賓斯基認為正是幽靈具有神話特徵，提醒我們要「慎之又慎」。這態度似乎是對傳說的真實性表示懷疑。然而，目前的調查顯示，這些神話的特徵與幽靈的真實性沒有任何矛盾。相反的，傳說中的神話特色凸顯出一個事實：這些傳說是依循著某種規律的。這事實形成了長期以來的內在邏輯，暗示傳說中存在著原型背景。因此，帶著神話特色的巴倫堡傳說，甚至反而是有助於闡明其白色女士的神祕幽靈的。

格拉賓斯基認為巴倫堡的白色女士也是厄運的通報者。「根據傳統，白色女士的出現意味著戰爭。」乍聽之下，這種傳統的說法令人難以置信，因為通常人們看到的她是一個纖弱

可愛的女子，散發著光芒，帶著楚楚動人的悲傷。同樣值得注意的是，她的模樣對應於遇到她的人的心情：據說，對那些嘲笑她或不相信她的人，她是面目可憎的，而對那些天真的人，她就變得楚楚動人。

從心理學的角度來看，她模稜兩可的本性與我們看到的「白色女士」所具有的原型力量是一致的。巴倫堡的白色女士相當於「女性原則」的原型。她的存有是由愛與死亡、榮譽與毀滅所組成的。因此，她確實是屬於傳說中圍繞著城堡出現的神話人物之一。因此，如果以艾爾達（赫塔）身分出現時，她是沃旦的伴侶；如果以白色女士身分出現時，她是煉金術中「紅色男人」（Red Man）的同伴，也就是裝扮成「紅色伊凡」而徘徊在城堡周圍的「紅色男人」。這是一種反覆出現的古老原型模式。

這個傳說有一個細節需要特別說明。白色女士常常出現在城堡的小教堂。「確實如此，」格拉賓斯基寫道：「幽靈向人們示意跟隨她去小教堂祈禱。更進一步地說，她的姿勢似乎表明，她（這位沉默的幽靈）有著什麼東西要展示或要表達，所以想讓人跟著她。」「但是，」格拉賓斯基好奇地補充道：「直到今天，顯然沒有人（甚至沒有一位神職人員）有勇氣去跟這個幽靈對話，跟隨她所指的方向走去」，儘管這是「找到徹底解開整個謎團」的唯一方法。格拉賓斯基沒有對他所謂的「解開」加以解釋。他或許想若能進行現場實地調查，就能揭

100

開幾個世紀之前的罪行。

　　格拉賓斯基的記述為我們呈現出一幅奇怪而矛盾的場景：如果白色女士是古老的異教眾神之一，那麼她在基督教小教堂祈禱意味著什麼？她招手示意的姿勢表達了什麼？為了理解這些細節，我們就得求助於那些講述人與鬼之間關係的傳說。從這些傳說中我們可以看到，與人類接觸對幽靈來說似乎是非常重要的，甚至這種關係在最原始的時候就已經建立起來了。接下來我們要討論現代人與異教特徵逐漸明顯的白色女士幽靈之間的特殊關係。

　　我們先引用兩個瑞士傳說。【原註 57】

　　有個在阿爾卑斯山上的牛仔剛把牛奶煮開，面前有著一大鍋的美味。他忽然有個念頭：「現在我真想分一點給可憐的人喝。」這個念頭才閃過，一個人就出現在門口，雙手交叉垂下，探頭向草棚裡看。但牛仔嚇得不敢跟他說話，只給了他一杯喝的。過了一會兒，陌生人走了，當他經過草棚時，發出了毛骨悚然的尖叫。

　　正如講故事的女人說的那樣，牛仔應該先跟他說話，再給他喝的，因為或許這樣他就可以獲得解脫。

原註 57： Josef Müller, op. cit. Vol. II, pp. 326 and 327 (shortened).

恐怖的叫聲是一個常常出現的主題。表達的是遭受折磨的靈魂失去了贖罪的機會。

　　從前阿爾卑斯山上有處高山牧場，那裡的牧人每年都會被鬼殺死，直到最後牧場主人再也找不到牧人，牧場漸漸荒蕪了。後來有一天，來了一個找工作的小伙子。牧場主人對他講了牧場的情況和危險。儘管有鬼，小伙子還是表示他願意放牧，負責管理 10 或 12 頭母牛。第一天傍晚，就在他工作時來了一個陌生人。他走到哪，那人就跟到哪。一般小伙子遇到這種情況都會開罵，但我們的這位英雄沒有這麼做。他淡定地說道：「你最好幫我一起工作，不要一直跟在我屁股後面。」聽他這麼說，陌生人立即開始工作，準備奶桶，開始擠奶，幫他煮奶做奶酪。整個漫長的夏天，他都幫助做奶酪、照看母牛。每個人都感到好奇：為什麼牧人還活著，並且工作做得這麼好？

　　有一天早上要從牧場下山了，鬼幫他將牛一起趕出來，但他們正在準備出發時，鬼的臉上露出了悲傷的表情，他哭著哀嘆：「現在起我得獨自一人待在這裡了，冬天如此漫長。」牧人為他感到難過，安慰他說：「那麼來吧，你可以跟我一起走。」鬼就跟著他，忠心耿耿地幫助他。

　　晚上，牧人和鬼睡在同張床上，一起禱告聊天。有一天，鬼終於向他坦白：「多年前，我是這座山的牧人，由於我的過

失，你主人的爺爺損失了許多牛奶。現在我必須贖罪。假如你的主人願意讓我賠償，我就能夠獲得解脫進入極樂天堂了。」但是，為什麼除了這個小伙子，其他人都被殺了呢？「因為其他所有進山的牧人都咒罵我，這就給了我毀滅他們的力量。」

牧場主人很樂意免除他的債務，然後鬼一身全白地出現在牧人面前，告訴他已經獲得解脫。然後就消失了。

白色在這裡是救贖的標誌。它意味著從這個世界的束縛中獲得釋放，進入了沒有陰影之彼岸的純粹。

在大部分傳說中，鬼的解脫或救贖來自它們與人類的一種關係，而這種關係可以透過各式各樣的形式。比如，這種形式可以是為鬼做彌撒、為鬧鬼屋祈福、祈禱、供奉、直接與鬼對話、打招呼、定好日子道別等等。在這些或多或少簡單的活動中（有些活動今天還在舉行），鬼魂得到了重視；此外它們與人的最高宗教價值建立起關係。但總而言之，首先就是對鬼魂持肯定的態度。

與鬼魂接觸並且對它們的出現表示尊重，對人對鬼都有好處。然而另一方面，經由傳說我們知道，如果加以嘲笑或詛咒（也就是對鬼持負面而敵視的態度），也就會將鬼魂變成惡魔，擋到它們的解脫之路。一切竟然都是取決於人的態度，而這一點成為我們從心理學的角度來解釋鬼的關鍵。這同樣是取決於人，或取決於意識的態度，這同樣也適用於無意識內容：

無意識內容越是受到潛抑，人們對鬼魂的態度就越是感到焦慮、負面或敵視，如此一來它們對意識，進而對人生，造成的危險、破壞和壓迫也就越大。這就是許多神經性解離以及大量失敗人生的根源。另一方面，與無意識真誠而自發的接觸，恰恰是人格或個人發展的基礎。如果未曾有過真誠的接觸，當無意識浮現內容時，我們透過認真地對待它、努力與之相處，是可以與之建立關係的。

正如目前研究所顯示的，鬼經常看起來像是遠古、異教的神祇；而這一點從心理學的角度來看，它們就是心靈中的異教殘餘。艾爾達（赫塔）是以白色女士的形象出現在人面前，有時是弗雷婭的形象，有時則是赫爾。假如現代人以為基督教已經克服或解決了他心靈中遠古內容的問題，那就大錯特錯了。這些古代內容仍殘留在無意識中。榮格不斷持續地強調這個心理事實。他在《心理學與煉金術》導論中，寫道：「在他的心靈中，基督教已經跟不上外在發展了。是的，一切都向外尋求（在圖像中、在文字中，在教會和《聖經》中），從不向內求索。然而，在內心的領域，古老的眾神依然至高無上。」【原註58】

在巴倫堡古堡傳說裡，出現在小教堂禱告、示意人們前去的白色女士，確實是個奇怪的特徵。這些細節似乎表達，這

103

原註 58： *Psychology and Alchemy*, Col. Works, Vol. 12, p. 12.

第三章 鬼   189

個鬼魂需要獲得今天基督教世界的承認。無數傳說中都可以找到同樣的表達。這也符合民間一般的想法，現在亡者的靈魂越來越少（甚至是完全絕跡），一般認為是引入了為眾亡靈祈禱的萬靈節，所有的靈魂都獲得了救贖。鬼需要基督教世界的承認，是與無意識內容的動態趨勢一致的，也就是說，那些堅持要求進入意識的無意識內容，必須要獲得理解，而且在生活中得以實現。這種在意識世界中的實現，不僅意味著釋放內心的緊張感與從前無法忍受的狀態，以及「情結」的消除，同時也是生命意想不到的擴張和豐富，是身心力量的增加。正如傳說裡經常提到的那樣，祕密寶藏終究是落到將鬼成功救贖的那個人手上。

104

然而，必須再次強調的是，集體無意識的遠古內容與鬼靈之間的相似性，沒辦法對鬼的本質提供明確的答案。這仍然是個懸而未決的問題：鬼究竟是「小宇宙」的內容的投射，還是獨立於人的存有，或者兩者都在同一個形象裡？而有一件事是肯定的：它們的行為舉止，相當於無意識內容如何影響人、如何影響意識。

有一個廣為流傳的德國傳說，在一個意象中表達出人與鬼獨立和不獨立的關係。在傳說裡，鬼自己是不會呼吸的，只能藉助人呼吸和說話時的氣息——氣息（breath）＝空氣靈（pneuma）＝靈性（spirit）。因而，人自己必須「說出第一個字和最後一個字」，否則鬼就會說到人死掉為止。

在來信裡談到的白色女士不是唯一非個人身分的幽靈。非個人的男性幽靈也是同樣重要，與古老及煉金術的墨丘利有著密切的關係，這在下個章節中將會談到。今天四處**遊蕩**的沃旦，仍然是一個家喻戶曉的故事。古代眾神還未死去，祂們還在私底下發揮著力量和影響。不論傳說還是來信，兩者都清楚傳遞了我們需要與這些力量和睦相處，傾聽它們，將它們接納進我們的生活和意識，我們才不至於成為它們的犧牲品。正如傳說中提到的那樣，每個人都必須「說出第一個字和最後一個字」。這時（也只有到這樣的時候），整合的過程才變成對諸鬼、眾神和世人的拯救工作。

死者和矮精靈（Spirit-Manikin）【譯註60】的引領

正因與這些幽靈一樣具有匿名的特色，以下來信的描述，再次趨近了傳奇和傳說所屬於的廣闊領域。

一個女人講道：

父親一直是我深愛的人，已經身體不適好幾個月了。但做夢也沒想到，他死得這麼突然。

譯註 60： Manikin 這個字有人體模型和侏儒兩種意思。人體模型的英文除了 human body model 這樣的直譯，主要就是 Mannequin 或 Manikin；侏儒則常譯為 dwarf，另外有 pygm、midget、pigmy、midge 等等。

那時，我正和丈夫在海登（Heiden）度假。4月15日凌晨，我突然醒來，感覺好像有一股冷颼颼的風吹進我們的臥室，我開始渾身顫抖。遠處傳來三下的教堂鐘聲，打破了夜晚的寧靜。我身邊的丈夫很快又入睡了，但我怎麼也睡不著。我躺在那裡，突然注意到，床對面的掛鏡上有一個小圓點。說來奇怪，這個圓點越來越大，最後變成一個人影，從鏡子裡走了出來。這人正是我父親。我分明看到了他的羅馬鼻和八字鬍——我認出了他的每個特徵。我嚇得動彈不得。他慢慢地向我移過來。但他不是一個人，還有一位戴著黑帽子的高個子陌生人領著他。我父親俯向床上的我，用低沉傷感的聲音說：「再見，我的小貝薩，我現在得走了。我也想跟魯迪道別的，但他睡著了。」我動不了，也說不出話。接著，領著他的那個人抓住他的手說：「來吧，我們該走了。」於是這兩個身影又回到鏡子，越變越小，直至消失……早上九點左右，我打電話給我母親，她對我說，我父親在凌晨三點因失血過多而死。

　　有個男人提及：

　　1940年，我一位最好朋友才年僅21歲就意外身亡了。當我聽到他的死訊時，我想起我們三年前的一個約定。我們約好，不管誰先死，死後兩星期都會來握活著的那個人的手，用以證明人死之後生命還在。一想到要和死人握手，我有些不自

在。三個星期過去了，一點動靜都沒有。儘管我對他沒過來跟我握手感到高興，但我還是開始懷疑是否存在著永生。而我很快就把這件事忘了。

有一個星期天，確切地說，我朋友死後六個星期的早上七點。窗外，太陽已經升起，陽光普照。明亮的陽光灑滿房間，房間的東西都看得一清二楚。突然，我看見一個完全不認識的人站在我的床邊，他微笑著直勾勾地看著我。我嚇壞了，一下子清醒過來。而這個人還站在那個地方對著我笑。給我印象最深刻的是他清爽的膚色和幸福的眼神。看見他眼裡的善意，我不再害怕，完全恢復了正常。這個人突然逕直向我走了過來。假如他有血有肉的話，朝我這個方向走過來必須爬到床上，但他過來時就像床不存在一樣，穿過我的身體，然後穿牆而過消失了。當我回頭看我的床腳時，令我大吃一驚的是，我看到我親愛的朋友就站在那裡。他沒有笑，只是久久地凝視著我，然後用同樣的方式穿過牆壁消失了。

「現在我知道了，我們人類是沒有死亡這回事的。」

以下這封信來自一個女人：

大約是 30 年前，我有過一次超自然的經驗。當時我們住在山上，離家裡約 20 碼處有一條路，路旁有座圍著籬笆的花園。那時我正和弟弟妹妹在廚房，而透過廚房門的下半段可以

看見那條路。一開始，我們全看見了，有個渾身灰色的小矮人穿過籬笆走到路上。他不足五英尺高，從頭到腳都是灰色的，甚至連臉也像砂石一樣粗礪。當他穿過籬笆後，看得更清楚了。我怕他會進入我家，但他只是從旁邊經過。從頭到尾我都沒有打開門。自那以後，我常常會想，假如我打開門去看看那個小矮人在做什麼會發生什麼事。但有種模糊的感覺阻止我去這麼做。

幾年後，我碰巧聽到一個女人說，她也看見過同一個小矮人，但一眨眼就消失了。與我們看到的時間恰好吻合。我家旁邊的那條路就通向那個女人住的地方。後來，我聽說，在小矮人消失的地方，那家死了兩個小孩。那個人長得十分奇特。我從來沒有見過像他那樣的。

一個男人的一段敘述：

當我還在讀書時，第一次有了另一個世界闖入我生活的這個世界的經驗。這個印象一直持續著，而且記憶猶新，尤其是，好像有個無聲的命令，要求我絕對不可以跟任何人講。這怪異的感覺令我覺得既恐懼又壓抑，一直過了幾年後，我才敢將看到的這些東西告訴我父母。

那是有一天晚上，就在走出客廳的時候，忽然聽到樓梯那裡傳來嘎吱嘎吱的聲音，一個白色的身影從幽黯的樓梯浮現出

194　　　　　　　　　　　　　　幽靈‧死亡‧夢境：榮格取向的鬼文本分析

來。走道的燈是全開的，所以不可能是視覺上的幻覺。那是個小矮人，中小高度，非常的老，長著白色的大鬍鬚。但他不像個有血有肉的人，而是像是用粉筆重重地勾畫，再從黑板走出來的一般。他向我走來，在我身邊不足一碼的地方經過。他背著一個小麻袋，儘管不大，但好像沉甸甸的。袋子是往上收口的，裡面好像裝著硬幣。那麻袋不是粗麻布做成的，而是像這個人影一樣，是用模糊的素材做成的。這個陌生的來客看到我站在他面前，我發覺他大吃了一驚。他遲疑了片刻，不知道該走前面還是後面。他似乎在猶豫不決，不知如何找到出路，在原地稍作停留，然後從我身旁衝向了樓梯，就消失不見了。

幾個月後，我無意中打開了通向閣樓的活板門。當時是陽光燦爛的下午，太陽照著閣樓。背著麻袋的小矮人又出現在那裡，若有所思地望著下面的院子。他好像沒有注意到我，我仔細打量他了約一分鐘的時間。他還是像粉筆畫一樣，輪廓非常清楚，但裡面是空的，某種程度上也可以說是模糊的或透明的。突然，他的頭轉了半圈，是我從來沒見過有人可以做到這個程度。他發現了我。這個人反應激烈，就像人們在完全不可能的情況卻被發現時充滿驚訝的反應一樣。接著，恐怖的事情發生了。一股猛烈的火焰從他的胸膛噴出來，火焰是白色，跟它的形象一模一樣，但無疑是火焰。火焰竄得老高，十分奇怪地發出了聲響，這熊熊火焰突然轉化為情緒——憤怒。有兩或三次，像電焊的火花濺進我的眼睛一樣。然後，這人左顧右

盼，再一次試圖尋找出路。接著，下定決心走到右邊，這幻影就從站著的地方消失了，沒有留下任何痕跡。

奇怪的是這幽靈給我留下十分深刻的印象。儘管沒有說一句話，但我卻很清楚它在想什麼。如果把它當作老年人來看，它行動敏捷，太過輕盈，好像身體沒有重量一樣。它的表情沒有任何善意；整個人看起來是沒有生命的，是用粉筆畫出來的，就像來自一個沒有善惡之分的世界。自從它從我身邊逃走以後，我一直在想，為什麼這種東西會出現在我面前？它是誰？目的是什麼？我說不上來，但也許我已經在不知不覺中幫助它完成了它的目的，因為我們未知的東西比我們了解的東西要多。

這四個截然不同的幽靈例子，共同特點除了匿名以外，都與黑暗有著密切關係，不是死亡，就是邪惡（憤怒）。前兩則都談到，死者幽靈身邊還跟著一個不認識的人物（一個奇怪的意象），第三則案例的幽靈與兩個孩子的死亡有關，最後一則案例似乎就是邪惡本身具體化成人身。

嚴格來說，幽靈不是超心理學現象。將這一切解釋為強化的夢會更適合，或甚至是清醒的夢，原型的、無意識的心靈內容經由這些夢變得印象特別清晰。這樣的狀態可以理解為我們的夢一直持續到白天，但由於意識的占有或活動的阻礙而沒辦法被充分意識到。疲憊的片刻或一陣性的夢幻感，就可以立刻

讓這些意象重新進入意識。

這種精靈的怪誕形象也出現在文學作品中，同樣具有宣告死亡的功能。例如，托爾斯泰的小說《安娜・卡列尼娜》中，安娜的夢裡也出現了這樣以鬼的形式出現的人。這噩夢在安娜的一生中曾經多次出現；夢之所以反覆出現，是為了對做夢的當事人強調一件極為重要的事情。「一名年邁而鬍子糾纏的小矮人，嘴裡咕嚕著聽不清的法語，不停地在調整她頭上的一塊鐵。而讓這個夢變得可怕的是，他似乎完全沒注意到她，好像她並不存在似地，一味地在她頭部上方搖晃著這鐵塊。」就在這長篇小說快結束的地方，當安娜投身朝向開過來的列車時，這年邁的小矮人又再次出現了。托爾斯泰用非常簡潔的句子傳遞了這個死亡的駭人震撼，其中一句就像這過程中蹦出來的意象：「一名年邁的侏儒手搖鐵塊，嘴裡喃喃自語著沒人聽得懂的話。」

如此一來，這個常常折磨著安娜而令她恐懼的噩夢，證明原來是個預言；年邁的小矮人就是死亡的通報者，或者是死亡本身。而小矮人幽靈的意義要廣泛得多。他就相當於人們所熟悉的童話或神話裡的金屬精靈（metal spirits）、地魔（earth demons）或地靈（kobolds）。在《安娜・卡列尼娜》中，這個手搖鐵塊的小矮人與我們第三個故事中所講到的，長著「像砂石一樣粗礪的臉」的小矮人，兩者都與這種金屬或地精靈有著密切關係。在煉金術文獻中，我們可以在稱為「小型人」

（anthroparion）或「精液極微人」（homunculus）（兩者都相當於小人）的設計裡，和許多有關幽靈的傳說裡，都可以看到一樣的角色。在許多傳說中也講到過類似的幽靈。舉例來說，有個相當現代的傳奇就談到了精液極微人如何擔任拿破崙的引導者。

拿破崙就像很多人一樣，相信他有個自己所熟悉的精靈，會像守護神一樣地保護他、引導他，而且在緊要關頭照亮他的世界，這個光芒，他稱之為他的星星，會變成穿紅衣的小矮人前來提醒他。【原註 59】

在我們的前兩個故事中，是一個男精靈陪伴著或牽引著死者。它具有「引靈者」（psychopompos，意即靈魂的引領者）的功能，可以把它類比為古典的赫密士—墨丘利（Hérmès-Mercurius）【譯註 61】，對應於埃及人的托特（Toth）【譯註 62】。

作為信使或嚮導，古典時期的墨丘利在中世紀煉金術思想中扮演著至關重要的角色。他是「轉化精靈」，在煉金工業和行家匠人的整個過程中都一直陪伴著，甚至更準確地說，是指

原註 59： M. Petty, *Die mystischen Erscheinungen der menschlichen Natur*, Leipzig, 1860.

譯註 61： 在希臘或羅馬神話中，賽科蓬波斯（Psychopompos）是泛指所有負責把死人的靈魂帶到冥國的角色。當赫密士的角色更延伸至幫助亡靈過渡到陰間時，這時他的名字就變成了「引靈者赫密士」（Hérmès Psychopompos），而非天神赫密士了。

譯註 62： 托特（Thoth），源自埃及語 dhwty，又譯透特或圖特，是古埃及神話的智慧之神，同時也是月亮、數學、醫藥之神，負責守護文藝和書記的工作。相傳他是古埃及文字的發明者。托特通常會被描繪成鸇首人身，字面意思和彎形嘴部令人聯想起新月。

導著每一個轉化的階段。在心理學上的意義上來說，墨丘利在這裡就是「無意識精神」化為人身的代表，引導著人們去自我實現和完成自己命運的天生的內在力量。他代表著「個性化原則」或「內在指導」，也就是在這些來信中遇到的矮精靈，可以解釋為自性。

不過，當這位「嚮導」以死亡的通報者或作為死者的同伴出現時（也就是引導死者去「另一個世界」時），又意味著什麼呢？對於這明顯的矛盾最簡單的解釋，可以是這樣的假設：生命的實現（自性化／個體化）也包括了死亡；而一個人個體發展的靈性促動者所設定的目標，也是朝向他自己的衰落。「圓滿」包括生與死，靈與肉。

從來信講述的經驗裡，可以明顯地看到，對人的引導並不會隨著死亡而終結，而是繼續活動著，甚至這一切實現的完成，不再以塵世或今生作為媒介，同時意識也消失時，這引導還繼續活動著。然而，這個問題就只討論到這裡，再來就保持開放。如果我們對死後心靈轉化或個體化歷程的連續性，試圖找出科學的證據，必然是徒勞的；同樣的，要去想像進一步的發展可能以什麼樣的方式進行，也是徒勞的。然而，古代神話所講述的一切，卻具有重大意義，包括人的不朽，以及較少見的，在另一個世界由轉化之神所帶領的引導。神話是無意識的表現，它們是源自於人類心靈裡先天的原型傾向。這就是為什麼人們會不斷地好像從未經驗過似的，一次又一次地經驗到

了這一切——即使到了今天，還是出現在我們的來信裡。【原註60】人類心靈的原型背景是沒有時間性的，是科技、啟蒙和現代理性或非理性都無法改變的。

死亡嚮導這樣的形象也出現在基督教思想裡。然而，在基督教思想中，古代異教神的合一性分裂為兩個對立的形象。正面的形象體現為「死亡天使」的概念，這位天使用嚴厲但並無惡意的雙手將人帶走。人們一般將這信使想像為有翅膀的精靈，引領著人的靈魂進入另一個世界。有關靈魂死後繼續旅行的意象，包含了靈性發展的概念。

我們可以在魔鬼的形象裡找到與這莊嚴高貴的死亡天使形象對立的面向；而根據許多傳說也可以發現，在人生命的盡頭這形象也會降臨。（魔鬼原初是位天使，名為路西法，因墮塵世而失去了神性。）這些故事也指出了，具有個體化意義的轉化將發生在死亡的那一刻。只有在黑暗面，也就是「陰影」，同化形成意識的那一刻，個體化才會發生。傳說中前來捉拿罪人的魔鬼，同樣是充滿挑戰而令人生畏的意象——似乎只有透

原註60： 這死後轉化的原型概念，與歌德的說法一致；根據珍妮‧馮‧巴本海姆（Jenny von Pappenheim）【譯註63】的說法，在他談到死亡時，他說：「現在開始的是更高層次的轉化。」

譯註63： 珍妮‧馮‧巴本海姆（Jenny von Pappenheim, 1811-1890）是日爾曼作家，法國皇帝拿破崙‧波拿巴的侄女。她在魏瑪遇到了母親的朋友：歌德和席勒。她與歌德的兒子奧古斯都（August）成為朋友，成為他兒子沃爾夫（Wolf）和瓦爾特（Walter）的老師，也是皇帝威廉一世妻子奧古斯塔‧薩克森‧魏瑪公主的親密朋友。

過瀕死和死亡才能讓無意識的一切進入意識。可以說，我們自己內部的邪惡，如往常一樣，以魔鬼的形象表現出來，純粹的邪惡具體化成人身，而這和人類陰影在心理學上的意義是一樣的。因為陰影是無意識的內容之一，是一種非個人的、集體的力量，擁有著啟靈的力量。而「煉獄」（Purgatorium）的觀念，經由永恆之火而完成淨化，再次暗示了靈魂死後的轉化。【譯註 64】

* * *

　　且讓我們回頭再看看來信裡另外那兩個幽靈故事吧。有一個令人印象深刻的形象是「長著鬍鬚背着麻袋的小矮人」，白色而透明，他出現在閣樓和樓梯間時，嚇壞了小男孩；另一個則是「臉也像砂石一樣」的灰色小人，穿過了花園而消失不見的。

　　令人稱奇的是，傳說往往強調魔鬼或路西法是與「小人」、侏儒，有著密切的關係。有個傳說提到，並不是所有與

譯註 64： 煉獄（Purgatorium）這個字來自拉丁文 purgare，意思是洗滌。煉獄這觀念是天主教用來描述信徒死後的靈魂，自認為需要反省的地方（或狀態），但大多數東正教、基督新教和基督教新興宗教皆不接納。但丁《神曲》全詩分為《地獄篇》、《煉獄篇》、《天堂篇》三部，其中煉獄篇是描述過煉獄的情況。他將哲學家、思想家等等都列入煉獄中，而且將煉獄描述成一個有喜有樂，比較接近人間的地方。按但丁的描述，煉獄位於地球的另一面，和耶路撒冷相對，四面環海。他說煉獄像一座螺旋形的高山，靈魂在這裡懺悔滌罪。煉獄共有七層，分別代表七宗罪，每上升一層就會消除一種罪過，直到山頂就可以升入天堂。

路西法有關的天使都從天堂掉到了地獄。這些天使並不是真正的魔鬼，只不過太單純而被說服或誘惑，於是持續被困在山頂或懸在樹上。他們並沒有成為魔鬼，而是成為了小傢伙或泥土侏儒。與路西法這位魔鬼的遠親關係，解釋了來信裡小侏儒所隱藏的危險和可怕的特徵，尤其是「長著鬍鬚背著麻袋的小矮人」。

這個小矮人顯然不想讓人看見，因此他被小孩看到時，確實是怒火沖天。但他真的不想被人看見嗎？在被人的肉眼看到之前，他有法力消失、讓自己隱形，但他又設法讓人發現——而且不止一次，而是兩次。他想被人看見，又不想被人看到！這正是人們面對無意識內容時所顯露的態度；他想瞭解無意識，想擴展他的意識，然而他又是惰性的奴隸，任由一切一成不變，因而阻礙了轉化的可能。無意識對這態度的反應，也是同樣的模稜兩可。

人之所以會猶豫不決，或許是由他的內在發展要求他犧牲而引起的。心靈的發展，與大自然之間當下而本能的連結，是息息相關的；這個與大自然的連結，是孩子和原始人原本擁有的。然而孩子也好，原始人也好，一旦成年世界或文明的意識之光照射到了大自然原始的純真時，這連結也就立刻切斷了。因為這緣故，個體化歷程最根本的目的之一，就是為失去活力的一切帶來新鮮的生命。文明和當今的文化必須再次與自然結合在一起，而意識要與無意識，也就是心靈的本能面向，再次

113

結合在一起。只有經由這樣的融合，人才能獲得圓融。

　　所謂的「噤聲命令」，要孩子與白影精靈相遇時保持沉默，其實是無意識要拖延眼前失敗的努力。只要孩子還是個孩子時，就盡可能繼續生活在這個童真而神話般的、只住著好人和壞人的世界。然而，如果意識一旦喚醒而獲得了力量，這些神話角色的力量也隨之消失，所以孩子一旦說出了這些精靈，魔法的力量也就打破了。

　　幸運的是，小精靈並沒有從我們的時代完全消失。從這些來信所描述的經驗就可以看出這一點，而榮格自己也講過一個十分有意思的例子，一個披著頭套的矮精靈，是在兩個登山隊員遭遇凶險的雪崩之後立即看到的。【原註 61】

　　儘管故事裡常說，這些小小人與人們生活在一起，想要幫助人們，但當人們想偷看他們時，他們就一陣風似地消失了。讓人不解的是，他們的表現與本能的功能運作方式有著驚人的相似。可以說，本能的工作向來都是在黑暗中，以未經任何考慮且是無意識的方式進行，而意識在這個祕密遊戲中沒參與的份。意識和本能行為這兩者甚至是相互排斥的。一方面來說，這些小傢伙和他們偷偷摸摸的活動，和所有的幽靈現象都有著驚人的相似。比如，早上，沒人動過一根指頭，房間就打掃得乾乾淨淨，平底鍋就清洗得亮晶晶，奶酪就已經做好，這　114

原註 61： In *Archetypes and the Collective Unconscious*, Col. Works, Vol. 9, I, p. 223.

是一種幸福的、童話般的某種超心理或幽靈現象的戲法。在這些現象裡，變化的機制是由不明原因所引起。這些不想被看見的小矮人的相關傳奇，說明了要徹底弄明白這些現象其實是困難的，也確實是不可能的；當我們「偷偷等待」他們，也就是我們要開始對他們進行測量、拍照、統計，試圖以複雜的現代科學儀器去捕捉時，他們就消失了。這些幽靈顯然是與創造性的、非因果的過程有關，是與本能和人的無意識本質密切相關。這些幾乎無法納入到人類智力的範疇，或時間、空間和因果律的範疇。他們出現了，但如果我們想看得更清楚，他們就消失了。這並不是證明了他們不存在，而是證明了他們可能存在於一個更大的、脫離了智力的專斷性和自我（ego）的世界（不管是為了什麼來到此地）。

這個男孩遇到的白色侏儒是個匿名的男性精靈，相似於孩子們直到今天仍然熟悉的背著大包袱的大鬍子老人——聖誕老人（Santa Claus），他每年都會來看望孩子們，有時自己一人，有時則是他的僕人魯伯特（Rupert）陪伴。在許多的地方，比如說在瑞士許多古老的州，「聖米克勞斯」（Samichlaus）——聖克勞斯（Santa Claus）或聖尼古拉斯（St. Nicholas）——每年都會帶著他的同伴「施慕茲立」（Schmutzli）來看望小孩。而 Schmutzli 這個字從詞源來說，就是「黑暗」或「骯髒」的意思（Schmutz = 骯髒）。事實上，這代表了廢物（Schmutz = Schmalz = 豬油或滴水）。這角

色複製了聖誕老人的兩面性。在蘋果、堅果、糖果這些禮物的光芒背後，隱藏著一個背叛的黑暗，也就是聖誕老人慣於恐嚇那些蹦蹦跳跳的淘氣孩子，威脅要把他們裝進袋子帶去黑森林。他自己也不否認自己的矛盾。他出現在 12 月開始之際，因而是寒冷和冬天所化成的人物。在終極意義上，他就是死亡，代表著把人帶向另一個世界的人（「黑森林」），而且他就像是死者的法官，懲惡揚善。這位善惡兼具的神，每年來拜訪孩子們是一種有益的啟動，讓孩子們開始走進生命中的矛盾不明，在那裡不僅有水果和糖果，也有寒冷、罪惡和死亡。這就大自然的本質。

也許，從這點來看，我們可以將來信中的白色小矮人，視為孩子與矛盾的精靈第一次、而且令人恐懼的相遇。事實上，矮精靈會呈出如此強烈的邪惡和憤怒，可能就與孩子們本身有關，因為在孩子們的意識裡，這個世界確實並沒有這樣的空間。他在無意識中抗拒接受矮精靈已進入他自己遊戲和幻想的世界；然而他越是掙扎，天生的精神裡單面向而且「邪惡」的一切也就開始成長。這種惡魔式的、像是矮精靈的天性，往往與母親有關；假如她將孩子綁在身旁太久、太專斷，假如她讓他們生活在「孩子們的樂土」而不與外界接觸，小惡魔就會出現，彌補所錯失的一切。古埃及神貝斯（Bes）【譯註 65】是古

譯註 65： 貝斯（Bes）是古埃及的神祇。他身材矮小，腳是畸形的。他整天都是高興的，愛管閒事，是保護家庭、孩子和工作的家神。他還保護婚禮和分娩，也保護音樂

老的擬人化形象之一，身高如侏儒大小，是洞房和婦女的守護神，他和卡納克神廟【譯註66】的母親神有所關聯。

遇見男孩的憤怒精靈，實際上期待能受到人們的歡迎和理解，然後才能獲得救贖，而這一切只能透過現身。在孩子的那次遭遇裡，這情形還不能當作意識吸收而將陰影接受，而是孩子對這世界中的邪惡也好、善良也好，都是毫無畏懼而直率地接受而已。孩子對於第一次遭遇的一切，生病、死亡、不公平、甚至每個傍晚的日暮降臨，都是他成長中不可低估的阻礙。但如果孩子能和矮精靈「交朋友」，收穫就會出現了，這可以從袋子裡藏著錢幣的感覺得到暗示。因為錢幣，或是金子，意味著價值和生命力。經由隱藏財富這樣的暗示，憤怒的侏儒展現出他矛盾的特質：他掩藏在內的善良——藉由這點，日後面對未來的挑戰時將可以化險為夷。

至於那個婦女的經驗和灰色侏儒，則不適合做進一步的評述。我們前面說過，這顯然是大地的靈性或大自然的靈性的呈

和舞蹈。貝斯是古埃及比較小的神祇之一，從很早年代埃及各地就已經都供奉著他，雖然臉孔不同，名字也不同，但都是消災解難。

譯註66：　卡納克（Karnak）神廟是底比斯最為古老的廟宇，在尼羅河東岸的盧克索北方四公里，由磚牆隔成三部分。其中中間的部分占地約有30公頃，是獻給太陽神阿蒙的；左側的是獻給戰神門圖；右邊獻給阿蒙神的妻子，也就是形為禿鷲的姆特女神，現在尚未發掘。姆特與阿蒙神生有兒子孔斯，其埃及象形文字意指「禿鷹」，同時也指「母親」。當阿蒙成為了埃及主神，即「埃及之主」，作為其妻子的姆特自然也就獲得了「埃及女主人」的稱號。同樣地，阿蒙是太陽神，「天空之主」，姆特也就是「天空的女主人」了。

現。但是這封信關於侏儒為何會出現在女人面前，並沒有給確切的線索。她寫道，「後來，我聽說，在小矮人消失的地方，那家死了兩個小孩。」這聽起來不是那麼有說服力。如果附近的鄰居發生了悲慘的事件，當然是會傳到她耳裡，但她似乎覺得有必要將令人畏懼的非人類或啟靈的幽靈，以某種可以理解的關係和人們的生活放在一起。以這個案例來說（我們可以說我們理解），那就是死亡的邊界經驗。

無意識中時間與空間的相對性

從前一章的例子裡，我們可以看到，非人的男性精靈是極強的力量所具體化成的人身。可是它為什麼以小矮人的形體出現呢？這種反差在神話中常常可以看到：非常小的東西同時也意味著非常大：印度思想中的阿特曼（Atman）【譯註67】就是「比小的更小而比大的更大」；他只有拇指大小，卻能掌握住整個地球。希臘神話中的卡比洛斯（the Cabiri）【譯註68】是侏儒

譯註 67： 阿特曼可以直譯為我（梵語 Ātman），意為真正的我，內在的自我。這個術語起源自古印度宗教，在日後各宗派中普遍被接受，被視為是輪迴的基礎，後來由印度教承襲。在印度哲學中，特別是在印度教中的吠檀多派，梵與我合一，是古印度所指的終極實在，是超越和不可規範的唯一實在，被視為是精神與物質的第一原理、第一因。佛教不認可這種學說，則主張一切法無我。古代漢譯典籍中就將其譯為「我」，不與普通的人稱指代加以區別化，現代常譯為「梵我」以示區別，也有意譯為主體，或俗稱的靈魂。

譯註 68： 卡比洛斯，古希臘文 Kábeiroi，可以音譯為 Kabeiri 或 Kabiri，是古希臘的一群神

神祇，但同時也是巨人。

　　同樣的來回轉換，也出現在瑞士的傳說裡。有個故事講到，住在圖恩湖（Lake of Thun）邊的居民對小矮人非常友好。後來，一場暴風雨爆發了，洪流從山上呼嘯而下，山上滾下了一塊巨大的圓石。故事說，「這時，小矮人跳上巨石，興高采烈地就像騎著馬一樣。他用一根巨大的松樹幹使勁划著，讓大石頭截住了洪水，引導水流繞開而不至於毀損農舍，房子裡的人也倖免於難。但小矮人卻膨脹了起來，變得又高又大，最後變成碩大無朋的巨人而融化在空氣中。」【原註62】

　　這一切相近的神話說明了一個事實：小東西常常會引發最大的後果，造成無法估量的影響。正如我們看到的那樣，原型，心靈小宇宙其中的一小撮內容，是可以決定命運的；機遇可以拯救生命，也可以毀滅生命。在物理的世界裡，物質最小單元裡所包含的力量，已經提供了這可怕的證據。

　　然而，原型人物在大小之間的來回變換，可以用另一種方式來解釋。這可以追溯至無意識中時間和空間所發生的事。

　　時間和空間的關係是意識的功能。隨著意識變得薄弱的程度，或是進入無意識的深度，它們也同樣比例地失去了有效性。【原註63】在原子的世界裡，在研究無限小的時空時，也會

　　　　　祕的冥間神祇，古希臘不同的地區有不同的故事，既是侏儒神也是巨人神。

原註 62：　N. Herzog, *Schweizersagen*, Aarau, 1913, I, p. 57 f.

原註 63：　《童話故事裡的精靈的現象學》（*The Phenomenology of the Spirit in Fairy-Tales*）收於

發生同樣的失落。[原註64]

　　假如人或人的意識來到了原型影響範圍內，而這是在無意識無論深淺的狀態下都很容易發生的，他所經驗到的時間就會感覺到明顯的改變。有人甚至會說，他進入了一個不同的時間。這種現象已經科學地研究過了，但它同時也被敏感的人類或人群記錄了下來，並且重述而成為傳說和故事。也因為是如此，某個傳說中，一個年輕人來到侏儒或精靈所在的山上（也就是這人進入了無意識），休息歇會兒，喝了水並進食之後，

《榮格全集》第九之一卷，第 224 頁：「人的比例感，他對大和小的概念建構，顯然是擬為人形的（anthropomorphic），而且這不僅是在物理現象領域內失去效用，人性特有範圍之外的集體無意識領域也是失效的。」

原註64：　參見海森堡（H. Heisenberg）的《當今物理的自然圖景》（*Das Naturbild der heutigen Physik*），漢堡出版，特別是〈相對論與不確定性原理〉（The Theory of Relativity and the Principle of Indeterminacy）這一章，第 32 頁及以下。「時空領域清楚的界限決定」，這件事涉及了某些困難。「在大型的事件中，時空結構的任何細節都不可能改變，但人們必須考慮到這樣一種可能性，即在極小的時空領域中所發生事件所進行的實驗表明，某些事件的發生所依循的時間順序，顯然是與它們的因果順序反向而行。」「極小的時空領域」與大時空領域的關係，顯然就像無意識與意識的關係一樣。也參見艾恩斯坦（A. Einstin）與英菲爾德（L. Infeld）的《物理學的進化》（*Die Evolution der Physik*），1956 年，第 129 頁：「甚至在物理世界，正如相對論所表明的那樣，空間和時間也會走到了盡頭。按照勞侖茲變換理論[譯註69]，以光速運動的棍子會消失不見。用非常相似的方式對兩隻鐘進行時間測量，將一隻走動的時鐘與它經過的一隻靜止鐘做對比，速度越大時間延遲就越大，直到與光速度相同時，就會完全停止。」

譯註69：　勞侖茲變換（Lorentz transformation）是觀測者在不同慣性參照系之間對物理量進行測量時所進行的轉換關係，在數學上表現為一套方程組。勞侖茲變換因其創立者荷蘭物理學家亨德里克・勞侖茲（Hendrik Antoon Lorentz, 1853-1928）而命名。勞侖茲變換最初用來調和 19 世紀建立起來的古典電動力學與牛頓力學之間的矛盾，後來成為狹義相對論中的基本方程組。

就返回了他的村莊。但村子裡他一個人都不認識了，也沒人認
識他，他所有的舊識全都去世了，而他自己也成為一個老人。
反過來，在印度的故事裡也有一個有冒險情節的完整系列，故
事講的是，一位王子為了瞭解瑪雅（Maya）的奧祕，將自己
的頭整個浸到生命聖水裡只一小片刻（水是常用來作為無意識
的象徵）。【原註 65】

　　用一個隱喻來說，在第一個例子縮為侏儒的這一片刻，在
印度故事中卻是膨脹成了一個巨人。這兩個迥然不同的故事講
的實際上是同一件事：在原型的世界裡，一切是以無限緩慢流
動的時間來度量的；而我們塵世的時間，卻是稍縱即逝。年輕
人有幸參與了原型的生命（食物的共享意味著與精靈的融合，
是無意識的內容以人的模樣來呈現），因此他一直沒有感覺到
時間有丁點流逝，直到他返回村莊為止，也就是返回到意識。
印度王子同樣也是沉浸深入了原型（無意識）領域，然而他從
中經驗到了我們世界（意識世界）的時間；一生即片刻。因為
如此，瑪雅的奧祕得以了然於心。

　　心靈這樣靈光乍現的片刻，很可能催生了這一類的傳說。
例如，仙人掌毒鹼（mescalin）中毒時，一切時間感都暫停

原註 65：　本身是癲癇患者的杜思妥也夫斯基，在他的小說《白痴》（*The Idiot*）中，這樣
描述主人公梅什金公爵發作前一秒鐘的情況：「那一刻，我似乎理解了那句詭異
的諺語：從今以後，再也沒有時間出現了。患有癲癇症的穆罕默德將水罐摔出
去了，大概就是同樣這一秒鐘，還等不及的水流出，就察看了阿拉真主的所有住
所。」

了。實驗者說，一切事物「感覺上是很奇怪地同時發生了，而不是依著順序的。一切事物沒有在時間裡的位置，時間已經失去了它的意義」，或說：「一切都陷入停頓了，像中邪了一樣，像是身處睡美人的宮殿。」【原註66】

這兩個故事當然都有各自的主觀因素。他們描述了一種體驗，在那當中時間**生活起來**或感覺起來是特別長或特別短。相對於我們可測量的時鐘時間，主觀的感受（所謂「生活中的時間」）是一種普遍的人類經驗。對孩子來說，一年是無限漫長的；而對於成年人的意識來說，就只是一眨眼的事。在意識高度集中的緊張下度過的一個小時，似乎幾分鐘就流逝了，然而也有可能這樣的一個小時，「讓人老了好幾年」。危險的瞬間或死亡逼近的瞬間，可能會無限的延伸。

然而，在一些傳說裡，時間的相對化或回轉，是**大自然裡客觀的事實**——這是罕見的驚人現象。有一個瑞士的故事，講的是一個農場工人信步走進了一間修道院，據說是老早以前就座落在那裡了。他遇到一位老人，修道院的院長，問他現在幾點了，年輕人回答說：「四點半。」他才一開口，教堂和修道院院長就消失了，而農場工人發現自己坐在海邊的一塊大石頭上。「如果他不說話，」講這個故事的村民說：「他就會聽到美妙的事情，也許還會成為一個富人。」【原註67】

原註66： K. Beringer, *Der Meskalinrausch*, Berlin, 1927.

原註67： Herzog, *Schweizersagen*, op. cit. II, p. 16.（譯按：與原註61同一本書。）

「講故事的村民」所作的評論，直指心理學的觀點：透過

120 對時鐘時間的命名，年輕人所身處的相對無時間性的無意識，
因為被意識闖入了，這當中的寶藏也連同消失了。

這裡討論的重點不是在這年輕人**體驗**到加速或減慢的時間，也不是**體驗**到時間的某一片刻；但時間確實發生了**客觀的轉化**。根據這故事，當場景延伸到遙遠的過去時，那一瞬間已經有了不同的性質。因此，年輕人在遺址上看見了這間消失許久的修道院。由此可以得知，他因為某種原因被無意識「觸及」了，或更適切地說，被無意識某一原型的內容「觸及」了。在這影響下，他實際的意識因此捲進了靈魂的更深層面，意識發生了與那片刻的時間相呼應的轉化。他的意識延伸到遙遠的過去，而年輕人接收到了早就消失或死亡的事物或人物（我們沒辦法知道是什麼樣的原型在起作用，這故事並沒有講到農場工人的任何生平）。

這個傳說中農場工人所發生的經驗，是超心理學裡一個常見的問題。超心理學文獻所記錄的，最引人興趣的一個案例是莫伯里（Moberly）和佐丹（Jourdain）【譯註70】這兩位小姐的冒

譯註70： 1911 年，莫伯里（1846-1937）和佐丹（1863-1924）以伊麗莎白·莫里森（Elizabeth Morison）和弗朗西斯·拉蒙特（Frances Lamont）的筆名出版了《歷險記》（*An Adventure*）。莫伯里小姐在牛津大學畢業後，擔任牛津大學第一間女生宿舍的舍監，而佐丹是她的助手。她們結伴遊法國多次。1901 年的那一次，她們搭火車到凡爾賽宮，不經意參觀了參觀小特里亞農宮。這宮殿是路易十五為他長期的情婦龐巴度夫人所建的，到了路易十六，1774 年那一年登基，才 20 歲的他將這城堡及其周圍的公園送給了他 19 歲的瑪麗·安東尼皇后（Queen Marie

險。她們兩位皆是教師，在 1901 年參觀了凡爾賽宮的小特里亞農宮（Petit Trianon）時，目擊了一些場景人物，就跟瑪麗皇后（Marie Antoinette）在法國大革命以前的生活一模一樣，甚至還與她們「說話」了。無法解釋的抑鬱、夢幻般的狀態，全都出現在兩位女教師記錄下來的冒險裡【原註 68】，可以很明確地看出當時意識減弱的狀態，而這正是這類現象發生的必要條件。

　　她們的冒險不可避免地成為了焦點，不同的看法相互辯論。露西爾・艾瑞蒙格（Lucille Iremonger）的《凡爾賽宮的幽靈》（*The Ghosts of Versailles*）【原註 69】是一本很好的指引，將這

Antoinette），讓她獨享。1789 年法國大革命，瑪麗皇后三年後被捕入獄，次年上斷頭台。而這兩位小姐前往小特里亞農宮，在阿穆爾神廟旁邊緣的花園涼亭旁邊，看見一個戴著斗篷和大黑帽子的男人。他的外表「令人反感……表情令人憎惡。他的膚色則是陰暗粗糙」。另一個被她們形容為「高大……黑眼睛，戴著一頂寬闊的草帽，黑色捲髮」的男人走近她們，指出通往小特里亞農宮的路。莫伯里說，她注意到一位女士在草地上畫圖，在她們穿過橋到達宮殿前的花園後，看了一下她們。莫伯里說她起初以為是遊客，但那條美麗的裙子似乎是過時的，她開始相信那位女士是瑪麗皇后。然而，佐丹則表示沒有見到這位女士。離開凡爾賽宮一週後，莫伯里在寫給姊姊的信中開始寫有關凡爾賽事件下午發生的事以前，兩個女人彼此並沒有討論這事。後來她問佐丹是否認為小特里亞農宮鬧鬼了，佐丹才告訴她確實是這麼想的。三個月後，她們在牛津大學對彼此的筆記進行了比較，決定對發生的事情分別進行敘述，同時還研究了小特里亞農宮的歷史。最後在 1911 年出版了這本書。她們的故事引起了轟動，但也受到了很多嘲笑和研究，成為所謂的莫伯里 – 佐丹事件（Moberly-Jourdain incident）。

原註 68： A. E. Moberly and E. F. Jourdain, *An Adventure*, with an Introduction by E. Olivier and a note by J. W. Dunne, London, 1948.

原註 69： London, 1957.

書出版後所有的支持和反對評論都做了回顧；除此之外，她對這兩個女人的性格速寫也顯現了這兩位有才華的「老處女」的各種特色：弱點、野心和浪漫。然而，即使如此，艾瑞蒙格夫人的揭示裡，也沒有辦法確定《歷險記》是否是純粹的虛構，她只能留給讀者自己去判斷。

批評者提出的主要指控之一是，在三個月後，作者們才第一次記錄這次冒險。然而，這種奇怪而罕見的事件確實會在人的腦海中留下深刻的銘記；它們成為一種永久的資產，以至於日後數年都依然鮮活如初。我們可以對故事的真實性保持質疑，我們也可以想像這個有許多人「出現過」的奇妙經驗中有某些細節並沒有完全真實地呈現出來；更進一步地，是否其中一個參與者無意識地受到另一人的影響，而將這一切嵌入了自己的敘述中。【原註70】但我們必須要質問的是，在這樣的經驗中，所有細節是否忠實攝影或錄音真的是重點嗎？或者，更應強調的是，莫伯里和佐丹這兩位小姐覺得她們「進入了另一個時代」。她們對當時環境的描述表明她們正處於意識減弱的狀態，而這正是時空相對化最可能發生的時候。時間，延伸到了過去。正如艾瑞蒙格夫人準確地觀察到的那樣，連懷疑論者也不得不承認「故事裡一定有什麼東西」。

然而，莫伯里和佐丹這兩位的冒險，心靈研究學會並不認

原註70： 並不是所有的幽靈，兩位女士都同樣看到了。

為是不謹慎地記錄且未明確證實而加以拒絕；艾瑞蒙格夫人提出另一個基本上類似的體驗，記錄精準且證據可信，而學會對這一切所描繪現象的真實性未加質疑。[原註71]這經驗同樣是兩位英國女性，一起結伴去迪耶普（Dieppe）[譯註71]渡假。她們在某天早上四點到七點之間，聽到士兵的叫嚷聲、飛機引擎的轟鳴聲、機關槍的咔嗒聲、炮彈的爆炸聲，以及戰鬥的各種喧囂聲。當天早晨的調查證明，只有她們兩人聽到了那聲音。那附近沒有發生任何演習，也沒有電影院可以來解釋這些噪音。這兩位女性在經歷這番體驗後立即寫下報告。奇怪的是，轟炸的時間、間隔、戰鬥聲又重新響起的情況，都與九年前，也就是 1942 年 8 月 19 日，當天早上四點到七點之間在迪耶普當地所發生的戰鬥，幾乎完全一致。[原註72]

　　迪耶普的兩位女士不願透露姓名。從心理學的角度來看，

原註 71： G. W. Lambert and K. Gay, "The Dieppe Raid Case," *Journal of the Society for Psychical Research*, Vol. XXXVI, No. 1,679, May–June, 1952.

譯註 71： 法國的迪耶普（Dieppe）曾發生一場戰役，官方代號為銀禧行動（Operation Jubilee），在第二次世界大戰期間，盟軍於 1942 年 8 月 19 日對法國北部海岸被德國占領的迪耶普港口發動突擊。戰役約於上午 5 點開始，直至上午 10 點 50 分盟軍指揮官被迫下令撤退。超過六千名步兵參與突擊，以加拿大軍隊為主力，並得到英國皇家海軍和英國皇家空軍的支援。該突擊沒有達成主要目標。登陸的 6,086 人中一共有 3,623 人戰死、負傷或被俘（幾乎達六成）。空軍沒有吸引「納粹德國空軍」投入戰鬥中，納粹德國空軍只損失了 48 架飛機，盟軍則損失了 96 架飛機，以及 34 艘軍艦。迪耶普戰役影響了後來在北非（火炬行動）和諾曼第登陸（霸王行動）籌備工作。

原註 72： 這些時間是在戰爭辦公室的圖書管理員和 H.M. 文物局的負責人幫助下來進行核對的。

她們對自己的心理狀態沒做任何的紀錄，確實頗為遺憾，例如情感方面的經驗、時間和感知確切事實的紀錄。這也是為什麼莫伯里小姐和佐丹小姐的敘述有著不可估量的優點。然而，在一定程度上我們可以肯定地假設，當天早晨的那個時刻迪耶普的兩人都還充滿了昏沉睡意，儘管她們及時記住了當時的經驗。因此，在這例子裡，意識有部分的下降可以視為必然的。

由於對這種經驗的敘述極為罕見，莫伯里和佐丹這本描寫「冒險」場景的書包含了觀察者的主觀感受，以及迪耶普女士們筆下能被準確驗證的紀錄，都具有各自獨特的重要性。

＊　　＊　　＊

當意識要接近無意識的原型世界時，不只時間，連空間也都會出現客觀的變化。這就是由萊恩博士經由實驗而確定的超感知覺（extrasensory perception）實驗，既不受時間影響，也不受空間影響。【原註73】甚至，即便是超感知覺的對象位於遙遠的時空之外，統計出來的結果也超出了微積分計算出來的概率。時空是密切相關的，因為時間只能透過運行中（即，在空間中）的物體來衡量，並且兩個座標都建立在單一的時空連續體上。因此，我們不只是可以知道（或像我們的案例所顯

原註73： 萊恩（J. B. Rhine），《心智可及之處》（*The Reach of the Mind*），倫敦，出版時間不詳，特別是〈心智在空間的可及之處〉和〈穿越時間的屏障〉這兩章。亦可參見鄧恩（J. W. Dune）的《時間實驗》（*An Experiment with Time*）和《連續宇宙》（*The Serial Universe*, London 1934）。

示的，是體驗到）處於過去的事物，和處於未來（在那些真正的預言中）的事物，同時也可以感知到「此處」的事物同時也是在「彼處」或遠處的。一般來說，所預知的、預言夢中、或預感中的事件，是不會出現在「預言家」或「先知」所在之處的，因此在絕大多數情況下，時間上的預知與遠距離之外的知道，兩者是緊密相連的。就好像「此時此地」到了無意識中會有種不同的時空延伸，彷彿延長到了過去和未來，因此可以涵蓋「此地」和「彼處」。【原註74】

　　「片刻」在時空的延伸性，與意識的遠或近有關，這一點可以用金字塔來呈現：基座代表無限延伸，也就是不再可能知道的無意識；而尖頂就是意識的「此時此地」。在無意識中，點被場域（field）取代。無意識的層面越深，涉及的場域拓展得就越廣。無意識走得越深，「片刻」所包含的時間和空間就越多，一直到了最深處，無意識絕對不可能知道的層面，於是延伸到了無限。「片刻」也就等於了無意識。

　　無意識在時間和空間的無限延伸，使我們理解，無意識涵蓋了一種相對應的「知識」，這種「知識」可以解釋為預言的現象，或通向過去的超感視覺現象。榮格將其命名為

124

原註74：　關於時間因素在物理學中的相對性，參見海森堡（W. Heisenberg）《當今物理的自然圖景》（*Das Naturbild der heutigen Physik*），第33頁。「自1905年愛因斯坦發現暗物質以來，我們知道，在我所謂的未來和我所謂的過去之間，存在一個有限的時間間隔，這個時間間隔的長度取決於事件與觀察者之間的空間距離。」

「絕對知識」。然而，他這樣說實際上指的並不是「認知」（cognition），而是更像德國哲學家萊布尼茲（Leibniz, 1647-1716）如此恰當地描述的：「一種『感知』（perceiving），它的組成——或更嚴謹地說，它看起來的組成——是由意象（image），由主觀的『擬像』（simulacra）【譯註72】所組成的。」而這些認定的意象，榮格補充說，按推測應該與原型是同樣的東西，可以視為形成自發幻想產物的要素。【原註75】

＊　＊　＊

關於超感視覺的敘述，有很多是建立在空間相對作用上的，同樣也有很多是建立在時間相對作用上。有個耳熟能詳的歷史事件，是跟瑞典神智學家【譯註73】與科學家史威登堡（Swedenborg, 1688-1772）【譯註74】有關，他在哥德堡幾天的旅

譯註72： 這裡原文是 subjectless 'simulacra'，「無主體的『擬像』」應該是原作者誤植。譯者直接擅自改成 subjective 'simulacra'，並譯為「主觀的『擬像』」。

原註75： Cf. *Synchronicity: An Acausal Connecting Principle*, Col. Works, Vol. 8, p. 493 f.

譯註73： 神智學（Theosophy），又稱證道學，19 世紀後期在美國建立的一種宗教。它主要由俄羅斯移民海倫娜‧布拉瓦茨基（Helena Blavatsky, 1831-1891）創立，是一種宗教哲學和神祕主義學說。起源可以追溯到古代諾斯替主義和新柏拉圖主義。術語「神智」，源自希臘文 theos（即「神」）和 sophia（「智慧」），通常被理解為是指「神的智慧」。這種學說在古代有伊朗一元論教派的摩尼教徒（Manichaeans）主張；到了中世紀，則有兩個二元論異端教徒所組成的組織主張，分別位於保加利亞和拜占庭帝國的波各米勒（Bogomils）和法國南部和義大利的卡特里（Cathari）。在近代，神智學觀點一直由玫瑰十字會和共濟會特有。1970 年代和 1980 年代的新時代運動，便起源於英國的獨立神學團體。

譯註74： 伊曼紐‧史威登堡（Emanuel Swedenborg, 1688-1772），是著名瑞典科學家、哲學家、神學家和神祕主義者，在當時他的神學觀也是支持神智學的。

行途中，竟無比詳細地看到了遠在斯德哥爾摩的大火。這情形雖然更罕見，但同樣令人印象深刻，在這事件中感知本身就表現出空間的相對作用，例如，圖像在大小之間的變換，在上與下之間的不確定性。【原註 76】現在，我們回到巨人和侏儒轉換的話題上，這是目前反思的起點。我們很幸運，來信當中有提到這麼一個案例。

一個女人寫道：

我想講講在我奶奶去世後所做的一個至今難忘的夢。我在
我家廚房抱住了奶奶，她比活著的時候小得多。她說：「我不 125
想死。」當時我覺得她已經死了，但還是對她說：「妳不會死的。」然後她就變大了，直到和她活著的時候一樣大。然後我對她說：「現在，妳又跟以前一樣了。」但她還在繼續變大，已經高過我的頭。我告訴了她，然後她突然搖搖晃晃地消失了。

在路易斯・卡洛爾（Lewis Carroll）的《愛麗絲夢遊仙境》（*Alice in Wonderland*）中也發生過同樣的現象：愛麗絲掉進一個兔子洞（進入無意識），在那裡，她有時很小，有時卻高得碰不到腳，甚至考慮寫信給她的左腳。

原註 76：參見《浮士德》第二部：「那就請你下降，也可以說是上升！橫豎兩者是一樣的。」

空間上的超感視覺，和從我們收集的來信中所描述的經驗，兩者間的區別是，空間的相對作用代表著靈性的經驗，彷彿靈性本身就是對人類世界的空間比例不確定，而靈性努力讓自己來適應它們。我們時常聽說靈性或精靈【譯註75】的這種不確定性，也許歌德在對那些早已死去的人說話時，所暗指的就是這種情況：「我看見你們又來了，你們這些飄來飄去的傢伙。」

＊　＊　＊

無意識中的時空相對性，甚至可能解釋經常可以在動物身上觀察到的超感視覺、預知等現象。來信中有一些紀錄，我引述如下：

這是一位獸醫寫給《瑞士觀察家》的：

幾年前，有個婦女去村子裡買東西。這一次她是由丈夫特別喜歡的寵物狐狸犬陪著。就在一路走往村子時，小狗突然不走了，毫無理由地狂吠著，並且嗚嗚哭叫。過了一會，牠不叫了，繼續趕路。

當婦女回到家時，發現丈夫躺在地上死去了。他肯定是死於心臟衰竭，就在小狗嗚咽著哭泣的那一時刻。

譯註75：　spirit 這個字往往要看根據上下文來決定譯詞，分別譯為精神、靈性或精靈。

眾所周知，動物對即將到來的地震、水災等自然災害似乎有著預知的能力：牠們有時會在重大災難到來之前就開始逃離。而與人的意識相比，動物的「意識」是微不足道的。可以說，動物是混混沌沌地生活著，多多少少是在無意識的狀態中，而一如我們一直試圖要表明的，這正是超感知覺能力的先決條件。我們必須假設動物對時空具有超凡的感覺，尤其是候鳥，以及牠們迄今為止難以解釋的關於交配、繁殖、築巢等等行為和儀式，都表明了心靈中的時空相對性。【原註77】

榮格在他關於共時性的論文中，舉了下面這個例子：【原註78】

以磯沙蠶（palolo worm）令人困惑的時間導向為例，尾部充滿性交配生化物的這種蟲總是在 10 月和 11 月月亮的最後四分之一之前出現在海面上……（更準確地說，蠶群在這一天的早些時候開始，當天稍晚就結束，這是蠶群的鼎盛時期。月份則因地點而異。安汶島〔Amboina〕的磯沙蠶，據說是出現在三月的滿月時。）【原註79】

毫無疑問，對動物超感知能力的徹底研究，對超心理學具

原註 77： 有關信鴿如何找到回家路的超感知覺，杜克大學的普拉特（I. G. Pratt）進行了許多的研究。

原註 78： Col. Works, Vol. 8, p. 437.

原註 79： A. F. Krämer, *Ueber den Bau der Korallenrife* and Fritz Dahn. *Das Schwärmen des Palolo.*

有重要的意義。

未獲得救贖的鬼

　　未獲得救贖的鬼，或打算為自己罪行贖罪的鬼，是我們來信中經常出現的主題。不過，就這個主題我不打算特別展開，因為其中的心理學問題是與前幾章一樣的。這些報告之所以重要，是因為到目前為止，它們已被證實。

　　一般來說，來信中陳述的這些無法安息的鬼以及氣氛陰鬱的幽靈，講的都是犯罪、行為不端或有某些重大過失。從白鬼的故事中我們知道，這些鬼生前所犯下的罪行都與反對愛、貪婪，或者在葬禮或彌撒之類的儀式上有所疏漏有關。自殺則是另一種經常被人提及的違規。

　　舉例如下：

　　在我還是中年婦女的時候，在基督之家住了很多年。那時有好幾年，每個秋天都會定期鬧鬼。牆壁上傳來時高時低的敲擊聲，但這幢四層高的建築中只有一樓和二樓出現這種聲音。晚上十點時走在一樓走廊，有時我們會感到一陣冰冷的寒風吹過臉頰。【原註80】

原註 80：　冰冷或刺骨的氣流或呼吸，經常出現在反覆提到的與鬼魂或幽靈現象有關的詭異事件中。在希臘語中，psychein 的意思是呼氣，psychros 的意思是冰冷，而

管家房間裡的聲音總是最為響亮，以至於管家總以為是隔壁房間有人半夜三更搬東西，把畫從牆上摘下又掛上。然而，當我們問起時，有人對我們說，其他房間的人以為是我們弄出的聲音，還因此抱怨了。那些年，總是在秋天，這兩層樓的一些人都會聽到敲擊聲，但只有我們這層樓的人才會感到寒風。後來我們偶然才知道，許多年前，當這幢樓還沒有成為基督之家時，原本是一幢公寓，有個年輕人就在後來當作管家房的那間房裡開槍自殺了。我們大家一起祈禱了很多次，鬼才完全消失，後來再也沒有回來。

這份記述所講的不是看到幽靈，而是聽到的聲音。這不是唯一的。在我們的來信中，未獲得救贖的鬼以聲音現象出現，和人們看到的幽靈一樣多。

同樣一位女性寫道：

有位天分極高而非常博學的男性，既不相信上帝，也不相信任何超感知現象。他對我丈夫和我說，有一次，他在一家旅館過夜時，突然產生了一種不可名狀的感覺。在此之前，他從未有過類似的感覺。不過，他沒有多想就睡著了，但他很快醒來後，恐怖的事情就發生了。藉助於從窗簾映射進來的微弱街

---

psychos 的意思是清涼！因此，psyche（心靈）實際上可以被定義為「清涼的呼吸」。

燈，他看到床邊有一個巨大的骷髏用空洞的大眼眶盯著他。驚恐萬狀下，他急忙把燈打開，而就在開燈的瞬間，骷髏轟然崩潰，一切都消失了，什麼都沒了。第二天早上，他問經理了一連串問題，最後才從經理嘴裡得知，幾年前有個男人就在他住的這個房間開槍自殺了。

這位朋友不得不改變他對鬼魂的看法，特別是不久後，他自己的鄉村小屋也被證實鬧鬼以後。

顯然，這段恐怖經驗（源於一個陌生人在旅館房間自殺）也與這位感知者的內在傾向是一致的。否則，這個人就不會在自己的房間再次遇上別的鬼。

當我還是個小女孩時，我住在 B 城，一幢房子後面的三樓。我去世很久的祖父母以前是住在二樓。一天，我放學回家，看見母親和祖母站在樓梯上竊竊私語。她們在說某位認識的人，許多年來我們一直從他那裡買煤的老闆，我聽出來原來是他上吊死了。突然，她們兩個不約而同地朝樓梯往下看，整個人全嚇僵了，接著我們三人一起驚恐地尖叫起來，因為在我們面前，這名煤販正背著一個沉重的大袋子往樓上走來。他的面色瘀青，舌頭伸在外面。他說，他必須一直扛煤，直到他生命自然終結那一刻為止。然後，他突然消失了。

這裡我們所聽到的是一種相當原始的解釋方式，也就是人們普遍認為（也表現在傳說裡），自殺的人死後是無法獲得安寧的。煤販不得不到處遊蕩，「一直扛煤，直到他生命自然終結那一刻為止」。

　　自殺的內疚，和謀殺不同，而是在於自殺者放棄了對生命的責任，或者說，他拒絕履行注定的命運。在第一章裡的許多來信裡，所談論的都是人對命運的臣服。

　　假如我們認為自殺是一種罪，那麼這罪的本質特徵是，「自殺」這行為是無法得到救贖的。從我們的來信和傳說可以看到，死後靈魂是否能獲得安寧，重點不在他的過失有多麼嚴重，而在於行為是否得到彌補、是否獲得了原諒。這才是根本所在。

　　下面又是一個例子：

　　我和一個朋友吵架，他真的傷透了我的心。從那時起，我就避開他。兩年後，我出國了大約 14 天的時間。一天晚上，和朋友們愉快地聊完天，期間絲毫沒涉及任何幽靈或鬼的話題，夜裡卻夢見我的這位老朋友出現在夢裡求我原諒他。我對他的請求充耳不聞，於是他走過來對我說：「看在上帝的份上，別這麼固執！我要出事了，這就是我來請求你和解的原因。」他邊說邊握住我的手——我清楚感覺到一隻冰冷的手。我醒了過來，夢中的情景消失不見，但我卻聽到門關上的聲

音，儘管那時我已經很清醒了。

　　可以想像，就在這件事發生的兩天以後，當我接到這位朋友死於一場事故的消息時，我是多麼驚訝！最令我感到震撼的是，我做這個夢的時間正好就是他的死亡時間。這件事最異乎尋常的是，我距離他至少有七百英里。

　　這件事令我深感不安。我沒日沒夜地想著這個夢，儘管我還是習慣於冷漠，可就是忘不了他的不幸。我問神父，我沒有原諒他的態度會不會擾亂他靈魂的平靜，神父的回答是肯定的。他補充道，我應該原諒他，為他祈禱，為他做一次彌撒，並且要親自到場。我馬上照辦，我的內心完全恢復了平靜。後來再也沒有遇到這種事了。

　　夢裡出現的朋友可以當作我們平常理解的「鬼」，但也可以將他解釋為這個做夢者的另一面，也就是心靈內容以人的形象呈現出來，因此可以在夢的意象中看見。友誼通常建立在雙方互相或單方向的無意識投射上。這一類的投射可以在兩者之間創造出情感的親密連結，但友誼可能會突然變成敵意——這是平常不會考慮的危險。當投射不得不撤回時，爭吵與不和諧就出現了。這位來信者在夢裡遇到他朋友的「幽靈」，是第一次因為內心的真摯感受和深切關懷而激發的種種反應。這可能是（儘管是不可能驗證的）即使事隔兩年，他對這位朋友還是有感情投射。

另一封信也涉及到寬恕所產生的效果：

．

　　我還是個年輕女孩時，就與一個年輕小伙子訂了婚。我們打算在四個月內完婚。但這個婚約破裂了。我極想忘記這段愛情，也確實成功做到了，確信這婚姻是永遠不會帶來幸福的。然而六年後，一個明媚的夏日，當時我已經徹底忘記當年的那個小伙子了，卻發生了一件奇怪的事。那個下午，我正忙著清理廚房，突然感到莫名的不安。這種感覺持續了一個多小時，還是不清楚為什麼會如此，因為我意識中根本沒有任何念頭，卻有了種看不到的強烈衝動。我極度坐立不安，只好匆促放下手頭工作，抓起閣樓鑰匙往樓上跑，打開門又隨手關上。這間房間只放著一些舊箱子。我打開其中一個，從裡面拿出存放著我前未婚夫來信的盒子。六年前，滿滿的苦痛。我坐在箱子上開始讀信，越來越感覺不安。忽然之間，我對這個曾經一次又一次承諾愛我的年輕人湧上了深深的憐憫，我哭了起來。我淚流滿面地坐在那裡，而就在自己的旁邊，突然我有一種感覺，覺得這個房間不止我一個人。我驚恐地抬起頭，我的未婚夫就站在我面前。他望著我，安靜但急迫，臉上毫無表情地對我說：「請妳務必原諒我曾經做過的一切，我只是個可憐的人。」我好像被催眠了一樣，瞪著他大聲喊道：「我完全寬恕你，你是個可憐的人。」話音剛落，他的身影就消融而毫無蹤跡了。我一開始想到的是，我肯定是在做夢，但是窗外是明媚

無比的夏日，我知道我沒有在睡覺。那天晚上，我因為這事帶著破碎的心上床，十分肯定自己是神經崩潰了，否則大白天怎麼會發生這種事。

然而，第二天，我就從報紙上看到未婚夫去世的訃告。而且就像我後來聽到的那樣，他就是在懇求我原諒他的那個下午死去的。

這裡，我們又一次看到，對於某件事或某個過失的寬恕，不僅會給死者的靈魂帶來安寧，同樣也會給寬恕的人帶來平靜。幽靈消失，「消融而毫無蹤跡」了，而且這個女人重複這些寬恕的話之後，再也沒提到任何哀慟。同樣地，我們可以將未婚夫的鬼理解為這女人靈魂的心靈內容以人的形象呈現出來，作為一個記憶中的意象；我們也可以將這個幽靈理解為獨立於她之外的東西。事實上，只有這兩個面向相互作用，才能找出有意義的解釋。

132　　從來信和傳說來看，黑暗或幽怨不安的幽靈，是生前犯下的罪行或過失沒有獲得寬恕的死者的重現。而從心理學角度來看，它們可以被理解是化為人形的投射，或心靈內容的外化作用，而「投射者」則是遇到鬼的那個人。鬼的行為與無意識內容的行為兩者的相似（在「白色女士」一節中談過這個問題），再次表明了：「鬼」只有重新與生者建立起正向的關係，才能獲得救贖——而這裡所表達的關係就是寬恕的行動。

另一方面，這就是無意識情結或心靈的內容正極力浮上意識層面的狀態，只有被接受了以後，也就是人們意識到這一切之時，「情結」才會消失，人才能與自己和解。未獲救贖的黑暗幽靈裡有些特殊的例子，若以心理學來比喻，它們所面臨的挑戰是如何意識到自己黑暗而未分化（undifferentiated）的面向，或意識到自己的「陰影」，並對犯罪的人感覺憐憫。

然而，與未獲得救贖的鬼的正向關係，並不總是以寬恕、祈禱、做彌撒這一類友善方式來表現。我們不時會遇到一個相當奇怪的主題，就是補償性的懲罰，對生前未受懲罰、未得救贖也未求寬恕的罪行的懲罰。在某個傳說裡，小男孩的手掌長出了墳墓，因為他打過他母親，並且沒有受到懲罰，甚至沒有請求寬恕。用枝條稍微抽打，會讓小男孩的靈魂獲得平靜。

無頭鬼和沒臉鬼

人們常說，未獲救贖的鬼的特徵是沒有頭，或沒有臉。

一個老婦人寫道：

我想告訴你們，當我還在走街串巷叫賣芝格（Ziger，一種山羊奶酪）【譯註76】時，遇到了一件恐怖的事。在 11 月某個

譯註76： 產自 Val Pusteria、Lower Val d'Isarco 和 Belluno Dolomites；其名字源於德語詞 ziege，意思是山羊。

漆黑的晚間，約略八點時刻，我在回家的路上。一路只有我一人，我沉浸在自己的思緒裡。就快到村子的最後一幢房子時，一個人突然出現了，好像是從地裡冒出來似的。我倆走過這房子一段距離，四周更為寂寥了。我該怎麼辦？回到那房子嗎？這麼晚，人們都該睡了吧？難道告訴他們說，我因為對某個陌生人有不安的感覺？哎呀，那多丟臉！陌生人是不是盯上我鼓鼓的錢包了？這也許就是最後一根稻草了！我開始運用庫埃自我暗示法（Coué's method）【譯註77】：繼續走！我是勇敢的！而且走得飛快。一會兒，這個古怪的陌生人在路的右側停下，背對著我。我鎮定地向他打招呼：「晚安！」他閃電一樣轉過身，我就跟他打了照面，而我幾乎嚇僵了：只看到一張空面罩——就一個黑洞！頭上沒有臉。緊接著這人發出長長的哀嚎——一陣令人毛骨悚然的尖叫，然後我眼睜睜看著他沉入地

譯註77： 埃米勒‧庫埃全名是 Émile Coué de la Châtaigneraie（1857-1926），是法國心理學家和藥劑師，他介紹的心理治療和自我改進的方法，相當受到歡迎，是基於樂觀的自我暗示。庫埃原來在特魯瓦（Troyes）擔任藥劑師，發現了後來所謂的安慰劑效應。他因稱讚每種療法的功效，並給每種藥物留下小的積極提示，得到客戶的信任，因此而聞名。1886 年和 1887 年，他在南錫（Nancy）與催眠術發展的兩個主要人物李博（Ambroise-Auguste Liébeault）和伯恩海姆（Hippolyte Bernheim）一起學習，而這兩位也是佛洛伊德當年學催眠的老師。1910 年，他乾脆退休搬到南希，在那裡開設一家診所，聞名海內外。他的書《透過有意識的自我暗示實現自我掌握》也在英格蘭（1920）和美國（1922）出版。而庫埃自我暗示法（The Coué's method）基本上就是像口頭禪般經常有意識地自我暗示，典型的用語是：「每天，無論如何，我都會越來越好的！」（Tou les joursàtous points de vue je vais de mieux en mieux.）這些方法大受歡迎，特別是在美國，受到影響的人包括卡內基等這些勵志大師。

下。

　　四周像墓地一樣寂靜，路上只有我一個人，我開始抽泣祈禱。我不知道是怎麼回到家的。

　　有一段童年回憶是這樣的：

　　我父母親住在郊外，方圓四周都沒有鄰居，可以說是遠離喧囂。我們家是一幢有著八個房間的兩層樓房。其中一間一直空著，後來成為了我和我哥哥的臥室。

　　那是一個月光如水的夜晚。滿月的亮光照進房間，一切都清清楚楚──接著，發生了一件怪事。從落地窗簾背後走出一個身材高大的男人，慢慢地向我們的床走來；起初，他不得不繞過房間中央的桌子，然後來到我們床邊。最令人恐懼的是，這個人沒有頭；他把頭夾在腋下，盯著我們看。我哥哥和我把他看得一清二楚。我們永遠忘不了。

　　那時，我六歲左右。當這個人往回走又重新消失在窗簾背後時，我們從床上翻了下來衝進我母親的房間。我們完全嚇壞了，找不到合適的語言描述我們看到的一切。儘管我們一直在抽泣顫抖，最終還是把這一切說了出來。以後再也沒人敢在那間恐怖的房間睡覺了。這件事發生約 14 年以後，我父親翻閱老報紙和老照片，我們也在一旁看著。我哥哥突然大叫一聲。他非常激動地把一張照片拿給我──就是這個人！──令我同

134

樣恐懼的是——我們認出了那晚不速之客的頭和身體。我父親告訴了我們，那天晚上出現在我們房間的那個人的故事。他挪用了一大筆錢，走投無路，就在那間房子上吊自殺了。

一個人寫道：

在天剛破曉時，我突然醒來過來，幾乎被嚇癱了。一個人站在我床邊。他的衣服看起來清清楚楚，手和頭也清晰可見。然而，令我恐懼的是，我看不到他的眼睛、鼻子和嘴巴，只有一張表皮，好像綿羊毛做成的。他整個人是用某種堅固、不透明的素材構成的，看上去像一團灰白色的濃霧。

以下有個有個主題類似的傳說：【原註 81】

在很久以前，就像我常常聽說的那樣，曾經有個人從阿道夫（Altdorf）回家，這時，另外一個人從路的另一邊走來，幾乎撞到他。前一個人喝多了，興高采烈地高聲喊道：「向您說晚安！」而另一個人也舉起手，卻像是在嚇唬他，而且一言不發。第一個人立刻脊骨發冷，出了一身冷汗，因為他看清楚那個人沒有頭。這時，慌亂中他急忙向對方大喊：「我有第一個

原註 81： Müller, *Sagen aus Uri*, loc. cit. p. 426.

字和最後一個字。」「祝你更加快樂，」陌生人才回答道（我們不知道，沒有頭的他是怎麼說話的）：「否則就咒你去死。你要知道，今晚我必須趕到克勞森山口（Klausen Pass）；因為那是我曾經犯下罪行的地方。」

　　為了好好地理解「沒臉」的象徵意義，我這裡引用一封信，這封信曾經在「發光的鬼」那一段討論過。一名身心疲憊的女人看見一個使她健康好轉的發光人。她寫道：「它是一團濃濃的白光，沒有臉孔，但有著兩隻胳膊一樣的東西。我看不到它的腳，儘管這像是人的模樣在移動的光和氣。」【原註82】

　　一個人的臉面代表著他的人格。「失去面子」意味著失去人的尊嚴，尤其在有些或多或少原始的社會裡，會造成嚴重的社會後果。俗話說：「20 歲的臉是上帝給的，40 歲的臉是生活給的，60 歲的臉是自己應得的。」這句話暗示人們會隨著歲月的流逝，一個人的個體化發展會在自己的臉上刻下痕跡。

　　或許我們還記得王爾德的著名小說《道林・格雷的畫像》【譯註78】，這故事是關於一個人的內在與外在形象之間產生了

原註 82：　無腳是幽靈的一個特徵。據報導，鬼魂飄浮不定，腳不著地，有小塊的雲代替腳等等。腳是連接人和他塵世現實的東西。因此，眾所周知的飄浮夢表示，做夢者已經「失去了他的立足點」，或確實再也「找」不到它了。飄浮、無腳等強調了來信和傳說中幽靈的非塵世性質。說明他們「不屬於這個世界」。

譯註 78：　《道林・格雷的畫像》（The Picture of Dorian Gray），亦作《格雷的畫像》，由愛爾蘭作家奧斯卡・王爾德（Oscar Wilde, 1854-1900）創作，是極少數仍廣受歡迎的 19 世紀唯美主義小說之一。1890 年首次出版時，不只引起了軒然大波，並在

不自然的裂痕。儘管格雷經年維持俊美的外表，但他的「心靈的存有」已刻上了邪惡的特徵，他的肖像畫日漸變得醜惡透露出了這一點。他的悲劇人生就建立在這種魔性的表裡不一上。

我們來信的記述中這個沒臉的發光幽靈，暗示著這名婦女自己的心靈人格還不夠完整。它尚未形成自己的型。或許她自己內心的發展與沒臉幽靈之間存在的關聯，她還沒清楚地意識到。然而她在本能上還是感覺到了這一點，因為她用這樣的話來總結：「現在我知道了，為什麼我還不能死去。」換言之，顯然還有著人生基本的經驗正等著她（無論是痛苦還是快樂的），都將會形塑她的存有，賦予她的心靈過去所沒有過的面貌。

沒臉或無頭的**發光**幽靈的記述，相對而言是比較罕見的。比較常見的是**黑暗**而古怪的無頭鬼故事。我們來信中講到的「無頭」或「沒臉」，一般都是由於生前犯下了黑暗或邪惡的罪行，這種罪行會毀掉生命的最高價值，也就是人格，一個人的「臉」。這些記述揭露出，在無意識層次，與人格發展維持

日後王爾德因同性戀性行為而受審判時，成為攻訐他的根據之一。本書詳細描繪維多利亞時期的倫敦生活，攻擊當時有禮卻虛偽的上流社會，並以浮士德式的主人公格雷所犯的「罪惡」為主題，在當時處於維多亞時代晚期的英國社會算是相當特立獨行的文學作品。格雷投身墮落之道和感官享受；他本人青春永駐，但他的畫像卻代為受過，漸因他的所作所為而老朽腐壞。在台灣，1970、1980 年代建築大師王大閎將《道林‧格雷的畫像》譯寫為《杜連魁》，場景亦轉換為當時的台北，於 1977 年出版。這樣轉換場景，移花接木的譯法並不常見，但是出版後受到知識界的喜愛。

著一致性的連結是非常重要的，也因此對真正的個體化歷程非常重要。當這個歷程中斷了（用宗教的說法是：人與生俱來的神聖意志尚未完成），靈魂依然沒有獲得救贖，那麼死後注定會變成不得安寧的無頭鬼。

未履行的承諾或失信

死者靈魂不得安寧的原因，並不全然是由惡行或罪所引起。另一個常見的原因是沒有履行自己的承諾。然而，兩者之間還是有巨大的差別：未履行自己生前承諾的人，他的靈魂並非真的不可救贖；而是他即便死後，也要努力去做完生前未完成的事。

這件事發生在第一次世界大戰幾年後一個美好的九月下午。我們三人，包括兩位英國年輕人和我，爬上了芬斯特尖山（Finsteraarhorn）。下山時，我們決定在阿萊奇冰川上端的康科迪亞小屋過夜。

其中一個英國人，我們姑且叫他艾迪，看上去疲倦極了。因此，一到小屋他立即躺下就睡著了。我姑且把他另一個同胞稱為大衛吧。旅行期間，我注意到他們之間的親密友誼，彼此關心對方甚於關心自己。

137

晚上颳起了暴風雪。第二天一早，大家發現小屋的門敞開著，艾迪失蹤了。這封信繼續這樣寫著：

　　等了很久艾迪都沒有回來，我們開始呼叫他的名字，但只聽到我們自己的回聲。時間一分一秒地過去，我們越來越擔心，大衛老實地告訴我，當他朋友身體極度疲倦或天氣突變時，經常會夢遊，我敢肯定他一定遇到麻煩了。我們的呼喚和搜救一無所獲，地上厚厚的積雪已經抹去所有的蹤跡。隨即趕來的搜救隊員也沒找到他的任何蹤跡。

　　大衛無比難過地回到英國。我們通了幾個月的信，在最後一封信中，他告訴我，在夏天時他會回去繼續尋找這位失蹤的朋友。但是夏天來了又去，我沒有聽到他的任何消息。

　　有一年又是美妙的九月天，猶如那一年。命運又把我帶到阿萊奇冰川。我孤身一人，不由地想到艾迪，又想到不知大衛變得怎麼樣了？為什麼他再也沒有回來？

　　我慢慢地走著，一直到距離康科迪亞小屋一百碼的地方，突然看到一個身影，似乎非常熟悉。我拿起望遠鏡，看到這個身影正慢慢地朝著我的方向走來，並向我招手，看上去非常疲倦。我馬上認出，他就是大衛。他怎麼到這裡來了？穿著日常的衣服，沒有任何登山裝備？我不知如何是好，開始對他歡喜呼叫。他沒有回應。只是這個人影指向冰川的某個點。我摘下望遠鏡，然而大衛已經不在了，好像被吞沒了。我拚命朝他剛

才站著的地方跑去,發現那裡有一道深不可測的裂縫。我仔細檢查了這個地方,並且第二天從山下找來幾名壯漢。其中一個用繩子綁著身體垂下裂縫去,在往下 100 英尺的深處發現了艾迪。於是我們將遺體抬下山。同一天我立刻寫信給大衛,但很快收到消息說就在找到他朋友屍體的三天前,大衛在重病漫長的折磨之後死於敗血症。

他信守了回去尋找死去朋友的諾言。

下面這個故事是一個女人寫的:

我出生在史特拉斯堡附近,1927 年起搬到巴塞爾。我的親戚都住在阿爾薩斯。

1939 年戰爭爆發時,我的雙親都還活著。母親是 1940 年去世的,但兩個星期後我才得到她的死訊。我一想到自己永遠見不到她,特別是想到儘管我們一再邀請,但她從來沒有來過我的新家,我就無比難過。我在信裡將這一切告訴父親,他也十分難過。他對我說,不要放在心上,戰後他會拜訪我們,盡力做出彌補。

1944 年 7 月,一場轟炸結束後死寂的夜晚,我丈夫那一天外出,我一個人在家,十分孤獨。突然,我聽到一個男人的聲音在樓下叫道:「莉娜,我來了。」我答道:「好的,我來了。」然而一切又突然安靜了下來。我又喊了一次,但沒人回

應。我全身一陣冷顫。於是心驚膽戰地在房裡找了一圈，但一個人也沒有。接著我開始非常擔心起我的丈夫，當時他應該正在回家的路上，我心想他肯定出事了。我在有軌電車站等了近一個小時，最後終於等到了他，這時才鬆了一口氣。他驚訝地看著我怎麼嚇成這樣，我才將剛剛的事情告訴了他。隨之把這一切都忘了，因為我們找不出任何原因。

但是當我們聽到父親去世的靈耗時，我們想起了那晚發生的事。那正是他死去的那天。即使死去，他也想遵守他的承諾。

另一封信寫道：

下面這件事發生在 1950 年，是一位天主教神父講的：

工作完畢後，我正要下樓，電話鈴響了。這電話是通知我去看望一位已進入彌留階段的教區教友。探望完畢之後，在回家的路上，我看見自家書房的燈亮著，屋裡有個人影走來走去。上樓時我首先想到的是有小偷進來了。我慢慢打開門，看到我的書桌，而桌前站著一位神父，正翻閱一本書，好像在找什麼東西。你可以想像，在這裡遇到我的同行是多麼的吃驚。他轉過身，向我打招呼，捧著一本教堂的名冊登錄本說：「瞧這裡：1891 年這裡，有個死亡彌撒沒有記錄。請你看看，彌撒是做過的。」我看看他，接過名冊看了看，他說得完全正

確，沒有為 A. M. 在「死亡記念欄」做記錄。我正想問這位不速之客是從哪裡來的，他又怎麼會知道這件事，卻發現房間裡已經空無一人。

承諾背後存在著一種不容質疑的心靈力量。可以說，從承諾到兌現的過程，形成了能量或心靈的合一；如果未能兌現承諾，這內在平衡也就被打破了。因此人會遵守諾言，認為即使已經入墳也有責任要實現承諾。諾言中的每個字都具有心靈的力量和魔力，這一點是顯而易見的；如果是更有約束力的行為，例如發誓或詛咒，會具有更可怕的效果。未能實踐的諾言通常帶給被承諾的人巨大的失望，而失信者的內疚則會對他自己的心靈造成傷害。從能量角度來看，心理能量的流動沒有到達應該到完成的地方，而是轉向破壞承諾的人本身。

發誓或許諾是原型的行為，這時人是以全部的心靈力量來進行的。因而，發誓或承諾都會伴隨著隆重的儀式。莊嚴的氛圍強調著這一刻的重要性：交換戒指、在宣誓或訂立諾言進行時運用特定的手勢（雙手緊握、手指直豎等等），或是共飲。某些古老或原始誓約甚至會在誓言下蓋著血印。我們可以說，真正的諾言即使沒有一定的形式，還是具有神聖的效果。即使像口頭許諾這樣，沒有任何附加的形式，也具有同樣的效力。

從來信的記述裡可以看到，諾言不僅是針對死者，對生者也具有同樣的約束力：假如生者忘記或沒履行他們的諾言，

死者就會向他們發出警告。下面幾封來信或許可以用來加以說明。

　　我丈夫隨著病情的不斷惡化，他的嫉妒心也越來越強。他已經開始等死，強烈的嫉妒心實際上是讓他活下去的有力支撐。在他生命的最後時刻，他要求我承諾，永遠不再屬於別的男人。我不假思索立刻答應了，希望這樣做能帶給他些許的安慰。

　　幾年過去了。儘管我還年輕，但我的生活非常平靜。在丈夫死去八年以後，媽媽和阿姨為我介紹了一個年輕的木匠，他看中了我，急著想娶我為妻。我也真心喜歡這個年輕人，生活又有了歡樂。我們在復活節訂了婚。那天只有五個人同桌慶祝。當所有的祝福話語都說完了，我們舉起杯子，盛滿了冰鎮白葡萄酒，互相碰杯。然後就出事了；我才將酒杯像平常一樣放到桌面，這酒杯立刻粉碎成無數的細片。同一時間我未婚夫也將酒杯放回桌上，手上的杯子卻碎得只剩上面的杯體。我媽媽或許是因為這突然的困惑而打碎了酒杯。我們幾乎都沒看清楚整個事情的經過，我們只知道，五個酒杯碎了四個。接著，從牆壁的裝飾夾版傳來一聲異常響亮的爆裂聲，我忽然脫口而出：「我的丈夫，羅伯特！」聽到自己這麼說，我是最恐懼的一個。房間裡的氣氛令人窒息。我著了魔似地跑出房間。

　　結果是，我退回了這婚約。有了這次的警告，我再也沒有

勇氣去打破我曾對死前的丈夫所做的承諾。

還有一段陳述是這樣的：

這裡記錄的事是發生在 43 年前，然而這一切迄今依然鮮活留在我的記憶裡。

那是 1911 年。我母親和我們四個小孩一起住在樹林邊外公的農舍裡。我外公在疝氣手術後，死於肺炎。在他臨死前，我母親答應了他幾件事，其中一件是為了紀念他而點一整年叫做「靈魂光」（soul-light）的長明燈。這是我們那裡至今還保留的習俗。我母親嚴格地信守承諾，直到有一天，油沒了，外公的「靈魂光」因此熄滅了。

火剛熄時，我們坐在桌旁吃午飯。突然，大家全聽到一陣有規律的響亮敲擊聲，顯然是從我去世的外公的房間傳來的。我們面面相覷，不知道是怎麼回事。

我母親是做事果斷的人，絕不迷信，她先讓我們安靜下來，然後站起身，步履堅定地穿過廚房走進外公的房間。當然，我們全凝神屏息地聽著。我們聽到我母親的聲音，還有外公的聲音——我們不可能聽錯，儘管我們聽不清他們在說什麼。

我必須承認，這一切令人毛骨悚然。我們恐懼地面面相覷，直到談話結束，我母親回來，她步履依然堅定但眼眶紅

了。她坐在桌邊坐下說：「孩子們，我們先為所有可憐的靈魂祈禱，再繼續吃完午飯吧。」

我們照做了，然後默默地吃完了飯。那天以及接下來的日子，我們沒有從她嘴裡聽到任何解釋，儘管我們孩子們因為好奇心而不斷糾纏她。不過，那天她立刻吩咐我：「約翰，盡快去村子裡打一升的油來點燈。」

直到很久以後，她才告訴我們那天發生的事。她是這麼說的：「哦，我走進你們外公的房間，我看到他穿著的是入殮時的衣服，筆直地站在櫥櫃旁。他說話的時候幾乎不看我，大致是這樣說的：『約瑟芬，妳為什麼讓燈熄滅了？』我回答說，因為一時疏忽油沒了，他答道：『我的女兒，人絕不能打破許下的承諾。我今天就要看到我的燈重新點亮。』然後他就消失了，於是我回到你們這裡了。」

這是同樣的情形，如果要讓內在的平衡重新恢復，**有著無意識優勢的原型情景會導致「超自然」現象。**

酒杯破碎的故事裡有關的數字象徵，值得再提一下：五個杯子碎了四個。四代表著完整（四個基本方位、四種基本顏色、四季、四種性格氣質等等）。因此，四個破碎的杯子，是代表著合一或圓融性破碎了。這種破壞所指的可能就是年輕寡婦破壞的諾言，可能指的是與她的亡夫或與她未婚夫的關係，也可能指的是她自己的靈魂——我們不知道是哪個，但這些可

能性的任何一個都說得通。這個對圓融的破壞而產生的傷害，可以透過玻璃的碎片看出。有句老話說：破碎的玻璃宣告了塵世幸福的短暫性。

複製現象

分身

在討論鬼魂時，對於發光鬼、白鬼以及一般黑暗形象的未獲救贖的鬼，我們做了一些區別。我們現在要處理來信中像活人一樣的鬼魂。這種在視覺上驚人的相似性（有時是聽覺上的）簡直就像人照鏡子一樣，常常讓人難以區分是幽靈還是活人，只有後來的發展才能證明這是個錯覺，只是個「鬼」。在某些情況下，幽靈的鬼性之可以被辨認出來，是因為它是透明的或飄浮在地面之上。

這樣的幽靈，可能既是代表著活人，也代表著死人。這樣的情形，大多數時候，是代表著瀕死的人。活人的幽靈通常被認為是「分身」（double）或「分身伴侶」（doubleganger，這字來自德語中的 Doppelgänger）。一個人可能是照鏡子似地跟自己相遇、看見自己的分身，也可能這分身被別人看到了而當事人自己不知道發生了複製（duplication）的情形。

我們來信中第一個複製的例子是這樣的：

下面的這件事，幾年前發生在一所寄宿學校。那是夏日季節。當時應該再一刻鐘就七點了，我走進自己的房間。因為離晚飯還有些早，我頭朝右在沙發上躺下（我因為有神經性胃痛，每次吃飯前都會休息一會兒）。我闔上眼幾分鐘，突然醒來，吃驚地發現房間裡竟然空無一人。我想站起來，卻動彈不得。我動不了，不能轉頭，甚至小小一根手指或腳趾都動不了。我的大腦相當清醒，正告訴我，我肯定死了，因為感覺不到自己的身體了。奇怪的是，一點都不難過。我只是擔心自己還清醒的精神和心智，會如何從已經死去的身體脫離而去。我於是就這樣躺著，將事情想了一遍，這時最不可思議的事發生了。我右邊有個黑色陰影慢慢地飄了過來。這陰影平躺在空中，自由地懸在空中，整個輪廓和大小和我的身體完全一樣（房間是亮著的，我看得一清二楚）。然後，陰影開始移動，直到與我同一水平，我們就像雙胞胎一樣並排躺著，然後它慢慢地穿進我的身體。第二個的我這樣移動了大約五到十秒鐘。我身體對這一切的感覺，有點像平常搓自己雙手那樣的感覺。這時，我開始感覺身體從右到左慢慢重新變暖，最先是右手開始能動，雖然那時左手還是完全僵硬地平擺著。

144

　　這樣的事件超心理學稱之為「心靈的外化」。這是寫作者的生理身體，在看著好像已脫離自己的「靈性身體」。其他記述顯示，心靈的「存有」是從身體中分離出來的，可以清楚

地看見身體的一切，好像是從外面在觀看一樣。在複製的作用下，身體經常彷彿沒有生命一般。榮格在他有關共時性的文章裡，舉了一個相當貼切的例子【原註 83】：有一個女人，一度處於深度昏迷中。而她卻記住房間裡發生的一切，彷如她從天花板俯視似的。她看見自己躺在床上，死寂的蒼白，雙眼闔上。她「離身的靈魂」脫離了原來與大腦（一般認為這是意識現象的棲息之地）的結合，可以完成的感知毫不遜於完全清醒時的實際狀況。「這些經驗似乎顯示了，」榮格進一步說：「在昏迷狀態時，依人類所有的標準來看，意識活動和感官知覺都暫停了，但意識、可再生產的觀念、判斷的行為和感知仍然可以繼續存在。」【原註 84】

類似的例子也可以在泰瑞爾（G. N. M. Tyrrell）【譯註 79】《人的性格》（*The Personality of Man*）【原註 85】一書中找到。他

原註 83： Col. Works, Vol. 8, p. 509.

原註 84： "Synchronicity: An Acausal Connecting Principle," in *The Structure and Dynamics of the Psyche*, Col. Works, Vol, 8, p. 507 ff.

譯註 79： 喬治‧紐金特‧梅勒‧泰瑞爾（George Nugent Merle Tyrrell, 1879-1952），英國的數學家、物理學家、無線電工程師和超心理學家。他是古列爾莫‧馬可尼（Guglielmo Marconi，義大利物理學家，收音機、長距離無線電傳輸、馬可尼定律以及無線電報系統的發明者，1909 年諾貝爾物理學獎得獎人之一）的學生，也是無線電開發的先驅。1908 年加入了心靈研究學會，對心電感應進行了無數次實驗，試圖透過心理學理論來解釋鬼魂。他認為，鬼魂是一個人的無意識幻覺；為了解釋一個人以上的集體幻覺，他提出了鬼魂是一種心電感應的機制。1945-1946 年，他擔任心靈研究會的主席。《人的性格》（*The Personality of Man*, 1946）是他五本著作中最廣為人知的一本。

原註 85： Pelican Book, A. 165. 3rd edition, 1954. Great Britain.

記錄了一個重病患者對自己的意識逐漸分離之過程的觀察。當時他感覺自己就等於是離身的意識，在身體之外（他稱之為「A意識」），而另一個意識（「B意識」）仍然與身體相連，但似乎就要潰散了。「A意識」或「A人格」（他瞬間的自我意識），好像從外部感知到了躺在床上的身體。此外，「A」還能辨識出正在發生的一切，在房間裡的、在倫敦、在蘇格蘭，在任何地方，只要它送出了思考。

超感視覺（clairvoyance）這情形正是「A人格」所經驗到的，這是建立在無意識所傳輸的感知上，正如我們在「無意識中時間與空間的相對性」這一段落中已經提到的那樣，往往是發生在意識減弱或意識抹去時（強烈的情緒、夢、白日夢、狂喜、昏厥、人格複製狀態等等各種情況）。

然而，心靈是如何從身體脫離，或者無意識狀態又如何有了感知而加以記憶登錄呢？這個問題的答案已經找到，就是無意識不僅是「無意識」，或是形象上所謂的「黑暗」，似乎也是對「光明」之點感興趣的準意識（quasi-consciousness）。榮格把無意識中的「光明」（brightnesses）定義為「發光」（luminosities），或用古代煉金術術語來說稱其為「許多火花」（sparks），並將無意識當作「多重意識」（multiple consciousness）【原註86】。「發光」或「火花」在無意識內形成

原註86： Cf. "On the Nature of the Psyche," especially the chapter "Conscious and Unconscious," in *The Structure and Dynamics of the Psyche*, Col. Works, Vol. 8, 184ff.

了類似「感知器官」的東西。如前文所述（譯按：指原文書第124頁），就是因為有這些「感知器官」，由意象或主觀「擬像」（simulacra）所組成的「感知」（perceiving）成為可能。「發光」或準意識必然也是來自無意識情結，而這就解釋了它們本身固有的自發性。

下面這封信是個男人寫的，描述了他在十分嚴重的腎絞痛後所出現的分身複製過程。在這個過程中，「已經靈魂出竅的」或沒有生命的軀體並非一點都不動，而是相當活躍地活動著。

當天天氣既美好又晴朗。我卻是痛得受不了了，因此對自己說：「你得設法離開自己的身體，這樣就不會痛了。」突然，我看到眼前有個人走向花園大門。我恍惚地看著他，然後意識到：「那人就是我！」——我腦子裡跳出的唯一一念頭就是跟上他。他已經走到馬路對面的拐角，隨之消失了。我被一陣深深的恐懼攫住。我跑得從來沒有這麼快過，終於追上他，眼看就要抓住他了，整個幽靈消失無形，我完全不清楚是怎麼消失的。而我剛才一點都感覺不到的疼痛，又回來了。這種超乎平常的發揮教我精疲力盡，只能坐回大門外的長凳上。過了一會兒，妻子走進花園，問說：「S女士和K先生剛剛都打電話來，問你到底發生了什麼事。他們說，你剛才就像個瘋子似地沿街奔跑！」——這些人確實看到了我在跑，但沒有看到第二

個我，我在追趕的那個我，這就是我在他們眼裡看來為什麼那麼奇怪的原因。

　　泰瑞爾的書裡提供了一段類似的敘述，那是 1914 至 1918 年第一次世界大戰期間的事。在戰壕的悲慘世界裡，以及在心靈極度不適的狀態下，一名士兵觀察到他是如何「離開自己的身體」，並且是從外面觀看到的。穿著卡其制服的「身體—自我」看起來是受著寒冷的折磨，感到極度痛苦，而他自己卻覺得十分自在而舒服。他的同袍既不知道也沒看見那個分身，後來告訴他說，他們看到他長時間地停頓不動之後，「身體—自我」開始平靜而幽默地說話，輕鬆的樣子宛若坐在爐火邊一樣舒服。

　　心靈已經「出竅」的身體，還是像活人一樣地繼續行動和舉止，這可能是歸因於真實意識的殘餘物，在「身體—自我」（body-ego）和脫離人格的自我，即「精神—自我」（spirit-ego）兩者之間擔任連結的橋梁。這時沒有昏厥，意識也沒抹去；一切呈現出「此時」及「此地」的某種形式。在我們引用自泰瑞爾的第一個例子裡，「身體—人格」（「B 意識」）的「潰散」一直伴隨著無意識的發展過程，直到最後兩個人格之間沒有需要橋梁幫忙的任何空隙為止。「自我—意識」（ego-consciousness）仍然與獨立、「脫離」的人格保持連結。這同樣也出現在榮格記錄的案例裡。

147

《瑞士觀察家》來信中第一個複製例子的作者，將他本身和自己的影子分身，比做「雙胞胎」。這是值得重視的，因為人和分身的主題，實際就相當於古代神話中的「雙胞胎」主題，一個是凡人，另一個則是不朽的神。

　　這個主題在宗教冥想中也反覆出現，而這也是複製現象之所以眾所周知的原因。宗教經驗複製作用所伴隨而來的主觀感覺，通常被描述為快樂的，甚至是狂喜的。【原註 87】

　　一個人由於對宗教全身心投入而導致了「分身」的故事時有所聞，例如在古老的卡巴拉文獻中。【原註 88】一位 16 世紀的卡巴拉派信徒摩西·科多弗羅（Mose Cordovero）說：在虔誠的信徒中，只有極少數人會終其一生去瞭解他們自己的意象（their own image）。在其他的卡巴拉教文獻中，這個意象被稱為「存有」（being），我們應該理解為人在精神上的對等物或在精神上的形象。

　　卡巴拉拉比摩西·本·雅可布（R. Mose ben Jaakob）【譯註 80】寫道：「要知道，對先知來說，預言的完美祕密是，他突

原註 87：　「狂喜」（ecstasy）一詞源自於希臘語，字面意思是在自己身邊，或站在自己身邊。

原註 88：　以下的說明是根據赫威茨（S. Hurwitz）尚未發表的隨筆《卡巴拉主義者的世界及其道路》（*Von der Welt des Kabbalisten und sein Weg*, Zürich）。也可以參見同一作者的《心靈與拯救：心理學與宗教著作》（*Psyche und Erlösung: Schriften zur Psychologie und Religio*, Zürich, 1983）。

譯註 80：　這裡應該是摩西·本·雅各布·科多弗羅（Mose ben Jaakob Cordovero），這位 16 世紀在奧圖曼敘利亞神祕派 Safed 的領袖，卡巴拉發展歷史上的重要人物。較

然感知到他『存有』的形象站在他面前。他就是從自己的『存有』中撤出而看到它在他面前，跟他說話和預測未來……〔一位聖人寫道〕：我瞭解到，也十分確切地感知到——我既不是先知，也不是先知之子，我體內沒有聖靈，我沒有和『神聖的聲音』交流；但一旦我坐下忙著要寫下這些奧祕時，我會請求天地見證，於是我會突然看到我的『存有』形象就站在自己的面前。我的『存有』從我這裡撤身離去了，我的寫作也就被迫中斷了。」（根據我們前面的例子，這點是值得注意的，卡巴拉教徒對「預言能力的祕密」的強調是伴隨著複製作用的。）

如果我們瞭解，在文本中，希伯來語的「存有」（zelem）一詞，與上帝如何造人的《創世記》中的上帝意象是相同時，精神的分身（「存有」）的全部意義就變得顯而易見（我們在這裡回想一下「發光精靈」這類的幽靈，它的光亮顯示出與宗教人物之間的密切關係）。古代卡巴拉信徒的狂喜經驗確定了一個古老的真理：一個人如果能夠成功感知到自己，或他的自性，也就能感知到上帝。「存有」的形象並不只是心理上一個人的自我，而是一個人的自性（self）。【原註89】

早以前，猶太哲學成功地結合了猶太思想中的理性研究。在這樣的影響下，他第一個將先前各種不同的流派完全融合到了卡巴拉的解釋中。他受到《光明篇》（Zohar）不透明圖像（opaque imagery）神祕主義的啟發，利用了演化中的因果關係是如何從無限而演變為有限的概念框架，將卡巴拉加以系統化。他百科全書式的工作，成為卡巴拉發展的核心階段。

原註89： 在一個人物質的身體內居住著第二個身體，靈性的身體，這樣的觀點可以在埃及的心理學中找到；埃及認為巴（Ba）靈魂是一個人不朽的分身。煉金術士也描述

幽靈・死亡・夢境：榮格取向的鬼文本分析

分身是原型事實的象徵，也因此一樣鮮明活躍，從以下這個夢就可以看出來：

　　在我面前，有一座金字塔。我看見了塔端有間玻璃做成的房子。裡面有一個人。隨著我越是走近，我越明白那個人就是我。

　　這是一個男孩兩、三歲時做的夢，到他長大了都還記得。非常年幼的孩子偶爾會描述或畫出夢中的意象和真理，遠遠超出了他們可以理解的程度，這是一項令人震驚的心理學事實。像上述這樣的夢的意象，是不可能源自所謂小孩子的「記憶殘餘物」的。相反地，它們恰恰證明靈魂在誕生時不是一塊「白板」，不是一張白紙，而是包含了預先形成的各種想像性創造力的可能。這些可能性，或者這些潛在的形式——榮格經常稱之為「模式」（patterns）——就是原型。作為在集體無意識中的預先形成「模式」，它們是很難識別出來的。不過，當它們化為所謂的原型意象，在靈視、夢境、幻覺、詩歌、繪畫等等當中得以經驗時，就變得可識別了。

149

過人的靈性分身，就是所謂的「精微體」，認為是來自心靈的想像力和創造力。精微體被認為是人身體內的「天體」或「星星」。而分身伴侶（Doppelgänger）的主題，在 19 世紀的德國浪漫主義詩歌中所起的重要作用，是眾所周知的。「人與他的分身」是他們在塵世中失去融合、無家可歸的象徵。

顯現在孩子夢中的，是人類雙重本性的原型真相。第二自我的靈性特質，可以從金字塔頂端這個位置推斷出來。埃及傳統認為，埋在金字塔裡的國王已經轉化成為了他自己不朽的靈性存有，成為了歐西里斯神（God Osiris），而且這轉化就是在金字塔頂端發生的。

虔誠卡巴教徒經由特殊的恩典才能得到的，透過了夢贈送給了這個孩子。他看到了自己的「存有」。然而，這個夢無關乎這個做夢小孩的任何特殊天賦或天才，而是因為孩子們依然貼近著無意識，貼近原型意象的領域。他們的意識尚未充分發展；因此，他們不需藉著想像或冥想才能回到靈魂的根源。早期童年的夢，成年之後在記憶中依然栩栩如生，這並不罕見；且讓生命依循它原有的方式，隨生命真理跡象的引領自然前進。

＊　　＊　　＊

透過上面的闡述，我們或許可以理解，在傳說和神話中分身的出現為何常與死亡或瀕死有關。因為「瀕死」被當作是身體與靈魂的分離。有一種流傳甚廣的迷信認為，任何遇到自己的人必然很快死去；即使「分身」被其他人看到，也被認為是死亡的預兆。

我們來信中有這樣一個例子：

幽靈‧死亡‧夢境：榮格取向的鬼文本分析 ｜

　　大約 20 年前，我有個 20 歲的女兒，她是個鋼琴師。一天下午，她正在練鋼琴。令我驚愕不已的是，我看到她左邊還坐著另一個她，穿得一模一樣的，不過是透明的。 150

　　大約六個月後，她悲劇性地死了。當我們從葬禮回到家，打開門時，我看到她向我走來，穿著平時的衣服，身體是透明的。過了一會兒，她消失了，我什麼再也看不到了。

同一名來信者寫道：

　　去年春天，我一個姊姊來看望我，我們決定一起去城裡。我對她說：「妳先下樓，我一會兒就來。」姊姊穿著墨綠色的連衣裙，戴著白帽。當我離開房間時，我看到她在距離我約六步之遙的走廊上，還是穿著她的墨綠色連衣裙和白帽，但身體卻像玻璃一樣透明。我上下打量了一圈，這人還站在那裡。然後我又別過頭去，再回頭時，她消失了。後來我把剛才遇到的事告訴姊姊，她厲聲喝斥我，說我胡說八道。不過我心裡想：「姊姊可能不會活太久了。」六個月後，她才生病三天就死了。

　　上面三次看到的分身，看起來都像透明的鏡中影。鬼和分身常常具有透明的特點，暗示著它們具有靈性的特質。

　　寫這封信的女性曾經遭遇過分身三次。這是不可思議的，

因為這樣的遭遇極為罕見。從許多的來信中可以看出，這種人具有一致的經驗模式。這種「特殊性」或許指出了，這樣的經驗是由特殊的心理狀態所引起的（遺憾的是，來信中沒有指出這一點）。不論是內在或外在，此人對於明確的意象，都是「開放」的。在這樣的情況下，我們可以假定有種明確的原型被吸引過來，對應著特定的超心理現象。然而，也只有透過全面徹底的心理學分析，才能揭示經驗與個人心理背景間的連結。

＊　＊　＊

151　　格達·沃爾特（Gerda Walther）【譯註 81】在瑞士超心理雜誌《新科學》（*Neue Wissenschaft*）上，發表了一篇有關「陌生的分身幽靈」的報導【原註 90】。一位年輕的護士受雇去照看一個癱瘓的老婦人，病人住在她妹妹家。過了一晚，隔天吃早飯時，房子的女主人、也就是病人的妹妹告訴護士，她正在等她們的兩個兄弟；第三個弟弟是女主人最喜歡的，遺憾的是他在國外生病不能來了。護士寫道，每次女主人告訴她這一切時，就會突然沉默下來，好像「入夢般獨處」了。後來才知道，在她停頓的這些時候，正是思念著她生病的弟弟。

譯註 81：　格達·沃爾特（Gerda Walther, 1897-1977），德國哲學家和超心理學家，傑出的現象學家。

原註 90：　3rd year, booklet 5/6. March 1953.

突然，護士注意到，她自己不再是單獨與這位老太太相處了，一位年約 40 或 50 歲的男人斜靠著櫥櫃。然而，這位老太太和沒多久也趕到的兩個兄弟卻都看不到。他對他們而言「像是空氣」一樣。過了一會兒，他開始移動，隨即就消失了。

　　兩、三個星期後，護士得知，那個生病的弟弟痊癒了，並且很快會過來。他一進門，她馬上認出他就是第一個早晨看到的那位神祕陌生人。唯一不同的是——這個人比她看到的幽靈老 30 歲左右。

　　在文章結尾，沃爾特對這個故事做了超心理學的分析，但認為這種事是無法解釋的——而我完全同意這個結論。不過，我還是願意從別的角度來看這件事，同時也探討這幽靈的意義。老太太的弟弟以幽靈的方式出現，為什麼要看上去年輕 30 歲的樣子？為什麼出現在全家為其中一人可能病死而憂心的那一刻？只有對整個情緒氛圍詳加檢視，才能夠回答這個問題。正如前面提到的，出現在護士面前的是老太太最喜歡的弟弟，兩人之間的情感連結格外親密。護士在她的記述中寫道：「他似乎是她生命的『全部』。」我們還聽說，他與這個姊姊一起生活了差不多 20 年，因此很晚才結婚。老太太親口對護士說：「我們分享所有的歡樂和悲傷。是的，我們彼此都非常清楚，我們的命運交織在一起。」

　　如果以文字的嚴謹意義來說，護士看到的人影不應稱為這個弟弟的「分身」，因為他看起來年輕了 30 歲。不過，如

152

果考慮到正是 30 年前，他和他姊姊親密地生活在同一個屋簷下，那麼這個年齡的差距就變得有意義了。因此，我們或許可以說，護士的超感知能力「拉」回的過去歲月，從心理學角度，或者從原型背景來看，都證明是極為重要的。在親密姊弟關係的背後，浮現著曖昧的亂倫原型情境；【原註 91】而這種古老的原型意象或原型情景，就是眾所皆知的「皇族婚姻」（royal marriage），這種對立面的融合所象徵的不只是愛情，也是死亡。因而，當家庭成員面臨了死亡的門檻時，在房子裡，和在「心愛的姊姊」面前，所出現的弟弟的年輕「分身」，可以理解為象徵性的人物，在原型情境裡擔任起他的角色，一面是死亡，而另一面則是愛。

令人驚訝的是，第一個看到弟弟這個「心愛伴侶」的人，竟然不是患者本人；也同樣令人驚訝的是，這家庭的一個外人，這位護士，擁有了這個靈視。然而這些事實對原型情境的重要性一點都沒有減損。原型是客觀和集體的心靈的一部分。這不是單純地「屬於」你或我，而是像自然現象那樣地發生。然而，只有少數人像這位護士一樣，有這個特權可以瞥見在平凡事物表面以外的事物，並且意識到其中的靈性本質，或者擁有能夠揭露其的內在意義的靈視。而這種可能性要考慮到，她

153

原註 91： 有關亂倫的心理學，可參見收於《心理治療的實踐》（*The Practice of Psychotherapy*）的〈移情心理學〉（Psychology of Transference），《榮格全集》第 16 卷，第 220 頁及以下。

既是一位女性愛情故事的知己，也是另一位女士的護士，因此以她的感覺，甚至是以她的情感，參與進這個聚合原型的兩個面向。

沃爾特說，該護士「擁有第二視覺的能力」，還說她有「看見鬼」的本領。這些本領指出一種強化的無意識，或是意識的門檻相對地容易迅速降低，因此超感知覺或幻覺的經驗會比一般人更頻繁地發生。我們也應該假設，該護士可能已經「猜到」了老太太對她弟弟的情感記憶，並將這些記憶以幽靈的形式投射了出來。

沃爾特的記述提供了這些經驗發生時情感環境的豐富信息。相關的情感背景，對於用心理學來理解這些現象，確實是與準確的紀錄和描述一樣重要。不過，上面的敘述缺少一個顯著因素的細節。當時護士的心靈狀態是怎樣的呢？她本身又投入了多少自己對愛或死亡的想法？唯有我們對這一切有足夠的瞭解，才有可能判斷她對幽靈的感知是否也是由她一時的心靈情緒所觸發。然而，現在她已經不在人世了，這個問題將永遠沒有答案。

「瓦多格」

在挪威，某人到臨是透過他的分身，所謂的「瓦多格」

（Vardøgr）【譯註 82】【原註 92】來宣告，這似乎是每天發生的平常

事。很少有人看見這個分身的樣子，但他所有的聲音都可以清

晰聽見。這個人上樓，打開前門，脫下套鞋，把手杖插到架子

上等等，都清楚可聞。更進一步說，每件事都是透過這樣「宣

告」某人的特徵而進行的。那些習慣了「瓦多格」的人，似乎

認為這是理所當然的。家庭主婦聽到這些聲音後就開始準備餐

飯，所以之前宣告要來的「某人」到來的時候一切都準備好

了。她知道自己在有人造訪時可以安心依靠這個奇特的宣告。

調查顯示，聽到瓦多格的時刻，是這個人開始思索是否上

路的那一刻，甚至更早——事實上，就是他決定要出門的那一

刻。

對於分身現象在挪威為什麼比在其他地方出現得更頻繁，

挪威奧斯陸大學的物理學教授沃瑞德（Wereide）給出了一個

中肯的解釋。「我認為有一個適當的理由。我國農村地區的居

民一直比其他國家的人民生活得更加孤立。他們之間的交流很

譯註 82： 瓦多格（Vardøgr）也稱為 vardyvle 或 vardyger，是斯堪的那維亞民間傳說中靈氣的前行者。這狀況在質性上接近「似曾相識」（déjà vu），但順序相反。這些伴隨著當事人腳步、聲音、氣味或外表、以及整體舉止行為的靈氣，會比當事人的位置或活動還先出現，以至於目擊者會認為他們在實際到達之前，就已經看過或聽到了真實的人。這與分身伴侶（doppelgänger）有著細微的區別，較少有險惡的含義。

原註 92： 以下評論是根據奧斯陸的沃瑞德（T. Wereide）觀察得出的，寫成了〈挪威的分身現象〉（Doppelgängererscheinungen in Norwegen）一文，先發表在超心理學雜誌《新科學》（*Neue Wissenschaft*）第 6 期，1946 年 10 月。沃瑞德是挪威奧斯陸大學的物理學教授。

　　　　　　　　　　　　　　　幽靈‧死亡‧夢境：榮格取向的鬼文本分析

困難，因此，大自然用這種『超自然的東西』作為補償。大多數現在住在城鎮裡的挪威人，都是從鄉下搬過去的——至少他們的父母是這樣。是他們帶來了這種感知的本領，儘管城市的狀態使得這種本領不再像住在農村時那麼必要。」

可以聽到「瓦多格」的這個本領，最初是與孤立的情況有關。眾所周知，長時間的獨處會讓人提升凝視內心的能力。無意識受到了刺激，再加上無意識典型的時空相對作用，即便是日常的感知都可能會受到影響。在這情況下，無意識的內容很容易被獨處的人所覺察，比起住在忙亂城市的人更容易得多。

從心理學的角度來看，「瓦多格」現象並不是建立在人的複製作用上；而是應該當作即將到來的預先聽到或預先知道。真正發生的是**在時間上這一刻的複製**：未來的某一時刻在當下發生，也在應該的未來時間出現。換句話說，無意識中時間和空間的相對性可以解釋「瓦多格」現象。

然而，一個人的**到臨**為什麼偏要以這樣的方式來宣告，依然是個問題。在偏僻而孤立的地區，到臨這件事還保留著真實的「邂逅」的最初意義，就是陌生人或朋友走進了家門的情況。歡迎的姿態和好客的規矩，也強調著這事件的重要性。我們明白，這可能又是伴隨著「超自然」現象的原型情景。

「靈魂的旅行」

所謂「靈魂的旅行」的現象，在超心理文獻裡經常會提

到。我下面要談的內容，是來自通靈者（medium）米榭兒・布伊蘇（Michael Bouissou）女士^{【原註93】}的自傳，特別是〈雙重〉（Verdoppelung，意指歷程的複製）的章節。布伊蘇女士在經過多年的強化訓練，按她的說法，她能夠脫離自己的身體去任何想去的地方。然而，有一次，發生了一件意想不到的事；她「飛」到住在國外的女性朋友那裡，看到各種景象。像往常一樣，她「回來」後馬上把這一切記錄下來，並寄給了她朋友（她總是馬上記錄；作為證據，並加以驗證）。這次，她記錄了一張八人桌和餐具的樣式。朋友回信說，每個細節都沒錯，不過八人聚餐是第二天才進行的。令人稱奇的是，那天晚飯聚會聊天的話題之一就是餐具的樣式。而布伊蘇女士之前從來沒有見過這種特殊的餐具。

所發生的是什麼呢？我們如果檢視這些通靈者自己所寫的有關複製歷程的報告，就能夠找到答案。這種複製能力是來自長年嚴格進行的心智訓練，包括了極端嚴格和費力的練習，目的是要避免任何外界的干擾而造成分心，或避免念頭跑掉，到了最後，內在都完全「放空」了。這些訓練經常是在午夜到凌晨四點之間進行，因為這時萬籟俱寂，有利於集中。

這種訓練逐漸促使無意識越來越強大，儘管意識可能還沒

原註 93： 米榭兒・布伊蘇（M. Bouissou）《一種奇特的職業》（*Ein Seltsamer Beruf*〔The Life of a Sensitive〕），1956 年於琉森出版。所有的解釋都有賴於這本報導的真實性。布伊蘇女士所描述的這種經驗絕不是孤立的事件；因此，我們覺得有理由同意該書編輯 G. 弗雷教授的觀點。他在前言中強調了作者的誠實可信。

完全消失。因此，通靈者出現的人格分離，類似於本節一開始所談到的複製歷程。可以說，在「飛」到朋友那裡的狀態時，她等於是出竅的「靈性存有」，而「身體一存有」還在巴黎的家裡。她進行感知的自我，與「靈性存有」仍然保持著連接。

從心理學角度來看，我們可以說她自己或她的自我已經沉入了無意識，其實就是前往內在心靈領域的旅程；在這個旅程中，外在的世界和時間（過去、現在和未來）的內容，奇蹟般地一起存在於沒有時間也沒有空間的狀態。這因此解釋了為什麼她可以看到遙遠國度發生的事情，甚至「今天」就看到了「明天」才會發生的事情。

這種心理學解釋，對心靈成就或「旅程」奇蹟，都沒有絲毫貶低的意思。不過，我還是想冒昧地把這種明顯朝外的「靈魂出竅」的神奇經驗，拿來與同樣神祕的無意識經驗和無意識法則，做進一步地比較和對照。

157

無法與活人區分的鬼

在進入結論的部分，我們要討論一下那些外表太逼真，以至於它們的非真實性到了後來才被分辨出來的幽靈。這種超自然的不期而遇，往往教人感到無比震驚。

下面是兩個例子：

我丈夫是個知識份子，對任何鬼和幽靈之類的東西總是特別懷疑，但一次經驗讓他重新思考他對超自然現象的整個態度。

幾年前，某個星期二晚上，他像往常一樣準備去俱樂部打撞球。這一天他比平時去得早了一點，說是要去南巷那裡的拱廊看一下晴雨表。就在他走向拱廊時，看到了上校從不遠的地方急匆匆地走過來。我丈夫是他的副官，對他忠心耿耿，能在部隊之外的平民生活與上校相遇，總是非常高興。我丈夫舉起帽子向他招呼，上校卻直瞪著他好一會兒，突然右轉走向火車總站去。我丈夫十分難過地對我講述了相遇的細節；一想到上校不想認他，還故意避開，他非常傷心感慨。

雖然我極力安慰他，但他直到很晚才稍微平靜下來。第二天早上，丈夫邊吃早飯邊看報紙，忽然我聽到他重重地拍桌子，嘴裡聽不清楚嚷嚷什麼。我跑出廚房，看見他臉色蒼白，不安地緊盯著訃聞欄。上面寫著：上校星期天晚上中風猝死。

他一臉困惑，痛苦地看著我說：「哦，原來他現在死了，難怪昨天他不理我。」

我要他再讀一次訃聞。當搞清楚上校已經死去了兩天，他打電話到辦公室，將客戶都先排開，直接先去上校家的靈堂，確定沒有任何誤解。上校已經鰥居了好幾年，他姊姊告訴我丈夫說，他是從圖恩（Thoune）回家時，在火車上中風的。一抵達總站馬上就送進醫院，一直昏迷不醒，直到星期天去世。

158

第二個記述來自一個女人：

1936 年，我和朋友特魯迪一起進了一家英格蘭的園藝學校。學校裡有位同學派翠西亞是英國鄉村神職人員的女兒，是個不同於一般十八歲的女孩；起初，她對我們這些外國學生有些冷淡，但後來因為我們都喜愛動物和植物，我們才慢慢熟悉。有一次，她邀請我到她父母家度週末，我受到很好的款待。兩年後，我當時已經回到蘇黎世，2 月 14 日的中午，我在劇院所在的孔雀廣場與朋友特魯迪相遇。當時一如往常地交通壅塞。忽然，在人群中我看到派翠西亞這位英國朋友。儘管當時天氣暖和，她卻穿著舊雨衣戴著帽子。「特魯迪！」我喊道：「看，派翠西亞在那裡，我去叫她！」我跑向了有軌電車站，派翠西亞剛剛登上 5 路電車。我看見她坐上座位，可是還沒等我走近，電車就開走了。特魯迪沒有看到派翠西亞。下午她去警察局打聽是否可以找到她的地址。但警察沒有提供她的任何消息。幾天後，我收到派翠西亞媽媽的來信，得知派翠西亞從馬上跌落，摔斷了脖子，就是在 1938 年 2 月 14 日的中午。

最後一個記述是一個男人講的：

1940 年 10 月 18 日，蘇黎世。午飯後我回去上班，走的

還是平常那條路，差不多是下午1點45分。就在我往上圍欄巷（Obere Zaeune）走的時候，突然看到了我父親。太奇怪了，我想，他兩個星期前就出門了，為什麼會意外地回來？我加快步伐，大聲喊道：「爸爸！」話音剛落，我父親就消失了。我四周看看，想知道自己是不是在做夢。然而哪裡都看不到父親的身影。工作時，我滿心困惑地想著這個問題。不一會兒，我就接到一個親戚打來的電話，告訴我父親夜裡中風去世了。我立即打電話給妹妹通知她這個靈耗，並告訴她我遇到的怪事。你知道她說什麼嗎？我幾乎不敢相信自己的耳朵。就在那一刻，在班霍夫街（Bahnhofstrasse），父親正出現在她面前，隨即突然消失。於是我明白了。深愛著我們的父親，想最後一次讓我們看到他活著的樣子。他是來向我們告別的。

這些經驗似乎證明了，將鬼魂假設為「副本」的解釋是站不住腳的。根據這個證明，將幽靈視為獨立於人之外的存有或實體的理論，並不應該排除其他的理論，也就是僅將幽靈設想為心靈內容的投射。上述這些信中所描述的幽靈，怎麼可能以投射來解釋呢？如果承認它們是獨立的事實，用平常的習慣說它們就是「鬼」，不是更適合嗎？

而所謂的「唯靈」論（"spiritist" theory）【譯註83】可能的有

譯註83： 關於唯靈論，請參考原文頁碼 79 的譯註 53。

效性，在這裡並不能排除。然而，在我們來信所描述的經驗中，確實沒有一個可以提供科學清清楚楚主張所必須有的明確證據。「獨立靈體」的論點會得到支持，是因為這種解釋簡明易懂。這傳達了有著證據的感覺。人們大多的傾向是認為，是鬼堅持著要強調它們是獨立存在的事實，它們能出現在我們眼前是因為它們確實具有這種讓人迷惑的「活力」。

而「泛靈論」的解釋（也就是鬼是心靈內容的投射），應用在發光和黑暗的幽靈時，看起來是有道理的，因為這些已經可以證明是相當於原型意象了，同時也揭示了隱藏的心理意義。但是，沒辦法與活人區分的幽靈，確實是代表著心靈內容嗎？我們可以假設這樣的幽靈是一種象徵意義嗎？

夢提供給我們可行的答案。許多我們的熟人都出現在這個舞台上：兄弟姊妹、未婚夫（妻）、老師、朋友，母親等等，而且正如夢的解釋所顯示的，這些形象所擔任的角色遠遠超過他們在實際生活中的角色。然而，即便他們看似可以做到這樣，即便在活靈活現的夢裡這些角色和他們在現實生活中的人格是沒辦法區別的，我們還是要將這些理解為做夢者無意識內容或無意識面向的代表。否則，無意識就不會在夢的劇情演出中分配給他們這麼一個角色。

一般來說，代表著某個熟人的夢中角色所象徵的內容與意識密切相關，是屬於所謂的「個人無意識」。他們主觀的特性，尤其是「隱私」的特性，使我們無法在沒有做夢者自身

聯想的幫助下進行解讀。只有做夢者的思想和感情才能為這些意義的理解開闢出道路來。這樣的侷限性，也同樣存在於沒辦法與活人區分的那些幽靈。關於它們可能的象徵意義或心理意義，這個問題的答案只能有待未來的努力了。

然而，有個很容易被忽視的細節，卻賦予了這些幽靈更普遍、更具集體性或原型的特性：在這三次的相逢裡，與「鬼」建立真實、鮮活的聯繫都是不可能的。這絕非例外。這些形象出現了又突然消失。人們經常試圖追上出現在些許距離內的「分身」，這樣的努力從來沒有成功過。我們一次又一次聽到了各種令人驚訝的拒絕姿態，讓不被接受的夥伴痛苦萬分。距離的元素被加入這些幽靈明明很近的情況中；而正是在這種雙重性中，我們感知到其中暗示著不屬於個人的意義。

我們都知道，在童話和神話中，男神、女神和其他人物都會突然消失，就像他們突然出現那樣。他們或是沉入了地下，或是一朵雲把他們帶走了，或是化為無影無蹤。這些故事，就像我們信件的內容一樣，都指出這些人物的自主性。它們冒出來的「領域」忽然清晰可見，然後又消失了，而觀察者對事件的進展是產生不了影響的。事實上，「神話的領域」一直都在，不論是遠或近。如果這領域還沒有被意識所感知到，或者接近它的方式是太具體、太強烈或太急躁了，它就會拉開而遠去，彷如進入到遙遠而看不見的遠方。我們可以用心理學的語言來說：幽靈沉回到無意識的黑暗中。

離世靈體的「接近」

康德關於靈性世界的理論

　　值得注意的是，離世靈體的幽靈如果是來自剛剛去世的，往往比死去相當時間的幽靈，還更頻繁地被人報導。這似乎是當死者的靈魂在剛剛死亡時，離這個世界「比較近」。

　　這點與東方某些傳統的宗教觀念是一致的。《西藏度亡經》就認為，死者在剛剛去世時，他的靈魂仍然「在附近」。靈魂不知道發生了什麼，就問說：「我死了還是沒死？」【原註94】文中繼續寫道：「它無法確定。它看待它所有的關係和連結，就像它之前習慣的看待方式。它甚至還聽到了哭泣。」靈魂必須經由它的精神領袖古魯（Guru）的通知，才知道自己的死亡。

　　我們也有一些信件強調了剛死不久的亡靈，十分明顯的「接近」。只要有與死者的習慣密切相關的事情發生，死者的在場感就會被喚起。這感覺就像他還在活著的人身邊，彷彿他無視於死亡而試著繼續生活下去。下面是一些例子。

　　一個女人寫道：

162

原註 94： *The Tibetan Book of the Dead*, Oxford, London 1927, p. 98.

幾年前我母親去世了。她還在世的時候，她是我的鬧鐘，因為我早上必須趕火車上班。我睡在房子的頂樓。有時，我醒來時，正好聽到她上樓梯時那規律的腳步聲，看到她站在門口喊我起床。

我母親死後三星期左右，我醒來時突然聽到她的腳步聲，就像以往經常聽到的那樣。我十分清楚地聽到門口傳來她顫抖的聲音，喊了兩聲：「起床！該趕火車了！」而且，我確實感受到她的氣息拂過我的臉頰。我嚇壞了，打開燈，看看我萬不得已才買的鬧鐘。那時比我鬧鐘設定的起床時間還早五分鐘。

另一位寫信者回憶道：

我年輕時在農場工作，農場主人的岳父每次來看我們的時候，都會先朝敞開的廚房窗戶丟塊石頭。他喜歡帶給我們驚喜，因為每次石頭都不偏不倚地掉進了豬食桶，而豬食因此濺得老高，自然引起我們一陣驚嘆。過一會兒，他才開懷大笑地走進廚房，為自己成功的玩笑而得意。

有好些時間我們沒看到他，這件事又發生了。我們都喜歡他的風趣，期待他再次來訪。有一天晚上，我們圍坐在桌旁，突然聽到豬食被濺得老高的聲音。農場主人以為是他岳父來了，就跑到門口大聲開玩笑地打招呼。但沒有人回應。我們急切地期盼著，以為他是在跟我們玩啥詭計，會忽然從別的門進

163

來。但什麼都沒有。我們等了十分鐘，大家都非常困惑沒人進來。

就在這時，電話鈴響了。我們得知，他幾分鐘前才死於心臟衰竭。

有個人這樣寫道：

我們忠實的賽比是我已故父親的農場幫手，他曾在農場做過七個夏天。我們家擁有阿爾卑斯山的一片牧場，不得不請別的農夫照看牛群；此外，我們還有很多其他工作。大家都不得不起早摸黑地幹活，賽比也有幹不完的活，但他從不抱怨。當我們九個孩子與他一起工作時，他總是有許多好建議。多麼有趣的一個人！他教我們唱約德爾調（yodel），跟我們講許多精彩的故事，也有鬼故事，還有一些可憐靈魂的故事。賽比知道怎樣和我們相處，我們都愛他，喜歡聽他的建議。我們很幸運有了他，因為就在他來我們農場工作的第七個夏天，我們的母親重病臥床三個月，父親的手指嚴重感染敗血，無法長時間工作。賽比照顧我們這些孩子，打理一切事務，幫助我們度過了那段艱難的日子。做飯時他總是從後門進來，臂膀滿滿從柴堆扛來的木柴，邁著他特有的重重步伐踏上樓梯。路過父親的房間時，他常常打開門報告父親事情的進展。

哦，大約快到萬聖節時，賽比準備要離開我們過冬了。父

親那時已經痊癒，對他為我們所做的一切千恩萬謝，要他答應我們第二年夏天再來。

隨之而來的冬天極為寒冷，我們住的地方海拔有四千英尺，積雪至少有三英尺深。有天晚上，就在我們在客廳結束晚禱時，母親說：「聽！誰來了？好像是賽比。」我們吃驚地聽到他撲通撲通的木底鞋上樓的聲音。父親打開門喊道：「賽比，進來！」但沒有人。冬季總是關著的後門這時半開著。但雪地上沒有任何痕跡！「我想，是不是賽比出事了？」父親說。我們都祈禱上帝保佑他，憂心忡忡地默默上床。

兩天後，我們聽說，賽比就是在那個時候死於肺炎。

下面這個故事是另一個人的童年回憶：

這件事發生在 1894 年，我在 W 學校的最後一年。上課時，有個叫做漢斯的小男孩坐在我的左邊。他在 F 區做農場幫工。

每天早上，他都必須從農場到奶酪場去取好奶，再派送出去，然後返回農場吃早餐。這讓他無法準時到校，總是遲到 20 分鐘。學校主管曾多次討論過這個情況，結果是，告訴漢斯不要再來我們學校上學，得去 F 區的學校上。這讓漢斯非常難過，結束了生命，於是從懸崖上跳進桑妮河（River Sanne）。

隔週的星期一，正好7點過了20分，學校的門突然打開又關上。接下來的整個星期都如此。老師嚇壞了，但無能為力。然後忽然就結束了，一切如此突然，就像這事的開始一樣地突然。

　　一個女人寫道：

　　我們村裡有個年老體弱的獨居老人，住在農舍旁的小屋裡。他為農夫們砍柴做零工來維生，一直就這樣一個人生活著。儘管他是年輕時酗酒喝壞了身體，但我還是為他的孤獨貧困感到難過。因此，我對他說，每個星期日都可以來我家拿取晚飯。有好長一段時間，他每個星期天都來。但突然我們再也沒見過他了，聽說是感染了肺結核而住進了醫院。一個晚上，我夢見了老「賀岱爾」（Hodel），平時我們就這麼叫他，他走進我們家。透過廚房窗戶，我看見他走上街，穿著一件白襯衫，一件棕色亞麻外套，鈕釦上別著一朵白花。我叫我丈夫快來看看這個老人，看起來是多麼的體面呀。然後，他似乎看見了我們，揮著隨身帶著用來裝食品的小飯盒。我想給他一些吃的東西。然而等了很長時間，他都沒到我們家來。第二天早上，就在我們說起這個夢的時候，我們得到消息，他就在那個晚上過世了。

這個經驗是一個夢，但它的性質與其他的記述沒什麼兩樣。即便在這個經驗裡，死者表現得跟他活著時一樣，因而產生了他明顯的「接近」感。

在下面的例子中，最明顯的並不是逝者的「接近」，重點是這「接近」的領域通常是被稱為「彼岸」。

一個女人夢見她的妹妹掉進山谷摔死了。她寫道：

突然，四周靜極了。接著聽見一聲巨響，像是一掛厚重的窗簾從數不清的窗簾環上掉了下來，一道難以形容的不可思議的白光讓我刺目，什麼都看不到。我馬上意識到，我親愛的妹妹已經到達另一個世界，進入永生。

第二天，電話鈴響了，我被通知她出了致命的車禍。

下面這封信也暗示了「另外的地方」：

漢斯叔叔已經癱了好多年了，我常常去看望他，但我最後一次看見他卻是在夢中。

在一片開闊的平原中間有一道牆，而這牆可以說就像一根線，不知道從哪裡開始，也不知道在哪裡結束。牆的中間是一個入口，同時也是出口；而這扇門始終敞開著。然後就看見漢斯叔叔拖著沉重的步子走了過來，每一步都步履維艱，畢竟他是個癱子。他穿著一件棕色亞麻外套，就像埃文

達（Emmenthal）的農夫那樣，左臂下夾著一把雨傘。至於右臂，則是一條繩子吊著袋子。

哦，我心想，漢斯叔叔要出遠門了！他走到這扇門。他停了下來，伸展開雙臂，親切地看著我，用眼睛跟我打招呼。然後他毫不費力地邁開步子走到門的另一邊！現在他看上去燦爛極了，年輕而強壯，就像我小時候看到的那樣，那時他還是個帥氣的年輕農夫。

就這樣，漢斯叔叔穿著星期天的棕色亞麻外套走了！

醒來後我想：漢斯叔叔死了。

幾天以後就收到他的死亡通知書。我母親參加了葬禮。回來的那天傍晚，她告訴我們：「我看見漢斯叔叔躺在棺木裡，穿著一件棕色亞麻外套。他們說，他穿著這套衣服是去結婚的。」

在這兩個夢裡，都只有一堵很薄的牆，在第一個夢裡是一扇簾子，在第二個夢裡則是一堵「線牆」，將今生和彼岸隔離開來，由此指出「不可辨識的」或「不可知的」領域是如此接近，而這領域可以解釋為最廣義的無意識。

* * *

偉大的德國哲學家伊曼努爾・康德（Immanuel Kant）

【譯註84】在他的《形而上學演講》（*Lectures on Metaphysics*）【原註95】中討論過「彼岸」的接近，或用他的話說，是「另一個世界」的接近。康德從死亡「只是人的終結，而不是靈魂生命的終結」的觀點出發。靈魂「不會隨著肉體的消融而消融，因為**肉體只是包含靈魂的形式**」。因此，誕生不是靈魂的開始，只是人本身的開始。

康德不懷疑死者的靈魂還活著。「自我的意識證明，生命不是定位於身體中，而是在不同於身體的特殊原則中；由此推測，這種原則可以不需要肉體而繼續存在，而它的生命不會因此被減弱反而會增加。**這是唯一可以先驗地給出的證明**，而且是從我們先驗地理解到的靈魂知識和性質中得出的證明。」

歌德也有類似的概念。在他與朋友愛克曼（Eckermann）的對話中，我們讀到：「我不會懷疑我們的延續性。每個生機（entelechy）都是永恆的一部分，它與塵世的身體相連的幾年並不會使它變老。」（歌德對「生機」一詞所理解的圓滿，

譯註84：　伊曼努爾・康德（Immanuel Kant, 1724-1804）為啟蒙時代著名的德國哲學家，是德國古典哲學創始人，其學說深深影響近代西方哲學，並開啟了德國唯心主義和康德義務主義等諸多流派。他是啟蒙運動時期最後一位主要哲學家，調和了笛卡兒的理性主義與培根的經驗主義，是繼蘇格拉底、柏拉圖和亞里士多德後，西方最具影響力的思想家之一。康德有其自成一派的思想系統，著作頗多，其中核心的三大著作被合稱為「三大批判」，即《純粹理性批判》、《實踐理性批判》和《判斷力批判》。

原註95：　第230、238頁及258頁。這作品是他死後的1821年才在埃爾福特（Erfurt）出版。

類似於心理學「自性」的觀念。）中國道家也表達了類似的觀點。中國古代大師老子稱死亡為「我們最內在存在的回歸」，莊子說：「生命是一筆債。我們借它而生。」在藉由死亡帶來的轉化，我們回歸到生命。【譯註85】

關於死後靈魂或所謂進入某一「領域」，是否有明顯的「接近」，且聽聽康德關於死後生命的觀點是有益的。他這樣寫著【原註96】：「由於靈魂透過肉體對有形世界具有了感官的觀點，從身體的感官的觀點中解脫出來時就會得到靈性的觀點，而這是另一個世界。靈魂在前往另一個世界時，並不是進入其他事物的社群，好像那是另一個星球，靈魂是留在同一世界，但對萬物都有了靈性的觀點。」

康德再次表達了這個理念：「因此，靈魂從身體的分離，形成了從感官觀點到靈性觀點的轉化；而這是另一個世界。因此，另一個世界不是另一個地方，只是另一種觀點。從對象的角度來說，另一個世界是保持一樣的，實體上並沒有區別；區別的只是在於如何從靈性來看待它。」

這些話顯示出，對康德來說，「另一個世界」和我們這個世界是一回事，儘管是在另一種光中所經驗到的。這將意味著「接近」是恆常的，不僅是指「另一個世界」，而且死去的靈

168

譯註85： 這裡老子的話，可能是指《道德經》第 16 章：「夫物芸芸，各復歸其根，歸根曰靜，是謂復命，復命曰常。」也可能是第 50 章：「出生，入死。」而莊子的這段，應該是〈至樂篇〉：「生者，假借也。」

原註96： ibid. p. 256, 255.

魂也是如此，這和它們可以看見或不可以看見全然沒有關係。

　　不過，我們不應忽視康德的評論是哲學的與心理學的推論這樣一個事實，因而缺乏經驗的價值或經驗性證據的價值。然而，對於超心理學歷史來說，它們有著特別的意義。

　　我們提到過，現代超心理學的重點是人的感知能力，這感知能力與感官無關，也就是由萊恩教授實驗所開創的超感知覺。因此，似乎人本身就擁有康德所認為的死後靈魂所具有的能力。在不是由感官所傳遞的「靈性觀」的幫助下，亡靈能夠進行感知。【原註 97】

　　我們甚至可以更進一步，將無意識與通常所說的「彼岸」

原註 97：　雙重的感知方式（一種透過感官傳遞，另一種透過「靈性」來傳遞），是歌德【譯註 86】在描述他與他自己分身奇異的相遇時所提到的，該分身預示的是未來發生的事。在離開了他的朋友弗里德里克・布麗翁（Friederike Brion）【譯註 87】後，他突然被以下這預知抓住了：「我的看，不是用肉體的眼睛，而是用靈性的眼睛，看到我自己在同一條小路向我自己走來，穿著一件我從未穿過的西裝……我才擺脫了這個夢，那個形影就立刻消失了。而奇怪的是，八年後，我再次沿著同一條路去拜訪弗里德里克，是臨時想起，並非刻意安排，而且還穿著我夢裡穿的那件西裝。」《歌德自傳》（*Dichtung und Wahrheit*）第二冊，第二部分。

譯註 86：　約翰・沃夫岡・馮・歌德（Johann Wolfgang von Goethe, 1749-1832），出生於神聖羅馬帝國法蘭克福，是戲劇家、詩人、自然科學家、文藝理論家和政治人物，為威瑪古典主義最著名的代表。他是偉大的德國作家，也是世界文學領域最出類拔萃的光輝人物之一。《來自我的生活：詩與真理》（*Aus meinem Leben: Dichtung und Wahrheit*，英文版 *From my Life: Poetry and Truth*）是歌德的自傳，中文有節譯本，書名就叫《歌德自傳》。作者講述了從詩人的童年到 1775 年他即將前往威瑪的日子。

譯註 87：　弗里德里克・布麗翁（Friederike Brion），是阿爾薩斯地區一個牧師的女兒，她曾經與歌德有過一次短暫卻熱烈的愛情。

或「永恆」、或與康德所說的「另一個世界」，來加以比較。「彼岸」的概念強調的是空間的獨立性；「永恆」的概念強調時間的獨立性。無意識的概念強調的是兩者的相對性或兩者的獨立性。事實上，無意識的本質、起源和程度，其中的祕密絲毫不遜色於「彼岸」或「永恆」。

虛構的故事

現在我們已經描述及討論了大量關於超心理經驗的記述，從一開始就討論的真實性問題，也許可以再次提出。實際上是自己的虛構和千真萬確的報導，真的可以加以區別嗎？在閱讀了一千多封給《瑞士觀察家》的信件，並將它們與已經證實的其他來源的報導加以比較之後，我的腦海裡不由浮現出一條標準：虛構和捏造從來都不會是典型的，也不會是單純的。相反地，虛構和捏造的故事大多是非典型的、複雜且誇張的。誠然，這一標準並不具有嚴格的科學價值；這僅僅是基於感覺，然而事實證明這是有幫助的。

下面的例子將使讀者面對一種非典型描述，我們只把這種描述當作虛構來看。作者將他的故事命名為「開車送我過墓地」。故事發生在遠東，內容如下：

那是一個下雨的夜晚。將近九點時，三位軍官員在一家有

名的餐館喝酒。不遠處坐著一個大約 17 歲的年輕女孩。她看上去非常落寞，因為房間裡沒有其他人，軍官們於是問她是否願意讓他們加入。她同意了，於是他們走去她的桌子一起坐。然而，他們之間的聊天有些不投機；女孩看上去有點緊張，而且心不在焉。她甚至緊張地撞倒酒杯，酒潑到她的白裙子上。當時鐘指向 11 點的時候，女孩站起來。有兩位紳士也站了起來，提議要送她回家。另一個直接回家睡覺了。她將地址給了這兩個人，但要求他們的車子經過墳地，但她的地址明明是在相反的方向。

儘管不順路，但他們還是照她的意思去做了。當車子開到墳地時，女孩讓他們停車，因為她要去那裡看看。他們覺得她的要求有點怪，但還是照做了，因為這個疲憊不堪的女孩看上去比之前更蒼白、更緊張了。這兩個朋友看見她遠去的形影慢慢消失在黑暗中……當等不到她的回來，他們四處尋找，但沒有找到。

第二天，他們按照女孩給的地址去找她。女孩的雙親吃驚地看著這兩位軍官，而他們兩人開始仔細地描述她的樣子。母親開始抽泣，拿出女孩的照片，這兩人立即認出，照片上正是他們昨天遇到的那個女孩。最後，母親告訴他們，她的女兒去年出車禍死了，昨天正是她去世一週年。

一切都完全吻合：她的舉止、表情、白裙子和鞋子，以及她給兩位軍官的地址。女孩的父母嚇壞了。他們因此向當局

申請之後，當著兩位軍官和醫生的面前挖開了墳墓。棺木打開的時候，女孩的屍體絲毫沒有變化，她穿著雪白的裙子躺在那裡，上面還有幾滴昨晚灑在裙子上的酒液，而白鞋上沾著泥土。

任何對這個故事的進一步評論似乎都是多餘的。這確實可以作為愛倫坡（Poe）【譯註88】或梅林克（Meyrink）【譯註89】短篇小說中的情節，故事的每個細節都來自於個人想像的領域。更且，這一切還是原原本本地保留了事實。它們沒有象徵的意義，也確實沒有指出它們自身之外的任何東西。靈魂的原型層面則是沒有觸及到。因此，這個故事與我們相對單調的來信毫無關聯；在那些來信中，古老而原型的事件一次又一次地重複。原型特徵的缺乏似乎成為判斷哪些「經驗」是不可能的標準。虛構不過只是智力的創造，以或多或少的適切或驚悚的方式的講述罷了。

譯註88： 埃德加·愛倫坡（Edgar Allan Poe, 1809-1849），美國作家、詩人、編輯與文學評論家，公認是美國浪漫主義運動要角之一，以懸疑及驚悚小說最負盛名。愛倫坡是美國的短篇小說先鋒之一，蕭伯納說過：美國出了兩個偉大的作家，愛倫坡和馬克·吐溫。

譯註89： 古斯塔夫·梅林克（Gustav Meyrink, 1868-1932）是銀行家 Gustav Meyer 的筆名，奧地利的小說家、劇作家和翻譯家，最著名的是他的小說《魔像》。他被形容為「超自然小說領域最受尊敬的德語作家」。

以上探究的過程中，我們已經描述並闡釋了未來事件及對過去未知事件的感知。這些事是無法用因果關係來解釋的。舉例來說，未來的事情怎麼可能成為今天的夢的起因呢？這類情形和心靈感應、想法傳輸（thought-transference）等，都是超心理學所談的超感知覺（ESP）。而分析心理學則是用「共時性」（synchronicity）來解釋超感知覺和其他非理性的現象，稱它們為「共時性現象」。榮格之所以使用「共時性」這個詞，是因為在感知本身和超感官所感知的事件之間有著明顯的同時性。預言夢、超感視覺（clairvoyant vision）、或「鬼魂」，是在當下將未來展現出來或宣告出來，而「幻覺」或逼真的夢則是將未知的過去於現在展現出來。未來、過去，甚至遙遠的事，全都轉送到此時此地的當下（「共時」（synchron）這字原是指向精確的天文學同步性）。

　　在這一章，我想對共時性現象的某些理論觀點進一步地概括和摘要。我也將再一次地透過萊恩夫人《心智的隱祕通道》一書來對這些加以補充和比較。

　　這些自發的現象顯然沒有任何規律，唯有一點非常突出：預言夢、預感、超感視覺和鬼幽靈的出現，大部分是發生在死亡或跟災難、危機有關的關鍵時刻，很少是無關緊要的事件。這個事實是如此的明顯，寫信來分享的人們都提到了，而萊恩夫人也在使用美國素材的報告中再次強調了這點。此外，萊恩夫人還提出有關超感官知覺的動機範疇，相當有趣：「我們可

172

以看看超感官知覺主題的選擇，從一開始似乎是基於強烈的需要或利害關係的事件，然後到中等程度的危機，最後下降到不重要的事件。我們馬上可以看出，沒有什麼比好奇心更強烈的動機了（或者說，好奇心就是一種強烈的原動力？它是人類調查探索這一天性的根源。）」

單純的好奇心是很重要的，因為這屬於人類個性中情感導向的領域。榮格已經表明，共時性、或非因果性的現象經常伴隨著情緒。在情緒狀態下，意識程度會降低，無意識內容就會滲透到意識場域中。不過我們知道，無意識占優勢的情況形成了共時性事件適合發生的情境。無意識的時空相對性這時變得明顯了。

甚至有一種傳統的假設，認為有情緒的狀態是有利於這種現象的。大阿爾伯特（Albertus Magnus, 1193-1280）【譯註90】認為「魔力般的影響」起源的解釋是**過度的情感**（excess affectus）。他寫道：【原註98】「我在阿維塞納（Avicenna）【原註99】《自然性書》（*Liber sextus naturalium*）一書中發現了（關於魔法的）相當有啟發的描述，這說道人類靈魂裡住著一股改變事物的相當力量，而其他事物服從於靈魂，尤其是當靈魂陷入

譯註90： 大阿爾伯特（Albertus Magnus, c.1200-1280），是中世紀歐洲重要的哲學家和神學家，他是多明我會神父，因知識豐富而著名。他提倡神學與科學和平並存。

原註98： *Synchronicity: An Acausal Connecting Principle*, in Col. Works, Vol. 8, p. 448.

原註99： 也被稱為伊本‧西那（Ibn Sina, 980-1037），出生於布哈拉（Bochara）的阿拉伯哲學家和醫師。

極度的愛、恨或相似情緒時。因此，當一個人的靈魂陷入任何極端激情時，實驗可以證明這情形（過度情緒）就會（著魔般地）綁住事物，依自己想要的方式來改變它們。我有很長的一段時間，都不相信這一點，但……（然而）我現在發現，人類靈魂的情緒化是造成這一切的主要原因。」

在萊恩夫人所謂超感官知覺「動機範疇」內的「強烈的需要或利害關係」的事件，舉例來說指的是，死亡或災難。這與本書中大量的相關例子是一致的。至於「中等程度的危機」，萊恩夫人指的是多少令人不愉快的日常情景，比如說，考試。給《瑞士觀察家》的來信中有一些這樣的例子，我在這裡引用其中一個：

有個年輕人有個算術考試，非通過不可。

我無法去思考了，一片空白。我茫然地看著四周，一片寂靜。所有的一切都陷入空洞裡了，只有內心深處有個聲音吶喊著：「我完蛋了！我完蛋了！」然而就在我必須要寫出答案的時候，黑板上忽然出現又大又清晰的數字，在那裡閃閃發光。我把這個只有我看得見而別人看不到的數字，當作計算出來結果寫了下來。原來大腦裡的瘋狂旋轉立刻恢復了平靜。我又可以清楚思考了，冒出來的第一個念頭是：既然已經做完了，就不要坐著乾等了。但為什麼這個結果確實會正確呢？

然而老師還是讓我繼續坐下來，再仔細檢查一下已經寫好

的考卷。【原註100】

　　萊恩夫人的素材還包含另一種令人愉快的實驗。有個參與
ESP 實驗的小男孩：他得「猜出」他看不見的圖片順序。實驗
者認為，小男孩之所以處於高度情緒程度，是因為大家使他相
信他對實驗非常重要，從而激起了他的野心。萊恩夫人甚至
答應他，假如實驗成功，就給他的電車買一些新軌道。實驗的
正向結果令人震驚。萊恩夫人把這種異乎尋常的成功歸結為男
孩的集中。而我寧可強調他的情緒狀態。這些實驗讓他興奮得
從手到腳都顫抖了。他徹底「忘我」了。因而產生了「心智控
制程度降低」（abaissement du niveau mental）【譯註91】，這種狀
態顯然是喚起無意識的理想狀態，讓平常無法知道的無意識內
容，變得意識也可以知道了。第一個例子裡的年輕人也出現了
相似的情緒，只是沒有那麼強烈。

174

原註100：　這並非不可能的，原始的巫醫或巫師可以投入到自己強烈情緒的狀態中，從而發
　　　　　生共時性現象。因此，真正的法術似乎是人為地將無意識聚合起來。有些類似於
　　　　　靈媒布伊蘇夫人在《靈魂之旅》一書中所提到過的，對自己如何進行精神訓練。
　　　　　（譯按：參考原註 9 和原註 93。）

譯註 91：　心智控制程度降低（abaissement du niveau mental）這一現象，是由比佛洛伊德大
　　　　　七歲的法國偉大心理學家皮耶・賈奈（Pierre Janet, 1859-1947）所提出，意指對
　　　　　心智最高控制權的削弱。榮格在追隨佛洛伊德以前，深受其影響。在分析心理學
　　　　　中，心智控制程度降低的狀態是在治療中獲得的放鬆狀態，在這種狀態下注意力
　　　　　得到了緩解，從而放鬆了抑制力，使無意識中的滿足感增加了。這狀態可以自發
　　　　　地發生，也可以經由積極想像和暗示而促進。

在《記憶、夢和反思》【原註101】一書中，榮格記錄了 1909 年在維也納遇到佛洛伊德時的經驗。他當時很想聽聽佛洛伊德對預感和超心理學一般的看法，問他如何看待這類事情。佛洛伊德斷然拒絕了所有這類主題。那事是榮格意識到超心理學的嚴肅性，並承認「靈異」（occult）現象的真實性的之前幾年。榮格說：

正當佛洛伊德滔滔不絕的時候，我產生了一種古怪的感覺。好像我的橫膈膜是鐵做的，正在發紅發熱──變成一個灼熱的拱頂。就在那一刻，我們旁邊的書櫃發出一聲巨響，把我倆都嚇壞了，害怕這玩意兒會倒下來砸到我們。我對佛洛伊德說：「瞧！這就是一個所謂催生外化現象的例子。」

「得了吧，」他喊道：「這簡直是胡說八道。」

「不，」我回答說，「教授先生，你錯了。為了證明我是對的，我現在預言，過一會還會有一聲這樣的巨響！」果然，話音剛落，書櫥上又發出一聲同樣的巨響。

175　　　　至今我也不知道當時我為什麼會那麼確信。但我堅信不疑，還會再次發出響聲。佛洛伊德只是目瞪口呆地看著我。我不知道他腦海裡究竟想些什麼，也不知道他這樣的表情是什麼意思。無論如何，這件事激起他對我的不信任，我有著自己冒

原註 101：*Memories, Dreams, Reflections of C.G. Jung.* Recorded and edited by Aniela Jaffé, New York, 1963.

犯了他的感覺。從此，我再也不指望與他討論這件事。

當榮格與佛洛伊德展開這次奇怪的對話時，榮格正處於高張的情緒狀態（他的橫膈膜「是鐵做的，正在發紅發熱——變成一個灼熱的拱頂」）。因此他的意識變弱了，這可以說，他進入了無意識的領域，因此他可以「知道」將會發生什麼。

然而，在其他的許多例子裡，情緒是與未來的、預知的事件有關，而此預知的經驗是出現在心情放鬆的時候。在這些例子裡，我們是否能夠將情緒視為共時性現象的一個條件呢？如果我們假設情緒的起因不是來自外部事件，那麼就可以找到答案。只有當外部事件背後隱藏著原型，並攪動了人的心靈時，事件才會帶來情緒。讓我們再解釋得更透徹一點。

榮格對超心理學研究的重點之一是：**共時性事件是一次原型的顯現**。換言之：原型就是共時性事件的「組織者」（即德文的 Anordner，〔譯按：意指樂團指揮家或決策者〕）。不過，它「進行組織」或「促成秩序」的功能，不該被誤解為是會帶來特殊影響的「行動」。原型不會為邏輯上不可知的事件帶來明確的「知識」，也不會彷彿故意似的「安排」幻覺或是「鬼魂」。事實上我們在說的是一種非比尋常的具現，無意識經由「分裂」的方法「在意識中浮現出來」。這樣的分裂，就我們所知，在每次新意識的浮現都是必要的。我們之所以可以辨識出一個事物，是因為我們可以將它和其他的事物區隔開

來；我們辨識得出什麼是冷，是透過與熱的區隔；依此類推，從低區隔出高，從邪惡區隔出美好，從死亡區隔出生等。

在正常情況下，這種分裂或區隔是發生在個體心靈世界之內，發生在他的思想、夢、直覺或經驗中。然而，在共時性現象中，浮現到意識層面的原型，它的各個面向是撕裂四散的。這些面向在不同時間和不同地點出現，而其在時間和空間裡的「秩序」得以「組織」起來，可以說是透過這個剛剛浮現的原型。

榮格在論文〈論《心靈的本質》〉（On the Nature of the Psyche）【原註 102】中提出了證據，認為原型的本質並非純粹是心靈的，原型也是物質的。然而，這個明顯的悖論，並不比光的悖論，某一時刻既是波又是粒子的光，還更悖論。在許多的超心理現象中都有著這樣的特徵，就是原型的心靈和物質這兩個不同的面向是可以分開地感知到的。此事為真，不僅因為現實事件（危機、死亡、災難、疾病等）的複製出現，以及相應的共時性心靈經驗（夢、靈視、幻覺、預感、預兆等），還由於特殊物體闖入而形成超心理事件的怪異現象。有個例子是最眾所周知的，就是鐘錶就停止在某人死亡的那一刻。或是門或窗戶忽然打開，玻璃無端破碎等，「宣告」災難的發生或遠方親友的死亡，卻沒有任何物質性的起因。在這裡，我們同樣也是

原註 102：Col. Works, Vol. 8.

處理著兩件完全分開的事件。兩者之間沒有任何因果關係；相反地，兩者皆有它們各自的特有因果鏈。從心理學觀點來看，這兩者必須視為同一原型或同一原型事件（比如說死亡）的不同面向或不同呈現。**然而，在這兩種呈現之間充滿啟發的連接，是意義深遠的。**

共時性原理適用於所有以因果律無法解釋、但從經驗可以感覺到是相關的，成對或成群發生的事件，因為這些事件透過意義而綁在一起。一個垂死的人在死亡那一刻，如果遠方不可及的親友可以看到他的幽靈身影，將是充滿意義的；就像我們親近的人死去時，時鐘停止、玻璃破碎，或關著的門突然打開一樣，這都是意義深遠的。

基本上，像這樣的徵兆都有象徵意義。這些徵兆象徵著它們所宣告的事件。在人死去的時候，我們會說他「他時間用盡了」，或說「他的鐘聲響起了」，也會說「他進入了永恆」，不再是以時間來度量了。古老的德國歌曲：「無論走到哪裡，我都隨身帶著鐘錶。」（Ich trage, wo ich gehe / stets eine Uhr bei mir.），道出了總有一天終將停擺的鐘錶和心臟是如何相似。正如有句老話所說的，破碎的玻璃是毀滅的標誌，是終點的標誌。而一扇向來關閉的門突然打開，又何嘗不是通向死亡呢？

這情形也可能透過一場邂逅（也許與一個孩子或一隻動物），或者出現某些視覺的感知（一片風景或一棵樹的一片葉子）而發生。透過了這一切，以令人驚奇的方式再現出一個人

177

自己的內在狀態，或是重溫某一場夢境的幻景。這種內在世界和外在世界合為一的冥想經驗，經常會促成一股深刻、有時甚至是持久的驚奇感，或是產生了一種解脫和啟蒙的感覺。透過這些事例，原型現實有意義的安排因而得以展現。

同樣的一個原形，形成了這種成對或成群的內在與外在事件的背景。因此我們能夠回答最初的問題，關於伴隨著共時性現象的情緒。從它們的共同樞紐——原型——我們瞭解到情緒可能會出現在感知事件發生的人身上，也可能與超感官所觀察到的事件有關。情緒只是指向原型的一個症狀，在共時性事件中，情緒則指向無意識中「進行組織」的要素。當原型「分裂」時，情緒所在的位置則不會有明確的作用。

我們不難發現，在大多數例子中，原型是共時性事件的先決條件。這經常出現在死亡，或生命危在旦夕時。這也可能是對奇蹟的期待（那個接受 ESP 測試的男孩）或人際關係的即將結束時（佛洛伊德和榮格）等。即便是凡夫俗子或普通百姓的共時性經驗，我們也經常可以發現原型就是那位「組織者」。我們舉個萊恩夫人提過的例子：一個年輕女孩預感自己將會吃到「沒煮過的、類似義大利麵的東西」，而一個不認識的女孩則將說：「那會讓妳肚子變大！」如果我們記得，好奇甚或貪婪已使這女孩一打開立頓牌雞湯麵就直接大吃起來，那情緒因素也就可以清楚辨出。然而，暗示著原型背景的關鍵詞正是「食物」、「飢餓」、「狼吞虎嚥」。這些詞讓人聯

178

想到與性欲同等重要的古老驅力。食欲與性欲兩者都是深深
地根植於無意識的本能，在神話和宗教的原型意象中扮演著相
當的角色。它們化身為食物的神祇、愛情的神祇等形象。可以
說，這些神代表這些本能的精神層面。本能和上帝一意象都是
同一種原型的不同面向。此外，我們的這個例子無意中暗示了
一個古老的神話故事：女人透過吃而受孕（「那會讓妳肚子變
大！」）。

　　有時，從意識過渡到無意識領域這種真正的「換場」，若
非在自發性超心理現象的經驗之前發生，就是在這經驗過程中
發生。它常常被描述成僵住或癱瘓的狀態。我們的來信中就有
類似的描述。一個看見父親鬼魂的女士寫道：

　　我看到他，無比的清晰……我可以認出每一個細節。我嚇
得定在那裡，動彈不得。

　　一個感覺到光影般幽靈的女士寫道：　　　　　　　　　179

　　我的四肢有著從未有的僵硬感覺。我無法呼喚任何人，儘
管我是十分清醒地躺在那裡，但就像被催眠了一般。

　　有名婦女計畫去蘇黎世附近的迪本多夫（Dubendorf）看
航空展。但在出發前，她先躺下休息了一會。

如夢一般的狀態籠罩著我，既不是清醒，也不是睡著。外面，有汽車開過，我的孩子在公寓裡走來走去。我清楚地聽到每一件事。突然眼前閃過了一幅畫面，就像是在電影院裡。我的眼睛是閉上的，然而我可以看到。

然後她看到幾個意象，一名年輕的飛行員墜機了。幾個小時後，這真的發生了。

1920 年，榮格在英國時，經驗了與鬧鬼經驗有關的相同的癱瘓狀態。【原註 103】這件事的一些細節如下：榮格要在朋友租下的一幢鄉村別墅度過幾個週末。到了夜裡，他經驗了好幾次越來越激烈的鬧鬼現象，比如敲門、惡臭，窸窸窣窣和滴水的聲音。這些現象讓他惴惴不安。這整個情形發展到最高潮的時候，出現了顯像或靈視，一個老婦人的頭顱出現在距離榮格

原註 103： 榮格把他的經驗貢獻給了范妮・莫瑟（F. Moser）【譯註 92】的書《鬧鬼》（*Spuk*），1950 年出版。同時可以參見亞菲刊在《明天》雜誌 1961 年春季號《榮格的心靈世界》（*The Psychic World of C.G. Jung*）。

譯註 92： 范妮・莫瑟（Fanny Moser, 1872-1953），也稱為 Fanny Hoppe-Moser，是瑞士－德國的動物學家。她的父親約翰－海因里希・莫瑟是著名的工程師，在沙夫豪森建造了莫澤大壩。范妮・莫瑟在 1896 年成為弗萊堡大學第一位女學生，專攻醫學。隨後，在慕尼黑大學獲得博士學位，專攻脊椎動物肺的發育史。1903 年，她與作曲家雅羅斯拉夫・霍普（Jaroslav Hoppe）結婚。他們搬到柏林，莫瑟開始了她的跨國研究，其中確定了九個新物種，包括從南極探險隊收集回來的，以及摩納哥親王所委託的。她於 1914 年開始涉足超心理學，並於 1935 年起陸續發表了有關該主題的作品，以《神祕主義：欺騙與事實》（*Der okkultismus: Tauschungen und Taschungen*）兩大卷，而《鬧鬼》（*Spuk*）即為第二卷。事後將遺產成立基金會，繼續舉辦「范妮・莫瑟獎」給每年傑出的超心理學研究。

枕頭兩呎的地方。嚴格來說，那只是半張臉。獨眼圓睜睜地瞪著他。接著，頭顱消失了，榮格點起了蠟燭。下半夜他是坐在安樂椅上度過的。後來，榮格和他朋友發現那幢房子因鬧鬼而遠近馳名，所有的房客遲早都會被嚇跑。

在鬧鬼現象出現之前，榮格就感到心神不寧。「11 點的時候，」他敘述道：「我累了想睡，但實際上並沒有進入深度睡眠。更像是進入了痛苦的僵化狀態，感覺是完全癱瘓了。」這種僵化狀態在後來幾晚裡，他熄滅了蠟燭但還沒開始鬧鬼之前，也都再度出現過。

榮格這種僵化的感覺，與前信的作者所提到的情況一樣。這種感覺在夢魘中經常可見。這不僅是一種恐懼的症狀，往往也意味著半夢半醒，意識處於低位狀態，對無意識、對「超自然」事實，都是敞開大門的。

*　*　*

當我們將共時性事件視為原型的表現，那麼心靈感應現象中原來扮演重要角色的「發送者」和「接收者」問題，就變成次要的了。從分析心理學的角度來理解心靈感應現象，會認為這是建立在原型基礎上的一種非個人和非因果的「秩序」或「秩序性」的表現。因此，因果式的方法並不能提供令人滿意的解釋。無論是「發送者」和「接收者」，或是瀕死之人，以及那些感知到幽靈或夢裡聽到聲音、或有靈視看到自己身體

的人，都只不過是自主的（autonomous）原型在時空中的「組織」功能的工具；或者只是原型情境劇情的搭檔演員而已。這個人意識層面的心智和意志力都會被「物質—心靈之物」（objective-psychical）——也就是原型——推進背景。即便在意識上沒有任何訊息被「傳送」，非個人、非因果的「秩序」（像是心電感應的現象中，兩個人在不同地方，思想的內容卻有了一樣的複製）還是有可能發生。萊恩夫人這樣寫著：「我們都明白，心電感應的發生與發送者啟動的動作完全無關。」雖然偶爾可以刻意地「傳送」想法，但這個事實完全不影響前面的說法；因為這並不是意識中的意志引發了心電感應事件，而是由於某個人或某些個體的情緒介入——而這一點又與情境的原型特徵有關。

　　特別值得一提的是母親和孩子之間的心電感應，這種感應眾所周知，經常令人吃驚。一個母親常常「知道」不在身邊的孩子剛剛發生了什麼，或孩子「知道」母親正在感覺或正在想什麼。母子關係所代表的就是最典型的原型情境。甚至孩子出生很久之後，母子之間這種原來身心合一、後來轉為心靈合一的狀態，依然保留著。一些生物學家堅持認為，在子宮內的孕育結束以後，還有另外九個月的子宮外懷孕。然而強大有力的心靈關係會持續更久，其根源較多是在無意識領域，而非意識領域。無意識形成了各種人際間互相理解的基礎。而某些關係中，與無意識的綑綁更強大，因為他們是立基於原型之上。這

類綑綁就存在於母子之間。另一個例子是分析師和被分析者之間的情境，不過這取決於無意識內容是單方面的投射或是相互投射。【原註 104】這類基於原型的關係中，一方對另一方的想法和經驗的知識會較容易建立，因為他們非常接近無意識，會更輕易地被拽進時空範疇的相對性裡。在這種情況下要產生共時性現象，比起沒有原型情境的人際關係，所需要的動力會弱得多。【原註 105】

　　總之，我們可以說，共時性現象所指向的背景現實，依定義上來說是辨認不出來的，這也就是無意識。然而，**這個辨認不出的背景不僅只是心靈現象的先決條件，目前現代科學已**

原註 104：參見 C. A. Meier【譯註 93】〈心理學中的投射、轉移和主客關係〉（Projektion, Uebertragung und Subjekt-Objekt-Relation in der Psychologie），收於《辯證法》（*Dialectica*），1954 年，為榮格教授誕辰 80 週年而出版。

譯註 93：C. A. Meier，全名是卡爾・阿爾弗雷德・邁爾（Carl Alfred Meier, 1905–1995），瑞士的精神科醫師、榮格分析師和蘇黎世榮格研究所的首任院長。邁爾出生在瑞士的沙夫豪森，在蘇黎世大學後，前往巴黎大學醫學系研究。後來，在 1928 年，前往維也納的 Steinhof（維也納大學精神病學診所）學習，並參加了朱利葉斯・瓦格納-堯雷格（Julius Wagner-Jauregg）的講座。Steinhof 的一位同事邀請他參加佛洛伊德舉辦的週三研討會。1931 年，在伯恩霍茲里醫院（Burghölzli，與榮格認識佛洛伊德以前同一間醫院）師從馬爾（Hans-Wolfgang Maier），開始了他的精神醫學研究。因為如此，他開始和榮格走得越來越近，接受榮格的分析。他是榮格的繼任者，包括 1949 年擔任瑞士聯邦理工學院心理學名譽教授。他是分析心理學的歷史奠基人之一，也是國際分析心理學學會的首任主席。後來在蘇黎世共同創立榮格心理學臨床研究中心。他所分析的學生，在榮格心理學後來的發展裡有著重大的影響，包括詹姆斯・希爾曼、河合隼雄等人。

原註 105：Cf. Celia Green, "Analysis of Spontaneous Cases: Agent/Percipient Relationships," in *Proceedings of the Society for Pyschical Research* Vol. 53, Part 191, Nov. 1960, p. 108 f.

經顯示，物理現象也是如此。據詹姆士·金斯（James Jeans）所言，物理學必須探索「現實的更深層面」，才能理解表象的世界，以及「甚至預測我們實驗的結果」。【原註 106】金斯區分了「自然的觀察」（observations of nature）和「自然的現實」（reality of nature）。只有前者才能充當「科學研究的真正對象」，而不是人類永遠有一定程度未知的「自然的現實」。【原註 107】這「自然的現實」相當於原型裡還沒辦法辨認的基本形式，依照榮格的說法是「純粹的自然」（pure nature）。而這就是集體無意識。

物理學以物理學自己的形式，面臨了與心理學一樣的問

原註 106：詹姆士·金斯（James Jeans）【譯註 94】，《物理學與哲學》（*Physik und Philosophie*, Zurich 1952）：「正如現代物理學所證明的那樣，所有以前的物理系統，從牛頓力學到之前的量子理論，都犯了將表象與現實同等化的錯誤；他們將注意力侷限……（於表象），甚至沒有意識到更深遠的現實之外。新的量子理論已經顯示，為了理解表象的世界，甚至能夠預測實驗的結果，我們必須探索現實更深遠的層面。」

譯註 94：詹姆士·霍普伍德·金斯爵士（Sir James Hopwood Jeans, 1877-1946），是英國物理學家、天文學家、數學家。金斯在量子力學、輻射和恆星演化等物理學的許多領域有重要的貢獻。金斯和亞瑟·愛丁頓（Arthur Eddington）是英國宇宙學研究的奠基者。1928 年金斯基於宇宙中物質不斷產生的假設首次推測出穩態理論。1965 年宇宙微波背景輻射被發現後，穩態理論被大爆炸理論所取代。金斯的科學聲譽主要是基於他的數本專著，這讓金斯成為他的時代相當著名的革命性科學發現說明者，尤其是在相對論和物理宇宙學方面。

原註 107：同上：「因為每個機械模型或意象都必然再現出時間和空間裡出現的事物，然而最近已經完全清楚的是，大自然裡實際的最終過程既不會發生，也不能在時間和空間中再現。因此，對大自然最終過程的任何理解，永遠是我們無法觸及的；即使在我們的想像中，也無法打開時鐘盒去看輪子是怎麼轉動的。科學研究的真正對象永遠不是大自然的現實，而只是我們對大自然的觀察而已。」

題或侷限性：一個無法直接觀察的領域，只能透過二律背反（antinomies）【譯註95】來表達。而榮格對當下的科學，尤其是物理和分析心理學所能到達的階段認真評估之後，他推測現實的最深層領域——經驗或物理表象的先驗背景（transcendent background）——和無意識，亦即意識的先驗背景，可能是同一個實體（entity）。【原註108】榮格寫道，微物理學（microphysics）和分析心理學似乎有著共同的背景【原註109】：「（它）既心既物，因此既不是心靈也不是物質，毋寧說更像是中性自然的第三實體，最多只能透過暗示來把握，因為它本質上是先驗的。」

最令人驚訝的是，這種自相矛盾的「第三實體」，在煉金術士深不可測的直覺中就曾經提到過。他們把它描繪為「簡單」、「一」或「unus mundus」（合一世界），單一世界。

譯註95： 二律背反（antinomy）是一種哲學概念。意指對同一個對象或問題所形成的兩種理論或學說雖然各自成立但卻相互矛盾的現象，又譯作二律背馳、相互衝突或自相矛盾。二律背反這個觀念因為康德在其代表作《純粹理性批判》因此而廣受應用。康德列出了四種二律背反，均由正題和反題組成。這樣的論述，使得康德深入到了對理性的批判，不僅發現了以往形上學陷入困境的根源，而且找到了解決問題的途徑。雖然他對二律背反的理解主要是消極的，但他亦揭示了理性的內在矛盾的必然性，從而對黑格爾的辯證法產生了深刻影響。

原註108：《精祕的結合》（*Mysterium Conjunctionis*），《榮格全集》第14卷，第538頁。微觀物理學和分析心理學「發展出的一些概念，顯示出了顯著的相似性。如果這種趨勢在未來變得更明顯，那麼它們成為統一體（unity）為目的的假設就具有了可能性」。

原註109：Ibid. p. 538.

「一」以同樣的方式一起參與了心靈和物質世界。它也被稱為「substantia coelestis」（天上物質），一種天堂的物質，名字本身就暗示著先驗的屬性。有人可能會視原型為先驗之心物背景的「信使」；它們在意識與不可觸及的世界之間發揮了媒介的作用。而共時性現象也是如此。它們介於意識與無意識之間，介於這個塵世與「先驗的心物背景」之間。也就是，意識和這個世界代表了實體和價值的展開，而這一切在先驗的世界中必須被視為統一體（unity）。正如我們看到的，無時間／無限時間（timelessness）將自身分成過去、現在和未來，無空間／無限空間（spacelessness）則將自身分成各種類別的空間，而在那領域裡那難以想像的心物統一體則表現成肉體和精神，甚至表現成物體和心靈。

184

（正如本書所強調的，在「唯靈論」和「泛靈論」兩者關於幽靈的理論中，兩者是互補有效性的這個假設，在這裡找到了它的論據。）

在共時性現象裡，隨著時間、空間、物體和心靈的奇妙融合，「單一世界」（one world）中原初是先驗統一體裡的東西，開始變得可以看見、可以經驗，這就是為什麼它們本身帶有奇蹟的氣息。原本統一融合在背景世界裡的各種面向或各種切面，其實還沒有完全被分開；它們還沒有被分成單個而彼此無關的實體。但反過來，物質與心靈卻又使用著同樣的語言。它們都表現出了原型，這個共同但無法辨別的背景。然而，正

如我們前面所說的，把它們捆綁在一起的不是邏輯法則或物理學的因果律；而是心靈的「內在邏輯」，也就是意義。

*　*　*

共時性事件與心靈無意識領域緊密相連，更確切地說，就是與原型相連，而這點解釋了它們不可預測的本質。**無意識的內容是完全自主地運作。**這一事實是過去幾十年分析心理學最重要的發現之一。無意識內容的自主性賦予了無意識各式各樣的呈現，包括了共時性現象，自發的、毫無規律的特徵。所有共時性現象應始終視為例外的事件。因為只有空間、時間和因果等法則還有效時，才能保證所有呈現的規律性，亦即其範圍是在意識的心理領域或物質的中間區域，涵蓋的程度既非極大（宇宙）也非極小（原子）。在無意識的領域，就像在物理世界的邊界地帶一樣，空間、時間和因果關係的有效性將不再是絕對的。在這兩個領域裡，事件的進展都是無法預測的。

185

萊恩夫人提出一個有趣的問題，關於超感知覺在人類進化中所扮演的角色。動物為了生存還保持著這種基本能力，譬如對危險的警告。她進一步表示：「然而，當生存條件隨著時代進化而改變時，能夠超越此時此地而看得更遠的能力，如今已經不再是不可或缺的了。功能愈加有限但更加可靠的感覺器官愈來愈多；所以，也許在漫長而緩慢的進化過程中，超感能力早就被淘汰了。如今，對大多數人來說，這或許僅是人類

早期配備的微光閃爍，只有突發事件時才偶爾運作。取而代之的是，感官得以發展。感官以相對的可靠，帶給我們眼前的一切、當下的一切。在現代，有了工具的幫助，感官使得人類的存在不再需要能感受到遙遠與未來的超感意識了。」

這個假設如果是將重點放在意識的進化而不是感官的進化，心理學家或許會同意。就感覺器官來說，文明人在視覺、聽覺和嗅覺的分化和敏銳，遠遠不如原始人，更不用說動物了。然而在另一方面，人類的意識卻獲得了不可估量的優勢。為了這一點，他必須付出昂貴的代價：因為他的意識已經遠離了原來的根、遠離了無意識、也遠離了他的本能，人類如果不是全部都失去，至少也是在一定程度上失去了他原來的超感能力了。

超心理學現象，尤其是共時性事件，永遠都要依靠無意識的參與。原始人仍然生活在意識發展還非常微弱、曙光才乍現的世界。他依靠強大的本能維生，這反而讓他和自己的無意識持續接觸。他因此擁有了遠遠超過現代人的超感能力。

個體的進化也遵循著同樣的模式。這與意識的發展有著密切關係。在超感知覺方面表現出明顯天賦的小孩，往往長大後就失去了這種能力。換句話說：一旦意識和自我變得更加清晰，孩子如夢似幻的世界，這個融合了無意識和四周環境的世界就會停止發展，超感知覺的能力也隨之消失。現在的問題是，曾明確具有超感知覺天賦的孩子，在以後的生活裡能否重

186

新獲得這種能力（只有部分孩子有這種天賦，就像某些原始人身上的超感知覺能力比其他原始人更明顯一樣）。

根據萊恩夫人的說法，超感知覺包含了一種比感官呈現給我們的還「更真實」的現實。心理學家在這個問題上可能有不同的感受，因為他們所認為的意識中的現實，從其空間、時間和因果的法則來說，和無意識現實一樣「真實」。兩者之間只是不同而已。打一個合理而可信的比方來說，意識的「真實／真理」（truth）是狹窄的，但有著較高的亮度。無意識的「真實／真理」既不受時間也不受空間的限制，但卻是微露曙光的世界。如果沒有人類的意識，無意識的真實性既沒辦法辨識、也沒辦法理解，更不必說懂得了。

對共時性概念所呈現的困難如果抱有任何幻想，都會誤入歧途。實際上，這需要一種完全不同於因果關係的思維方式。就像要學外國語言時必須了解這個國家的心智一樣，我們可以說，要運用共時性觀念就需要對無意識的心智有足夠的了解。無意識的心智從基本上就不同於意識的心智。我們如果要理解它，就必須回到原始人的世界，原始人以曙光才乍現的意識所生活的無意識世界裡，一個充滿了「魔法因果律」的世界。人 187 類所有辛苦努力發展出來的東西（邏輯、因果思維和意識），都將被犧牲掉。但這恰恰正是我們做不到的。儘管人們經驗了一個又一個的奇蹟，最後還是沒法理解它們或掌握其中的意義。如此一來，這一切可能發生了和沒發生並沒兩樣。重點

是，要如何沉浸到無意識的心智中，卻又不用犧牲意識，或脫離了意識。這點相當困難。共時性觀念的前提是要求精熟直接邏輯和因果思維，卻又要求一種「環形的」思維或夢的思維。只有同時運用這兩種思維方式，才會有更深的理解。然而，「在無意識中思考」的困難，主要是在於意識中明晰的觀點減弱了，而且心理學家無法用數學公式清楚表達他在處理的現實，就像物理學家在物質領域所遇到同樣的模稜兩可，是一樣的情形。然而，對心理學家來說，二律背反的思維提供了一種方法，來表達這種背景現象（例如共時性事件）。這種思維不是把現實和非現實解釋為對立的，而是把它們當作一個統一體（unity）來理解；如此一來，共時性現象仍然保持它原本的樣子：一個自然的悖論。

因果律在人類的思維中是根深柢固的。每當碰到了因果解釋的極限，通俗的想像就只能用「魔法因果律」來解釋那些不可解的東西。常見的說法是，瀕死之人「傳送」了他的幽靈，故意讓鐘錶停下，或產生一個內在的意象，藉此安排了預兆或念頭等。

為什麼需要推翻因果思維呢？主要的原因是，因果思維是超心理學被視為一門科學的最大阻礙。在《大英百科全書》（*Encyclopaedia Britannica*, 1961）裡，我們可以讀到：「正如一些最公正和最稱職的懷疑論者所指出的那樣，要讓超心理學的發現被更廣泛的科學所接受，主要的障礙在於，基於因果過程

所提出的任何可信理論的解釋付之闕如。」然而，我們可以假定，超心理學的研究，就像榮格的「共時性」觀念，以及特別是核物理領域的研究和發現一樣，將會為這一切嶄新而更好的理解鋪出一條新的道路。同樣的，原子物理學也必然會摒棄因果解釋。

當然，如果把超心理學現象當作象徵性事件來做心理學解釋，也是可以以佛洛伊德或阿德勒的心理學為基礎來進行。然而，榮格的方法之所以勝過這兩種心理學派，是因為「原型」的概念引進了悖論的觀點，對心靈領域和物質領域都能公平面對，同時也將邊界事件的非因果關係納入考慮。我們前面說過，這種方法與原子物理學有顯著的相似。心靈與物質在本質上不再是分離的，而是相同的背景現實在兩個不同面向的顯現。超心理學和分析心理學顯然都承擔著一個共同的任務：架起內部和外部之間、心靈與物質之間的橋梁。它們的研究結果將可提供具體證據，證明世界的本質乃是歸一（unitary）。

安妮拉・亞菲

王浩威（本書校閱者）

　　榮格和女人的關係，一向都是令人感到好奇的。然而，本書的作者安妮拉・亞菲（Aniela Jaffé），雖然在榮格的生涯當中，是如此重要的一位女性，但有關她生平的資料，卻是出乎意料的少。包括知名的治療師兼作家瑪姬・安東妮（Maggy Anthony），連續寫了兩本書介紹榮格身邊的許多女性，以或長或短的篇幅寫了二十幾位，卻沒有亞菲的篇幅。從這一點，或許可以看出亞菲個性中的內傾和低調。

　　對她的生平稍有詳細描述的，主要有兩處：湯姆士・克許（Thomas Kirsch）《榮格學派的歷史》（The Jungians, 2001〔中文版：心靈工坊出版，2007〕）和勞勃・亨蕭（Robert Hinshaw）在亞菲去世時所寫的訃聞。（Aniela Jaffé (1903–1991): In Memoriam. 刊於 Quadrant. Bd. 25, 1992, H. 1.）

　　勞勃・亨蕭是位榮格分析師，1970 年代就讀於蘇黎世榮格研究中心，在那裡他參加了瑪麗 - 路薏絲・馮・法蘭茲（Marie-Louise von Franz）、芭芭拉・漢娜（Barbara Hannah）、詹姆斯・希爾曼（James Hillman）等人的課程。還是學生的時候，他在春泉出版社（Spring Publications）與達瑞爾・夏普（Daryl Sharp）

一起工作，最終成為業務經理。後來，春泉出版社隨著詹姆斯·希爾曼遷至美國，亨蕭便創辦了自己的戴蒙出版公司（Daimon Verlag）。亞菲後來的作品，還有許多第一代榮格學家晚年的作品，都是由這個出版社出版。現在每屆國際榮格學會大會年刊，以及每年艾瑞諾斯（Eranos）的年報，都是由這個小型出版社出版。亨蕭因為是她寫作時的編輯，自然在亞菲的晚年生活上有許多的協助。

本篇文章，根據這兩篇文章為主，參考其他資料增減完成。

儘管亞菲對榮格心理學世界的歷史和發展產生了巨大影響，但很少有人有比這位蘇黎世分析師兼作家更謹慎或更溫和的人了；至少，在她晚年是這樣。她最著名的貢獻是榮格生命的最後四年（1957年至1961年）幫忙記錄和編輯了榮格的《記憶、夢和反思》。為了寫出這本被譽為有史以來最不尋常的自傳，亞菲與榮格談論他（主要是內在的）生活，速記她的觀察，然後處理材料並編輯。正如她在這本自傳的前言中寫道：

「這本書的起源在某種程度上決定了它的內容。談話或自發的敘述不可避免地是隨意的，這種調性貫穿了整部『自傳』。這些章節是快速移動的光束，稍縱即逝地照亮了榮格生活和工作的外部事件。這一切像是回報一般傳遞了某種氛圍，關於這個心靈就是深刻現實的人，關於他的智性世界和經歷。（我經常向榮格詢問外在事件的具體資料，但我的詢問是徒勞的。只有生命所經歷的精神本質還留在他的記憶中，而在他看來，僅此一點就值得

努力講述的了。）」

　　亞菲在本質上也是高度靈性的，雖然不屬於任何有組織的宗教。她於 1903 年出生於德國柏林，父母都是受過良好教育的猶太人（她的父親是律師），在與兩個姊妹度過了幸福的童年之後，她在漢堡大學攻讀心理學博士時愛上了讓・德萊福斯（Jean Albert Dreyfuss），一位來自瑞士日內瓦的學生，當時正要成為物理學家和發明家。他們在 1929 年結婚，不幸的是這段婚姻沒有持續太久，一年後就離婚了。正如她後來描述的那樣，他們對彼此的感情極為強烈，並保持了終生的朋友關係，但兩個人都因個性而無法維持這段婚姻。1934 年，在她完成學業前不久，還來不及獲得醫師資格，就面臨納粹迫害而被迫逃到瑞士蘇黎世。

　　剛抵達蘇黎世的幾年，生活充滿了經濟困難。1930 年代後期，亞菲在蘇黎世以秘書工作維生，罹患了身心疾病，最後被轉介給心理學家進行分析。治療她的心理學家莉蓮・弗雷（結婚後名為 Liliane Frey-Rohn，1901-1991）是榮格的學生，後來成為亞菲半個多世紀的朋友和鄰居。亞菲回應了自己對心理、內在需求、夢想和幻想的高度關注，對這一領域越來越有興趣。很快地，她獲得了與心目中的大師會面的機會，然後開始了長時間的分析，最後也成為了榮格分析師。

　　憑著秘書的經驗和冷靜的性格，以及在心理學上的天賦，她理所當然地成為了 1948 年新成立的蘇黎世榮格研究中心（C. G. Jung Institute，又譯榮格學院）第一任秘書，在這個職位上貢獻

極大。

在榮格的一生當中，有好幾位秘書。1925 年（他到美國參訪印第安部落的那一年）以前，是榮格的妹妹葛楚德（Gertrude）擔負辦公室最繁重的工作，而他的妻子愛瑪和女兒瑪麗安（Marianne）扮演類似秘書的工作。然而，榮格演講和分析的工作越來越繁重，有些時候連基本的帳單都搞亂了。1932年春天，這個難題卻意外的獲得了天使的答案。

榮格在巴塞爾的老友漢斯·施密德-基桑（Hans Schmid-Guisan, 1881-1932）醫師忽然去世了。漢斯是榮格在柏格利茲療養院（Burghölzli）的同事。1913 年榮格與佛洛伊德分裂後，大部分的朋友都聽從佛洛伊德的要求，遠離了榮格。根據《黑書》，漢斯和衛禮賢是這段時間與他通信最多的兩個人。1915年，榮格和漢斯的通信裡開始談論日後出版的《心理類型》相關的內容，他們希望藉此將注意力和意識的基本個體差異編成法典，雄心勃勃的對話側重於外傾性和內傾性的對立，而有了榮格的心理類型理論陳述的概念，具有里程碑的意義。這方面的通信，由約翰·畢比（John Beebe）在 2015 年編輯出版《心理類型的問題》（*The Question of Psychological Types: The Correspondence of C. G. Jung and Hans Schmid-Guisan,* 1915-1916）一書。他在過世之前，家裡庭院一棵他視為生命之樹的大樹，忽然倒了。這以後出現了一連串的意外，他最後在一次意外中突然去世了，撒手留下了妻子兒女。在這樣的情況下，施密德醫師的長女瑪麗-珍

妮・施密德（Marie-Jeanne Schmid）開始擔任榮格的祕書。

瑪麗-珍妮有著相當的語言天份，也受過專業祕書的訓練，她讓他每天煩冗的工作有條不紊地進行，並建立起一套檔案系統，後來一直沿用。她負責整理他的書信和手稿，用嶄新的方法和程序來處理，還能騰出時間來進行他交辦的所有工作。

1952 年冬天，這位為他工作了二十多年的萬能祕書，因為結婚而辭別了榮格。從這一年開始直到榮格去世前，他經歷了三位祕書。

瑪麗-珍妮離開的時候，榮格的臨床工作已經不像以往那麼繁重，他以為請個半職的祕書就可以。但事實證明卻不是如此。新任的祕書往往不如瑪麗-珍妮能幹，更不了解心理學，這讓開始撰寫《神祕結合》（*Mysterium Coniunctionis*）（從 1952 到 1955 年）的榮格，感到十分困擾。

在 1953 年初春，卻又有一次心痛的打擊：榮格重要的工作夥伴兼伴侶，分析師托尼・伍爾芙（Toni Wolff）和她父親一樣，猝然離世。伍爾芙過世之前，榮格已經重病幾個星期了，而且才剛決定戒掉抽煙斗的習慣。而伍爾芙則不理醫師的警告，每天抽 30 到 40 支香煙。去世的前一天，她吃不下飯早早就去睡，第二天清晨老保姆列娜去看她時，她已經安詳地死去了。這個打擊，讓榮格舊疾復發，心跳過快的毛病又出現了，甚至因此無法參加葬禮。

1955 年妻子艾瑪也生病了，年初一度不得不住進了醫院。

她那幾年迅速衰老，到了年底，也安詳的在家中去世。

　　一連串的打擊，再加上榮格年紀漸長，需要有人在工作上有效率地協助，曾任他國際醫學心理學聯盟秘書、當時的榮格研究中心主席 C.A. 邁爾（Carl Alfred Meier, 1905–1995）推薦亞菲，於是亞菲在 1955 年成為榮格的私人秘書，直到榮格 1961 年 6 月 6 日去世為止。她能夠接受榮格不時爆發的怒氣，而不會影響任何榮格或她自己的工作。

　　亞菲的獨特之處在於她的善良、普世的靈性、語言的天賦，以及對榮格，這位對她而言意義重大的分析師的忠誠。這段時間裡，她既保持專職秘書不畏繁瑣辛勞的最佳工作效能，包括組織事務的敏感和對本質的洞察力，同時也成為知名且備受尊敬的分析師，並寫下多本著作。

　　她的著作中，最深刻的可能是《意義的神話》（*The Myth of Meaning*, 1970, 1984）。在回答「生命的意義是什麼？」這個問題時，她的思考穿越了當代宗教和心理思維的高度和深度。她得出的結論是，意義和無意義是生活中固有的——是我們的主觀態度使我們的理解產生了偏差。亞菲自己的生命就是這理念的明證：她的醫學學位被那個時代的政治所奪走了、被迫逃離家鄉、墜入不幸的愛河，而在她生命的盡頭則是疾病纏身。在她晚年幾乎失明時，她與精神導師榮格的一些繼承人捲入令人惱火的法律鬥爭。在這無盡的挫折與巨大的失望中，她去尋找，並且找到，她自己的意義。她也認識了新一代的年輕人，點燃了他們的熱

　　　　　　　　　　幽靈・死亡・夢境：榮格取向的鬼文本分析

情，分享年輕人所不甚了解的古老經典。因此，她的「意義的神話」不僅存在於作品中，也存在於她的那些朋友、學生和讀者中。他們經常以她這種洞察力作為基礎，因她這些微妙的方式而感動，在被拒絕和否定時找到價值和意義，而對生命產生不同的態度。

亞菲也定期參加在瑞士阿斯科納（Ascona）所舉行的艾瑞諾斯（Eranos）會議。從三〇年代到五〇年代，艾瑞諾斯會議不僅有榮格，還有里德爵士（Sir Herbert Read）、諾伊曼（Erich Neumann）、舒勒姆（Gershom Scholem）、科爾賓（Henri Corbin）、伊利亞德（Mircea Eliade）和波特曼（Adolf Portmann）等知名學者參加。在六〇和七〇年代，每年 8 月，新一代的分析師針對一個普遍主題進行跨學科對話時，她與馮・法蘭茲、勞倫斯・范德波斯特爵士（Sir Laurens van der Post）、詹姆斯・希爾曼等人同場，以溫和的方式發表演講。這時她深刻的反思方式，越來越為人所知。事實上，艾瑞諾斯這樣的環境在她個人的發展中發揮了重要作用，她在晚年也喜歡跟朋友和學生講述艾瑞諾斯的故事。

她曾將艾瑞諾斯定義為天地、東西方的友好聚會、和對立面互動的地方，每一位的貢獻都構成了會議總體主題的一個方面。這會議的名稱最初是由魯道夫・奧托（Rudolf Otto）所提議，指的是一場宴會，客人在宴會上透過提供精神禮物來證明自己配得上邀請。

亞菲的工作對於理解榮格心理學至關重要。首先，也是最重要的，是她與榮格《記憶、夢和反思》的合作。

這本自傳是是由亞菲積極建議而促成的。榮格最初不願意做這件事，但最後同意了。前三章描述榮格的幼年時代，是榮格自己寫的，其他章節則是亞菲根據與榮格談話的紀錄整理完成。這本書的確是兩個人合作的產物。然而，正式出版的《記憶、夢和反思》文字，其實只有手稿的一半。因為榮格的遺族透過法律上的手段，阻止了另一半文稿的出版：包括榮格在二次大戰的爭議、吳爾芙的故事等等；而還原傳記的全貌，正是目前菲利蒙基金會（Philemon Foundation）進行的計劃之一。

《人及其象徵》是榮格的另一部經典著作，有榮格生前最後的一篇論文，包含了亞菲在內的四位最親近的學生的學術貢獻。亞菲的文章標題為〈視覺藝術中的象徵作用〉。

榮格去世後，她用德語收集並編輯了他的三卷書信。這是一項歷時多年，巨大而精緻的任務；她還幫助格哈德·阿德勒（Gerhard Adler）編輯了兩卷英文書信集（1973, 1976）。

1975 年，榮格誕辰一百週年之際，瑞士的瑞士文化基金會舉辦了一項攝影和歷史展覽，榮格的幾位朋友也參與盛會。亞菲根據此次的資料，寫下她最後一部偉大的作品《榮格：世界和意象》（*C. G. Jung: Word and Image*）。這本書圖文並茂，收錄大量照片，配有豐富的說明文字，是《記憶、夢和反思》的補充卷。

亞菲與她那時代的許多偉大思想家都建立了溫暖的友誼，包

括心理學家諾伊曼、諾貝爾物理學獎得主包立（Wolfgang Pauli）和作家勞倫斯・范德・波斯特爵士。當然，她也是所謂的「第一代榮格派」這一家庭的成員：與榮格一起進行分析、受他訓練、參加他的研討會和蘇黎世心理學俱樂部活動的學生（她在那裡的半個世紀時，她也舉辦多次的講座），而其中佼佼者成為今日西方世界各個榮格培訓機構的創始先驅。她最喜歡的故事之一是，榮格、他的學生和朋友有一次經由聖哥達山口，前往阿斯科納的艾瑞諾斯會議。他們剛到了懸崖邊，停下來要吃點心時，大家衝進售貨亭買巧克力，留在停車場邊上的只有榮格和亞菲。他沒有稱讚她禮貌的沉默寡言，而是看著她，有些責備地說："Kämpfen muss man können"（「人也必須要能戰鬥！」），意思是亞菲傾向避免衝突，而這往往對她自己不利。

她一定因此吸取了教訓，因為她雖然到最後都保持冷靜，但免不了遭受各種攻擊，有時還會受到不公平的批評，因此有時也要證明自己的自衛能力。

亞菲的興趣相當的廣泛，湯瑪士・克許是她家裡的常客。克許在文章裡這麼形容著：「亞菲的公寓滿是書籍、論文與手稿，在談話中她感興趣的主題之廣泛多樣，簡直讓人吃驚。她是個忠實的朋友和受人喜愛的分析師。」

亞菲是榮格的熱心支持者，站出來反對外界多次針對他所謂反猶太主義的指控。在自己的期許下，也部分是應范德・波斯特的要求，她寫了一篇文章，〈榮格和國家社會主義〉（1971），

文中她提出了「事實──那些對他有利的人和那些對他不利的人……從歷史的角度來看，以及其中的心理解釋」。

多年來，隨著指控重新浮出水面並呈現出新的面向，她繼續修改這篇文章，並在其最新版本中，范德·波斯特補充了一個結語：「對拒絕消失的陰影的一些反思」。

亞菲拒絕讓年老病弱影響她的精神，即使體能一點一點減少，她仍然繼續她的分析訓練，同時堅持她的閱讀和通信，還有寫作──在最後一次無預警因病倒下的前一天，她才完成了一篇序文。

安妮拉·亞菲，分析師、編輯，和作家，1903 年 2 月 20 日出生，蘇黎世榮格研究中心秘書（1948-1955），榮格私人秘書（1955-1961），著有《幽靈·死亡·夢境：榮格取向的鬼文本分析》（*An Archetypal Approach to Death Dreams and Ghosts*, 1957）、《榮格的最後歲月：心靈煉金之旅》（*From the Life and Work of C. G. Jung*, 1968）、《意義的神話》（1970）、《榮格是個神祕主義者嗎？》（*Was C. G. Jung a Mystic and Other Essays*, 1989）、《卡爾·榮格，詞語與想像》（*C. G. Jung, Word and Image, 1979*）等書，與讓·德萊福斯結婚（後來解除婚姻），1991 年 10 月 30 日在蘇黎世去世。

翻譯情未了

李　毓（本書譯者）

　　我意識到，我只有將一梁未竟的工作進行下去，我的世界才不至坍塌。

　　《幽靈・死亡・夢境》，是一梁檢查出癌症前我們一直翻譯的作品。從亞菲的《榮格的最後歲月》開始，一梁彷彿發現了一個大寶藏，打算找來她的全部作品一一完成。亞菲的作品並不多，但可以說，每一本都是精品。在選題方面，一梁的眼光堪稱「穩、狠、準」。

　　如果不考慮「occult」（靈異）方面的問題，這本書的翻譯體驗是相當愉悅的。它是《瑞士觀察家》這本雜誌對社會的問卷調查，調查的是大家平日諱莫如深的靈異體驗。這本來已經非常有趣了，還加上亞菲這個鬼靈精對這些親身經歷的故事的分類歸納，並在榮格心理學基礎上對現象的分析解讀。

　　經歷了清邁最炎熱的旱季，剛剛進入 6 月，一梁突然檢查出食道癌，並且一確診出來就是晚期！我們一下子被打懵了，開始反思造成惡果的一切因素。壓力太大了？可是我們從來沒有給自己限定任務量，想做就做，想做多少就做多少；心情不好嗎？現實生活不可能永遠一帆風順，即使有些小坎坷，也

算不上什麼大事，更沒有過不去的火焰山啊；飲食習慣？他貪杯、喜歡喝滾燙的湯、吃飯喜歡說話，又愛吃魚，或許都有一定影響；再然後呢？「會不會是這本書的原因？」

　　對一個研究榮格，相信意識和無意識的人來說，這種懷疑是非常合理的。這本書裡講的幾乎都是與死亡有關的故事，而一梁做事又容易沉迷。他曾不滿地對我說：「我和你就像榮格與佛洛伊德」，「佛洛伊德可以隨時關起門來，任意變換他在諮商室裡的醫學（專業）角色。然後，一回到家，就把分析全都拋在了腦後。——《遇見榮格》」。一梁是全身心投入，到處搜集可供參考的資料，對一些把握不準的地方日思夜想，而我只要關閉文檔，就馬上可以將注意力轉移到其他事情上。這樣一來，他的無意識啟動死亡原型的可能性就大。

　　那時一梁的癌症才剛剛發現，還沒有開始放化療，雖然飲食影響營養不良，但體力還沒有受到嚴重摧殘，勉強還在堅持翻譯。我鼓勵他繼續工作，這樣或許可以戰勝對病魔的恐懼，精神不會被打垮。既然有了這樣的顧慮，僅管譯文所剩不多，我們還是一致同意，暫停《幽靈・死亡・夢境》的翻譯，轉而開始翻譯《榮格1925年演講》。但其實很快，他的精神體力迅速衰敗，《1925年演講》也剛剛開了個頭就停下了。

　　在那段時間，從檢查出癌症之前、治療期間，以及臨終之前，一梁都有做過幾個死亡夢。出於僥倖、恐懼或逃避心理，當時並沒有意識到。

4月份的時候，他夢見之前跟他有過一段情緣的女人。這個女人8年前就是癌症復發，後來幾年彼此斷了聯繫。可這次他清晰地夢見，女人要求跟他結婚。一棟（一梁的哥哥）不同意，女人走了，他覺得於心不忍，去旅館找她，女人不在，旅館老闆說：這個女人很奇怪，每天晚上用酒精洗澡。

第二天早上，我剛醒來，他就對我講了這個夢。「她是不是已經死了，要和我做鬼夫妻啊？」我嘴上笑話他聯想豐富，心裡卻閃過一絲不祥。

過了一段時間，我早上醒來剛剛翻個身，他馬上從隔壁工作間過來，我以為他又要開始給做我清晨的加強訓練（他會把當天看到的關於榮格的資料軼事或對譯文的推敲感想，在我起床之前跟我分享）。他一改往日的興致勃勃，一臉猶疑地說：我昨晚夢到孟浪了。

夢到孟浪也不奇怪。2018年12月16日，我們正好與羅小剛夫婦在尼泊爾藍毗尼的一個五星級山莊。兩對夫妻各住一個小型四合院，房間很大，床對面靠牆的矮櫃上才有電源插座，手機必須放在那裡充電，而床和矮櫃之間足足5公尺遠。臨睡前我把他的平板電腦插上充電。半夜，我被一陣聲響吵醒。奇怪的是，我不敢睜眼，我判斷那個聲音是一梁的平板發出的，感覺彷彿有個人站在我們床邊玩一梁的手機，好像不耐煩似的，不斷開合手機護套，每當閉合的時候，就會發出輕輕的「啪」的一聲。「啪」的聲音反覆出現了三次，然後又是

輕輕的「嘀」的聲，這個聲音是充電提示，也反覆出現了兩、三次，這才安靜下來，我終於敢睜眼了。身邊一梁睡得依然香甜，枕邊我自己的手機顯示時間是 2 點 3 分，我想去衛生間，但想到必須出房間門穿過小天井才能到達對面的衛生間，只得把一梁喊起來陪我。第二天，一梁的「榮格」微信群傳來孟浪去世的消息。一梁醒來，我告訴他，孟浪昨晚來過了。

後來幾次夢到，也都沒什麼特別的感覺，但這一次說起這個夢的時候，一梁的語氣卻有些沉重：「這兄弟！」他抱怨說：「孟浪這一次穿得很體面，有點像咱家窗簾那個顏色（中灰色）的中式衣服，笑眯眯地看著我不說話。我知道他要讓我跟他走，我對他說，我現在還不想過去。」

一個月以後，癌症晚期的判決書就下來了。

2020 年 11 月，從芭提雅回來直接送他住進清邁大學醫院，在急診室搶救了兩天後轉入普通病房。護士散去，他幽幽地說：我昨天在樓下（急診室），看到一個人特別像我外婆……直到這個時候，我才真正感到死亡的臨近。因為，臨死前看到死去的親人的案例在《幽靈‧死亡‧夢境》中有很多，一梁小時候有很長一段時間是跟外婆一起生活的。

即使在癌症的陰影下籠罩了半年多，即使經歷了癌症治療中不可幸免的精神、體力、經濟方面的各種壓力，即使不止一次心懷恐懼地設想大限之日到來時的情景，但是，真正面對時，我發現之前的準備、預演沒有任何作用。

黑邊相框裡的他似乎對我有太多話要說。一梁生前喜歡說話，我是他唯一的聽眾，他把自己的思想和靈感都拿來跟我分享，而他的閱讀又是海量，我真是難以招架。他可以完全沉浸在自己的學術世界，我還要應對現實的生活，我感覺被他壓得喘不過氣來……但是，現在再想聽他說說話已然不可能了。

我的世界一下子跌入黑暗，我不知道接下來在異國他鄉一個人該怎樣生活？我不敢出門，不想見人，不願說話，我看不到一絲光亮照進來。我一度懷疑自己得了「夫妻癌」──因為我感覺自己也開始吞咽困難，醫生說是「梅核氣」，是精神受到重創造成的。

我意識到，只有將一梁未竟的工作進行下去，我的世界才不至坍塌。

與浩威老師交換了想法，最終決定先把《幽靈‧死亡‧夢境》譯完。最直觀的原因是，這本書已經完成了五分之四。當我在榮格群發出這個決定的時候，除了旭亞老師，其他群友都表示支持──我終於要振作起來了。旭亞老師說：「太過深入死域的探索，對個人心靈可能造成巨大的影響是有可能的。馮‧法蘭茲（Marie-Louise von Franz）所書寫的最後一本書是 On dreams & death，她認為自己太過深入『死前夢』的主題，所以寫完後就病倒，雖然拖了很久才過世，可是期間卻再也無法做任何知性的活動了。」

旭亞老師是亞洲最早一批榮格分析師，我非常認同她的意

見，不過譯本已經所剩不多，況且我決計不可能像馮・法蘭茲和一梁那麼專注沉溺。

在當時來說，繼續開始翻譯的意義是，至少把我從崩潰的邊緣拽回來，生活重新有了節奏。通過翻譯，我重新靠近一梁，甚至比以前更加深入他的思想，與他進行心靈的對話。而接續的部分，正好遇到對生命和死亡的探究，本身對我也起到了療癒的作用。

浩威醫師親自站臺。

以前配合一梁翻譯，我有點像上課喜歡開小差的壞學生，總是趁他苦思冥想的時候偷偷看手機，經常以上廁所為借口回覆信息。他當然看出我的心不在焉，有時會生氣地說：「你什麼時候可以獨立完成？我已經帶你三年了，一個博士生都畢業。」「我獨立翻譯，你幹嘛呢？」我反唇相譏。他可能真的生氣了，才用這種極端的方式逼著我獨立成長。「好啦，你終於丟下我不管了！但是，前兩本書的校對不都是我獨立完成的嗎？」

獨自翻譯的體驗是複雜的，既不像想像的那麼難，也沒有那麼簡單；雖然沒有因意見分歧而引發的爭執，但也幾乎沒有人可以請教和商量。而我查閱資料的能力與一梁更是無法相提並論，所以提交譯本時是心懷忐忑的。

沒想到，這一次是王浩威醫師親自校閱。校訂後的譯本

比原譯本多出三萬多字，接近原文的三分之一！王醫師不僅勘正了我譯文中的問題，還在原註釋的基礎上額外增加了大量譯註，讓讀者更方便地了解書中涉及到的術語、概念和人物。不僅如此，浩威醫師居然還肯屈尊掛名為第三譯者，如果一梁地下有知，應該會哈哈大笑了。

若干年前，浩威醫師就被華人心理學界譽為「總舵主」，他如此傾注心力於我們的小小譯本，更多的是為了告慰一梁的亡魂。雖然我們至今未與浩威醫師見過面，但他們的隔空交往卻是一見如故、相見恨晚。一梁是懷著參與浩威醫師《榮格全集》翻譯計畫的憧憬離世的，浩威醫師是在以一種特殊的方式表達對一梁的惋惜與追思。

每當一梁為我不求上進表示無奈時，我都會強詞奪理：我參與榮格翻譯完全是被動配合。他走了以後，我才發現，翻譯成為唯一可以支撐我智性生活和現實生活的支柱。難道這是他為我規畫的未來人生道路嗎？

凝視著他的黑白照片，我心中默念：一梁，如果你願意讓我繼續你未竟的事業，如果你靈魂尚在，請賦予我勇氣、毅力與才情！

2021.6.2 泰國清邁

延伸閱讀

- 《榮格論自我與無意識》（2019），卡爾・榮格（Carl G. Jung），商周。

- 《榮格論心理類型》（2017），卡爾・榮格（C. G. Jung），商周。

- 《紅書：讀者版》（2016），卡爾・榮格（C. G. Jung），心靈工坊。

- 《榮格自傳：回憶・夢・省思》（2014），卡爾・榮格（C. G. Jung），張老師文化。

- 《人及其象徵：榮格思想精華》（2013），卡爾・榮格（Carl G. Jung），立緒。

- 《黃金之花的祕密：道教內丹學引論》（2002），榮格（C. G. Jung）、衛禮賢（Richard Wilhelm），商鼎。

＊　＊　＊

- 《與內在對話：夢境・積極想像・自我轉化》（2021），羅伯特・強森（Robert A. Johnson），心靈工坊。

- 《榮格的最後歲月：心靈煉金之旅》（2020），安妮拉・亞

菲（Aniela Jaffé），心靈工坊。

- 《遇見榮格：1946-1961 談話記錄》（2019），愛德華・貝納特（E. A. Bennet），心靈工坊。

- 《夢與幽冥世界：神話、意象、靈魂》（2019），詹姆斯・希爾曼（James Hillman），心靈工坊。

- 《數字與夢：榮格心理學對一個物理學家的夢之分析》（2019），亞瑟・米勒（Arthur I. Miller），八旗文化。

- 《榮格心靈地圖》（2017），莫瑞・史坦（Murray Stein），立緒。

- 《妖怪臺灣：三百年島嶼奇幻誌・妖鬼神遊卷》（2017），何敬堯著，張季雅繪，聯經。

- 《唯妖論：臺灣神怪本事》（2016），臺北地方異聞工作室，奇異果文創。

- 《靈魂密碼：活出個人天賦，實現生命藍圖》（2015），詹姆斯・希爾曼（James Hillman），心靈工坊。

- 《靈性之旅：追尋失落的靈魂》（2015），莫瑞・史丹（Murray Stein），心靈工坊。

- 《臺灣妖怪研究室報告》（2015），行人文化實驗室附屬妖怪研究室，行人。

- 《魔神仔的人類學想像》（2014），林美容、李家愷，五南。

- 《共時性：自然與心靈合一的宇宙》（2012），約瑟夫・坎

伯瑞博士（Dr. Cambray），心靈工坊。

- 《榮格心理治療》（2011），瑪麗-路薏絲‧馮‧法蘭茲
  （Marie-Louise von Franz），心靈工坊。
- 《榮格學派的歷史》（2007），湯瑪士‧克許（Tomas B.
  Kirsch），心靈工坊。
- 《榮格解夢書：夢的理論與解析》（2006），詹姆斯‧霍爾
  （James A. Hall），心靈工坊。

【附錄二】

中英譯詞對照

A

abaissement du niveau mental 心
　智控制程度降低

Albertus Magnus 大阿爾伯特

Altdorf　阿爾道夫

a Luciferian light 路西法光

Amboina 安汶島

Amplifications 放大作用

Anima 阿尼瑪

animal soul 動物靈魂

animist theory 泛靈論

Animus 阿尼姆斯

Anthroparion 小型人

Anthropomorphic 擬為人形的

Antinomy 二律背反

Aphrodite 阿芙蘿黛蒂

Apro 亞普洛

Ascension Week 耶穌升天週

Atman 阿特曼

Autonomous 自主的

Avicenna 阿維塞納

B

ba 巴

Bahnhofstrasse 班霍夫街

Bärenburg 巴倫堡

Being 存有

Bergson, Henri 亨利・伯格森

Bes 貝斯

von Bingen, Hildegard 赫德嘉・
　馮・賓根

Bochara 布哈拉

body-ego 身體－自我

Bouissou, Michael 米榭兒・布伊
　蘇

Breath 氣息

Brightnesses 光明

Brion, Friederike 弗里德里克・布
　麗翁

Bunyan, John 班揚

C

Carroll, Lewis 路易斯・卡洛爾

Castle Bernstein 伯恩斯坦城堡

Christian Gnosis 諾斯替教派

Clairvoyance 超感視覺

clairvoyant vision 超感視覺

cognition 認知

conscious will 意識意志

constellating 群體聚集

Cordovero, Mose ben Jaakob 摩西・本・雅各布・科多弗羅

corpus glorificationis 榮耀折射進入的肉體

Coue's method 庫埃自我暗示法

D

Daimon 守護神

Dante Alighieri 但丁

Delphi 德爾斐

Dharma-Kaya 法身

Dieppe 迪耶普

divine soul 神聖靈魂

Dorothea 多蘿西婭

Double 分身

Doubleganger 分身伴侶

Driesch, Hans 漢斯・德里施

von Droste-Hülshoff, Annette 安內特・馮・德羅斯特－徽爾斯霍夫

Dubendorf 迪本多夫

Duplication 複製

E

earth demons 地魔

Ebon, Martin 馬丁・埃邦

Eckermann 愛克曼

Ecstasy 狂喜

Ego 自我

ego-consciousness 自我－意識

enlightened 受到啟示的

entelechy 生機

entity 實體

Erda 艾爾達

Erfurt 埃爾福特

ethereal body 縹緲／乙太體

excess affectus 過度的情感

experimental parapsychology 實驗超心理學

exteriorization 外化

extrasensory perception, ESP 超感

知覺

F

Fatinma 法蒂瑪

feast-days 聖人瞻禮日

female principle 女性原則

femina alba 白色女人

feminine 陰性

field 場域

Finsteraarhorn 芬斯特尖山

Flammarion, Nicolas Camille 尼可
拉斯・卡米伊・弗拉馬利翁

Frescobaldi, Giovanna 喬萬娜・
弗雷斯科巴爾迪

Freya 弗雷婭

Frigg 弗麗嘉

G

Gayomart 蓋亞瑪特

Glimmer 微閃

God Osiris 歐西里斯神

von Goethe, Johann Wolfgang 約
翰・沃夫岡・馮・歌德

Gurney, Edmund 埃德蒙・格尼

Guru 古魯

H

Hauffe, Frau 豪弗夫人

heaven spirit 天靈

heavenly nature 神聖性

Heiden 海登

Heim, Albert 艾伯特・海姆

Hel 赫爾

Hermes 赫密士

Hertha 赫塔

Hodel 賀岱爾

Homunculus 精液極微人

Huxley, Aldous Leonard 阿道斯・
雷歐那德・赫胥黎

I

Idea 念頭

Image 意象

in conspectu mortis 死亡前一剎
那

Iremonger, Lucille 露西爾・艾瑞
蒙格

J

Jeans, James Hopwood 詹姆士・
霍普伍德・金斯

Jonah 約拿

Jourdain 佐丹

Jws 光

K

Kadmon, Adam 亞當・卡德蒙

Kant, Immanuel 伊曼努爾・康
德

Karnak　卡納克

Kerényi, Karl 卡爾・凱倫伊

Kerner, Justinus 尤斯蒂努斯・科
訥

Klausen Pass 克勞森山口

Kobolds 地靈

L

Lake of Thun 圖恩湖

Langon 朗貢

lapis philosophorum 哲人石

Leibniz 萊布尼茲

Lent　大齋節

Logos 邏各斯

Lorentz transformation 勞侖茲變
換

Lumen de Lumine 光中之光

Luminosities 發光

Luria, Isaac 艾薩克・盧利亞

M

Marie Antoinette 瑪麗皇后

von Magdeburg, Mechthild 梅格
杜德・馮・馬格德堡

Man of Light 光人

Matter 物質

Maya 瑪雅

Medium 通靈者

Meier, Carl Alfred 卡爾・阿爾弗
雷德・邁爾

Meiringen 默林根

Meister Eckhart 埃克哈特大師

Mercurius 墨丘利

Mescalin 仙人掌毒鹼

metal spirits 金屬精靈

Meyrink, Gustav 古斯塔夫・梅林
克

Microphysics 微物理學

Mithraic mysteries 密特拉神教

Moberly 莫伯里

Moser, Fanny 范妮・莫瑟

multiple consciousness 多重意識

Myers, Frederic William Henry 弗
雷德里克・威廉・亨利・梅

爾

Myste 神祕精神

N

von Nettesheim, Agrippa 阿格里
帕‧馮‧內特斯海姆
Ninck, Martin 馬丁‧寧克
Nous 奴斯，精神
Numina 聖靈
Numinous 靈啟

O

Obere Zaeune 圍欄巷
objective-psychical 物質—心靈之
物
observations of nature 自然的觀察
occult 靈異
one world 單一世界
opus 功業

P

palolo worm 以磯沙蠶
von Pappenheim, Jenny 珍妮‧
馮‧巴本海姆
Paracelsus 帕拉塞爾蘇斯
Parapsychology 超心理學

partial souls 部分靈魂
patterns 模式
perceiving 感知
Peregrinatio 尋找上帝之旅
Persephone 波瑟芬妮
Personalized 具體化
Petit Trianon 小特里亞農宮
Pliny the Younger 小普林尼
Pneuma 空氣靈
Podmore, Frank 法蘭克‧波德莫
爾
Poe, Edgar Allan 埃德加‧愛倫坡
psychical research 心靈研究
psychokinetic 移物念力
psychopompos 引靈者
pure nature 純粹的自然
Purgatorium 煉獄
Pythagorean 畢達哥拉斯教義

Q

quasi-consciousness 準意識

R

reality of nature 自然的現實
Red Ivan 紅色伊凡
Red Man 紅色男人

Rhine, Joseph Banks 約瑟夫・班克斯・萊恩

Rhine, Louisa Ella 路易莎・埃拉・萊恩

River Sanne 桑妮河

royal marriage 皇族婚姻

Rupert 魯伯特

S

Saint Nicholas of Flüe 弗呂的聖尼古拉斯

Samichlaus 聖米克勞斯

Santa Claus 聖誕老人，聖克勞斯

Schmutzli 施慕茲立

Scholem, Gerhard 格哈德・蕭勒姆

Schopenhauer, Arthur 叔本華

self 自性

servus Rubeus 紅奴

Sidereal Body 恆星體

Simulacra 擬像

Sina, Ibn 伊本・西那

Society for Psychical Research 心靈研究學會

solifi catio 圓融

Solothurn 索洛圖恩

soul-light 靈魂光

spacelessness 無空間／無限空間

sparks 許多火花

spirit 精神、靈性或精靈

Spirit Mercurius 墨丘利精神

spirit-ego 精神―自我

Spirit-Manikin 矮精靈

spiritist theory 唯靈論

Spiritualism 招魂術

St. Nepomuk 聖桌玻穆

St. Nicholas 聖尼古拉斯

St. Paul 聖保羅

starry body 星體

Staudenmaier, Ludwig 路德維希・史陶登邁爾

Stilbon 斯提爾邦

substantia coelestis 天上物質

supernatural 超自然

supersensory 特殊感應

suprasensuous 超感

sympathy of all things 萬物有情論

synchron 共時

synchronicity 共時性

Swedenborg, Emanuel 伊曼紐・史威登堡

T

Tarbes 塔布

Tauler, Johannes 約翰內斯・陶勒

Theosophy 神智學

thought-transference 想法傳輸

Thoune 圖恩

Timelessness 無時間／無限時間

Toth 托特

transcendent background 先驗背景

transfiguration 容貌光顯

trickster 搗蛋鬼

truth 真實／真理

Tyrrell, George Nugent Merle 喬治・紐金特・梅勒・泰瑞爾

U

von Ujlak, Lorentz 洛倫茲・馮・烏拉克

undifferentiated 未分化

unitary 歸一

unity 統一體

unus mundus 合一世界

V

Valhalla 瓦爾哈拉

Vardøgr 瓦多格

Venus 維納斯

Vision 靈視

W

Wädenswil 韋登斯維爾

Walther, Gerda 格達・沃爾特

Wettsteinbrücke 韋特施泰因橋

Wholeness 圓滿狀態

Will 意志

Wotan 沃旦

Y

Yima 伊瑪

Yodel 約德爾調

Z

Zelem 存有

Ziger 芝格

Zosimos of Panopolis 帕諾波利斯的左西莫斯

幽靈‧死亡‧夢境：榮格取向的鬼文本分析
An Archetypal Approach to Death Dreams and Ghosts
作者—安妮拉 亞菲（Aniela Jaffé）
譯者—王一梁、李毓、王浩威　校閱—王浩威

出版者—心靈工坊文化事業股份有限公司
發行人—王浩威　總編輯—徐嘉俊
執行編輯—黃心宜　特約編輯—簡淑媛
封面設計—蕭佑任　內頁排版—龍虎電腦排版股份有限公司
通訊地址—10684台北市大安區信義路四段53巷8號2樓
郵政劃撥—19546215
戶名—心靈工坊文化事業股份有限公司
電話—02）2702-9186　傳真—02）2702-9286
Email—service@psygarden.com.tw
網址—www.psygarden.com.tw
製版‧印刷—中茂分色製版印刷事業股份有限公司
總經銷—大和書報圖書股份有限公司
電話—02）8990-2588　傳真—02）2290-1658
通訊地址—248新北市新莊區五工五路二號
初版一刷—2021年7月　初版二刷—2023年4月
ISBN—978-986-357-214-5　定價—480元

An Archetypal Approach to Death Dreams and Ghosts by Aniela Jaffé
Copyright © Daimon Verlag, Einsiedeln, Switzerland 1989
Complex translation Copyright © 2021 by PsyGarden Publishing Co.

國家圖書館出版品預行編目(CIP)資料

幽靈、死亡、夢境：榮格取向的鬼文本分析 / 安妮拉.亞菲(Aniela Jaffé)著；王一梁,
王浩威,李毓譯；王浩威校閱. -- 初版. -- 臺北市：心靈工坊文化事業股份有限公司,
2021.07
　面；　公分
譯自：An archetypal approach to death dreams and ghosts
ISBN 978-986-357-214-5(平裝)

1.榮格(Jung, C. G. (Carl Gustav), 1875-1961) 2.分析心理學 3.超心理學 4.無意識

170.181　　　　　　　　　　　　　　　　　　　　　　　　　　110010829

書系編號─PA 029　　　　書名─幽靈‧死亡‧夢境:榮格取向的鬼文本分析

姓名 _____　　是否已加入書香家族? □是 □現在加入

電話 (O)　　　　　　　(H)　　　　　　手機

E-mail　　　　　　生日　　年　　月　　日

地址 □□□

服務機構　　　　　　　職稱

您的性別─□₁.女 □₂.男 □₃.其他

婚姻狀況─□₁.未婚 □₂.已婚 □₃.離婚 □₄.不婚 □₅.同志 □₆.喪偶 □₇.分居

請問您如何得知這本書?
□₁.書店 □₂.報章雜誌 □₃.廣播電視 □₄.親友推介 □₅.心靈工坊書訊
□₆.廣告DM □₇.心靈工坊網站 □₈.其他網路媒體 □₉.其他

您購買本書的方式?
□₁.書店 □₂.劃撥郵購 □₃.團體訂購 □₄.網路訂購 □₅.其他

您對本書的意見?
□ 封面設計　　1.須再改進 2.尚可 3.滿意 4.非常滿意
□ 版面編排　　1.須再改進 2.尚可 3.滿意 4.非常滿意
□ 內容　　　　1.須再改進 2.尚可 3.滿意 4.非常滿意
□ 文筆/翻譯　1.須再改進 2.尚可 3.滿意 4.非常滿意
□ 價格　　　　1.須再改進 2.尚可 3.滿意 4.非常滿意

您對我們有何建議?

_____

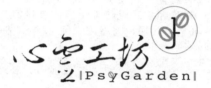
心靈工坊 |PsyGarden|

10684台北市信義路四段53巷8號2樓
讀者服務組　收

免　　貼　　郵　　票

（對折線）

加入心靈工坊書香家族會員
共享知識的盛宴，成長的喜悦

請寄回這張回函卡（免貼郵票），
您就成爲心靈工坊的書香家族會員，您將可以——

⊙隨時收到新書出版和活動訊息

⊙獲得各項回饋和優惠方案